U0462369

寻迹探陇

吴正楠 著

读者出版社

图书在版编目（CIP）数据

寻迹探陇 / 吴正楠著. -- 兰州 : 读者出版社,
2024. 9. -- ISBN 978-7-5527-0821-9
Ⅰ. K294.2-53
中国国家版本馆CIP数据核字第2024P7B869号

寻迹探陇
吴正楠 著

责任编辑 房金蓉
装帧设计 雷们起

出版发行 读者出版社
地 址 兰州市城关区读者大道568号（730030）
邮 箱 readerpress@163.com
电 话 0931-2131529（编辑部） 0931-2131507（发行部）

印 刷 甘肃海通印务有限责任公司
规 格 开本710毫米×1020毫米 1/16
印张15 插页2 字数260千
版 次 2024年9月第1版
2024年9月第1次印刷
书 号 ISBN 978-7-5527-0821-9
定 价 48.00元

自 序

甘肃是中华民族和华夏文明的摇篮，是东西交流的先行者。

壮丽多样的山川地貌，得天独厚的文化底蕴，让这片热土在激荡的历史长河中大放异彩，在兼容并蓄中连接中西传播文明交流文化，成为助推中华文明走向繁荣强盛的关键力量。

丝绸之路三千里，华夏文明八千年。今天，走向繁荣强盛的中华文明里处处能寻觅到甘肃历史文化的印记。正是甘肃历史文化，让枝繁叶茂的华夏文明的脉络更加清晰可见，吸引无数游客踏上了文化寻根之旅。

探访陇原大地，触摸历史痕迹。作为土生土长的甘肃人，自进入新闻行业以来，爱好历史文化的我就一直用自己的方式揭秘甘肃、品读甘肃。徜徉在甘肃厚重的历史文化中，打捞着一个又一个的文化碎片，书写陇人陇事陇山陇水，向社会大众展现甘肃历史文化的魅力。

自2003年以来，我断断续续地采写了二十年，这些作品大多数刊发在了《甘肃经济日报》上，引发了读者的共鸣和好评。时至今日，翻开那一份份泛黄的样报，看着上面一篇篇文章，依旧是那么亲切、淳朴，回味悠长。稿件采访过程，像一幕幕电影片段在脑海中突然闪现。也许，这就是历史文化的魅力所在，不管经历多少岁月，依旧是醇香如故。采访撰写与甘肃历史文化有关的稿件，开阔了我的视野，助力了我的成长，是我职业生涯中最大的收获之一。

文化是一个国家、一个民族的灵魂，是一个国家软实力的体现。当前，在中华文明走向繁荣强盛的关键时刻，梳理整理展现甘肃厚重的历史文化，对提升甘肃历史文化的知名度，进一步拓展中华文明的影响力，增强文化自信，厚植家国情怀都具有重要的推动作用。

文脉华章，生生不息。整理出版这本《寻迹探陇》，既是对自己从业新闻采访二十多年关于历史文化稿件的一个总结，也是对甘肃历史文化的又一次推介和传播。

时至今日，熠熠生辉的甘肃历史文化已成为国内外关注的焦点，在传承发展中绽放着时代光芒。

二〇二四年一月一日于兰州

目　录

陇原印记

生态陇原

陇事拾遗

寻迹探陇

XUNJI TANLONG

水氏兄弟的甘肃情怀

于19世纪末期生于甘肃兰州的水梓、水楠兄弟(水家兄弟三人，水梓、水榕、水楠。水榕幼时体弱多病，读书不多，回乡务农。本文主要记述水梓与水楠的进步事迹与贡献。)是两位离我们并不算遥远的人物。在20世纪那些动荡不安的年代里，水梓、水楠兄弟二人依靠自身的聪明才学，追寻进步，爱国为民，积极参与和促进甘肃地方的政治、经济、教育等事业的发展，并为此作出巨大的贡献。现在，兰州的水家花园已成为一个模糊遥远的影子，早已消失在了历史的尘埃中，但水氏兄弟为甘肃的社会经济建设发展所作的贡献早已载入史册，兄弟二人也成为近现代甘肃历史的主要参与者和见证人。

水梓、水楠兄弟生于甘肃，长于甘肃，由于历史的机缘使他们的家族与20世纪甘肃的历史交融在一起。水梓，清光绪十年(1884年)生于兰州。作为大哥的水梓从参加科举考试到助拥共和，从推进宪政、供职于地方和南京国民政府到长期致力于振兴甘肃教育，新中国初建时期以民主人士的所作所为，让世人了解认识了一位横跨新旧两个时代的时代人物的人格与精神魅力。

水楠，清光绪十八年(1892年)生于兰州。作为小弟的水楠也紧随大哥之后，从参加五四运动到报效故里，从创办学校到发展实业，长期致力于人才培养和实业振兴民族经济，关注民生服务地方。中华人民共和国成立后，他又积极响应国家号召、支援国家建设、拥护党和国家的政策，是一位为改变家乡父老乡亲贫穷落后面貌而奋斗不息的爱国民主人士。

艰辛的求学之路

在中国，千百年来的历史发展轨迹表明，一个家族的隆兴离不开诗书与教育。在 20 世纪里，名震陇上的兰州水氏家族的兴起、演变也被深深打上了这一中国历史传统的印记。正因如此，接受了良好的教育和有着独特人格魅力的水梓、水楠兄弟二人在 20 世纪里成了名副其实的西北名流。

水梓、水楠之父水应才，和家人因“同治之乱”辗转到了兰州，被编入守城军中，修整城壕，在“同治之乱”被平息后，水应才在兰州城内以卖油为生，此后又从事毡帽生意，随着生意的发展，家庭生活日渐好转。

在经历了务农、从军、卖油、做毡帽生意之后的水应才，把家族的兴旺发展寄托于对下一辈的教育上。水应才一直以他学文不成的事实教育长子水梓，并教水梓识字读书。水梓九岁就读于兰州南关杨辛柏私塾。杨辛柏，甘肃伏羌县（今甘谷）人，以教学严谨著称。

在一个雨天，水梓入塾，见老师还在睡觉，同学都没有来，便去附近的戏园听戏。等回到学馆，满面怒气的老师已在门口守候。水梓自知闯下大祸，低头不语。老师用一根铜戒尺劈头打下，水梓顿时鲜血四溅，不省人事。老师随命同学用门板将水梓抬回家。水梓母亲急忙求医诊治，而水梓的父亲则立即出门，为老师购买礼物。等水梓醒来，擦洗血迹换上衣服，父子二人带上重礼去学馆给老师叩头，拜谢老师管教严格的恩德。

在名师的教导下，水梓经过“十年寒窗”为将来的发展打下了良好的基础。光绪二十八年（1902 年），十八岁的水梓，以榆中县童生考中秀才，入兰山书院。光绪三十年，清廷废科举、兴学堂，兰山书院改为文高等学堂，水梓入文高等学堂学习。在这期间，他学习了经学、国文、外文、中外历史、数学、地理、理化、教育心理、图画博物等课程，1908 年，他以“最优等第一名”毕业。

宣统元年夏天，甘肃提学使陈曾佑主持官费学生选拔考试，水梓应试被选，派往北京入京师法政学堂。水梓进入法政学堂后，系统学习了西方政治经济理论。这是水梓从传统文化环境向现代文化环境转进的开端。在这期间，水梓也成为倾向革命的学生，并进行同盟会安排的革命工作。

在水梓以优异的成绩从甘肃省文高等学堂毕业后，弟弟水楠紧步其后，也于1914年以优异的成绩从甘肃省文高等学堂毕业，也得到了甘肃省政府的奖励，公费赴北京深造，兄弟双双公费赴京，这在西北人才建设史上是罕见的和值得记载的。

1916年，水楠考取了北平工业专门学校攻读化学工程。1919年5月初，轰轰烈烈的五四运动在北平爆发。当时，水楠正在夜以继日地准备毕业考试，但出于对政府丧权辱国、腐败无能的义愤，他与甘肃赴京学生一道，义无反顾地投入五四运动的洪流中。由于水楠在革命浪潮中，勇往直前，坚定积极，被选为工业专门学校的学生代表，在组织学生同反动派政府的斗争中，以及在参加抵制帝国主义经济侵略、拯救脆弱的民族经济活动中，他表现尤为突出。正是由于水楠在运动中一直站在斗争最前列，被北平学生联合会选为出席全国学联大会的代表。在上海参加全国学联大会期间，水楠有幸与孙中山先生相识，聆听了先生的讲话，从中水楠获益良多。

虽然水梓家族兴起之时正逢中国新旧交替的历史时期，科举考试被废除，但接受良好的教育仍是平民改变社会身份的主要途径之一。

在20世纪20年代初，榆中县私塾老师杨乐津曾对学生说："将相本无种，男儿当自强。我们县毡匠的儿子，上了学堂，做了官。"以此来勉励学生奋发图强。而这个毡匠的儿子，指的就是水梓先生。在民间享有"一门两秀才，一家双厅长"的赞誉。

回甘工作为民谋利

辛亥武昌起义成功，各省响应共和，内地十八省中唯独甘肃当政者继续拥戴清廷，并派马福祥领兵进攻拥护共和的陕西。已加入国民党的水梓由北京回到兰州，联合甘肃倾向革命人士，策划说服拥有兵权的马福祥按兵不动，促使甘肃总督长庚同意发出承认共和通电。但省内军政大权仍然在留任官员之手，于是水梓等人转而筹组临时省议会，临时省议会的主持者成为地方军阀必予除之而后快的目标。1912 年 6 月，地方军阀开始采取行动，首先刺杀议长李镜清，水梓出逃至北京，他参与推行民主宪政的第一次实验就这样破灭了。

回到北京后，水梓在北京担任国民党本部政务委员兼本部交际组干事，曾多次聆听孙中山先生的教导。

在甘肃推行宪政的失败，使水梓深刻感受到文化教育对社会发展的重要性。1914 年，水梓于京师法政学堂毕业，返回甘肃，开始在教育界服务，任甘肃法政专门学校和省立一中的教师，在教材匮乏的情况下，著有《比较宪法讲义》等多个讲义。1916 年，当时的教育部指定省立一中教师水梓作为甘肃省教育界代表，参加全国教育会联合会第二次会议。

1917 年 1 月，水梓被任命为甘肃省立第一中学校长。在担任甘肃省立第一中学校长期间，水梓着手对学校进行了改造，在学校里促成活跃、开朗、自强不息的校风。1919 年，水梓代表甘肃省参加教育部考察团，赴欧美各国考察教育，同行者有黄炎培、袁观澜、陈筱庄、王天柱等十余人。自欧美返国后仍任一中校长，提倡女学，创立省教育会，当选首任会长，著写了《欧美教育考察报告》，欧美之行，让水梓的教育思想和文化观念进一步趋于现代化。

从欧美考察回来后，水梓深深感到发展科学技术是国家富强之重要途径。他在甘肃省工业会成立纪念特刊题词："神禹往矣，考公失传。货弃于地，国计维艰。科学技术，借石他山。群起建设，力能回天。"由此可见他对振兴中华的强烈愿望。他还提出要吸收外国的科学文化技术，非学好外语不可。他在省立第一中学任校长时，特别重视英语教学。至今兰州一中学生外语成绩之优，是与他的倡导教育分不开的。

1922 年，林锡光来兰州接任甘肃省省长，范源濂等人均力荐水梓，谓其人品学识均堪重任。林锡光到甘肃后，水梓开始担任甘肃省政府秘书长。至此，水梓开始活跃于甘肃政界。自 1922 年起，水梓历任甘肃省政府代理秘书长、狄道

（今临洮）县知事、甘肃省自制筹备处处长、兰州市政筹备处总办、南京国民政府文官处参事兼全国赈灾委员会委员、安徽省政府秘书长、甘肃省政府委员兼教育厅厅长等职。1931 年，邵力子出任甘肃省政府主席，邀请水梓为省政府委员兼省教育厅长，在教育厅长任内，他为甘肃学院筹设医科及附设医院，中等学校改四二制为三三制，改春季始业为秋季始业，调整、改善出国留学生的选派和资助，重视外文教学和艺术教育，开展古代文物调查和保护。他还创立了省教育会，竭力提倡“尊师重教”，并为甘肃教育界有成就的人士绘制画像，张贴在墙上，用以表彰。每逢年关节日，水梓命上学的子女携礼品，持名片去拜谢老师，以示尊敬。可以说，水梓是从各方面关心、支持和促进甘肃文教事业的发展。

1937 年，抗日战争爆发，水梓任省中苏文化协会会长。他积极主张坚持抗日，曾接待进步团体“新安旅行团”，与八路军驻兰办事处谢觉哉等同志频繁交往。抗战时期，水梓离开教育界，先后任甘肃省银行董事长，考试院甘、宁、青考铨处处长等职。1949 年，著名教育家张伯苓出任国民党政府考试院院长，他任命水梓为考试委员，但水梓未往南京赴任。南京解放后让他撤往广州，他拒不南行。

我国水利专家李仪祉先生负责黄河治理委员会工作时，曾亲赴甘肃、青海等地考察黄河上游的实际情况。路过兰州时，曾拜访水梓先生，征求他对根治黄河的意见。水梓建议：黄河上游的西北各省应普遍植树造林，以防止山洪，调节气候。他的意见得到李仪祉的称赞，并列为治黄工作中的具体措施之一。

水梓生平喜爱戏剧并多有研究，他对秦腔的源流有独特的见解，著有《陇上旧剧琐忆》。冯玉祥部队入甘后，他曾与魏绍武先生在兰州办过秦剧“觉民社”，为甘肃秦腔培养了不少艺术人才。

与哥哥水梓为甘肃地方教育、政治发展积极参与相比，作为弟弟的水楠也在 1919 年 7 月从北平工业专门学校毕业后，毅然回到甘肃，报效故里。就在水楠启程返乡的前夕，他接到了甘肃省政府有关方面的电报，委派他立即以甘肃省政府工作人员的身份赴日本考察实业。水楠在日本考察期间，深刻地认识到，中国西北虽然贫瘠，但最主要的还是人才的匮乏。

水楠回到甘肃工作的头两年中，认为甘肃要发展实业，要改变贫困落后的面貌，当务之急是发展技术教育事业，培养建设甘肃的各类人才。在水楠的再三奔走和努力下，甘肃省高级工业职业学校建成了，水楠任校长，该校也是甘肃省第一所培育中级工业专门人才的学府，并编写了《最新理论肥皂学》。在工业学校任职期间，水楠还经常为兰州女子师范学校、兰州师范学校讲授英文、化学等课程，这期间，水楠也曾代任过甘肃省教育厅厅长的职务。

水楠不仅是一位教育家，也是一位民族实业家。从 1928 年开始，水楠被派担任地方八个社团之一的“陇右实业待行社”的主管直至中华人民共和国成立。在这一时期，他曾创办陇右化学实业社，从事制皂、制革、造纸生产，所产“新新条皂”“新新药皂”质地优良、物美价廉，深受兰州人民欢迎。

1931 年，水楠经过多方奔波，成立了“同生火柴股份有限公司”，水楠担任董事长。该厂的建设，不仅维持了 300 多名贫苦百姓的生计，所生产的日光牌阳火与月光牌阴火，行销甘肃、青海等地，深受用户欢迎。直到 1956 年，该公司并入天水火柴厂，才正式结束。

20 世纪 40 年代，兰州市有大批小学毕业生因中学短缺而失学在家，为了让失学的小学生尽可能地进入中学读书，热心教育事业的水梓、水楠等人积极创办了陇右中学（即现在的兰州八中）。

“一事未成空白首，万方多难苦黎民。”水梓先生 60 岁时的这句诗，流露出的无奈、忧民的悲凉意境，与年轻时的意气风发、探求奔呼形成了鲜明的对比。在积贫积弱的旧中国，水梓、水楠兄弟二人为甘肃地方的振兴作出了积极的贡献。

桃李不言，下自成蹊

1949 年兰州解放后，水楠积极拥护民主改革，在 1952 年的土改中，水楠主动将兰州宁卧庄和《倚兰别墅》附近的十多亩出租农田交给了当地农会。在抗美援朝运动中，他又多方筹款，购买飞机大炮，支援志愿军的正义战斗，还送其三女儿参军；在私营工商业社会主义改造运动中，水楠带头走公私合营之路，拥护党和国家的政策，受到政府表扬，被誉称为爱国开明人士。中华人民共和国成立后，水楠还加入中国国民党革命委员会，任民革甘肃省委会委员。

中华人民共和国成立后，水梓拥护中国共产党的领导，曾担任西北军政委员会委员，并参加了甘肃省各界人民代表会议协商委员会的组建活动。水梓不但积极参加各项政治活动，而且主动捐献房产购买飞机大炮，支援抗美援朝，为社会主义改造和社会主义建设作出了有益的贡献。在中国国民党革命委员会甘肃省委会成立后，水梓被推举为副主任。1956 年，他率领省民革代表团参加了在孙中山先生九十周年诞辰拜谒中山陵的仪式，并列席全国政协会议，受到毛主席、周总理的亲切接见。

水梓一生为人谦虚，治学严谨，思想开朗，谈吐风趣，社交广泛，平易近人，特别由于从事教育工作多年，桃李盈门，受教益者甚多，为群众所敬仰。

70 多年前，水梓先生提出的教育救国思想、素质教育的理念和实施提高国民素质教育的方法，在今天看来，仍是那么卓越和实用。一个既有中国传统圣贤之修养，又有追求自由、平等、博爱之理想的，充满着旺盛的生命力的水梓是集政治、法律、文学、诗词、戏曲、美学、佛教等知识于一身，中西贯通的文化知名人士。

水梓生有六子二女，均受到良好的教育，成为高级知识分子。水楠在对其子女的教育，也一贯采用品学兼重、严格要求和尊重人格相结合的方法，他的六个女儿两个儿子也都成为德才兼备的敬业者。正因如此，水梓、水楠的后代在各自的领域都取得了不俗的发展成绩。从另一个侧面，也印证了诗书教育是一个家族隆兴发展的关键所在。

（文中部分内容参考引用了《煦园春秋》和《倚兰寄情》两本书，原载《甘肃经济日报·阅读周刊》2007 年 11 月 3 日 A15、A16 版）

国画大师张大千敦煌行

素有东方毕加索之称的张大千，是国内第一位来敦煌的画家，也是第一位将敦煌艺术大规模介绍出来的画家。

张大千 20 世纪 40 年代初期自费前往敦煌莫高窟和瓜州的榆林窟，临摹魏、唐、五代、宋、元等各朝代壁画两年多，在这期间，他对敦煌莫高窟和瓜州的榆林窟的石窟进行了编号，还积极向国民政府要员建言，对保护和传播敦煌莫高窟这一民族艺术瑰宝，作出了许多积极有益的工作，得到各界人士的高度评价。

慕名前往敦煌

20 世纪 40 年代初，居住在成都市的张大千在听了曾担任过国民党中央政府监察院驻甘宁青监察使的朋友严敬斋介绍甘肃敦煌莫高窟石窟艺术后，产生了极大的兴趣，在查阅了一些有关敦煌石窟艺术的资料后，决心自费前往敦煌实地了解这一石窟艺术。

1941 年春末，43 岁的张大千带着家人从成都乘飞机到兰州，和徐悲鸿的学生孙宗慰会合，去青海参观了塔尔寺后，踏上了河西走廊。在武威，与甘肃的著名书画家范振绪先生相识，随后一起结伴过张掖，出酒泉，走嘉峪关，穿越茫茫戈壁，在瓜州观看了榆林窟后，又动身前往敦煌。为了避开初夏的炎热，张大千一行是昼伏夜行，在初夏的一个晚上抵达敦煌县城。

在张大千一行距离敦煌县城还有三四里的地方，受到了早已等候在那里的敦煌县章县长、县商会张雨亭会长、当地驻军马长青团长等敦煌地方各界人士的热烈欢迎。

到达敦煌后，张大千和范振绪一行在敦煌地方政府人士和地方名流的陪同下，游览了月牙泉，在县城用了几日时间为当地人士写字作画。之后，前往莫高窟。

抵达莫高窟的当天晚上，张大千在下寺安顿好住处之后，不顾行路的疲惫，拿着电筒在洞窟观看，当看到美轮美奂的雕塑和彩绘时，张大千赞叹不已，反复观察，久久舍不得离去。原本打算走马观花往返三个月的张大千，当即决定最少也要待半年时间。

为了在工作中不受他人打扰，张大千便从下寺搬到上寺居住，开始对石窟进行记录编号工作。

对石窟进行编号

由于自然和人为的破坏，加之年久失修，石窟的一些走廊和栈道不复存在，攀登时需搭梯子或从山上绕道方能进入，这给张大千的记录工作带来了很大的困难。

做记录时，需要把石窟里所有的内容（包括塑像、壁画和题记）全部记录下来，进入洞窟，需要搭扶梯，来回搬动，这不仅是繁重的脑力劳动，也是繁重的体力劳动。从工作需要的角度考虑，张大千在当地找了两位油工师傅，协助工作。

这时，张大千还不得不考虑费用问题。前往敦煌，张大千的一切费用都由自己负担，长期在敦煌，从经济上说，只有出，没有入，不仅在敦煌要用钱，四川家里也要用钱。这些实际问题给张大千带来了很大的压力。但是出于对事业的追求，他毅然决定在敦煌待上两年时间。

张大千根据祁连山下来水渠的方向，按由上而下、由南至北，再由北向南的顺序，很有规则地编了 309 个洞窟。这项工作，张大千率领门人子弟辛辛苦苦做了整整五个月。这也是张大千第一次进入敦煌莫高窟所做的全部工作。

1941 年底，张大千只身一人从敦煌经武威、永登、窑街到了西宁，经朋友介绍和马步芳认识，征得马步芳同意，从青海请了藏族画师昂吉、格朗、三知、小乌才郎和杜杰林切到敦煌参与临摹壁画，并购买了数以百斤计的藏蓝（石青）、藏绿（石绿）等矿质颜料。这些颜料每斤 30 至 40 银圆。一切准备就绪后，张大千带着画师等人包了一辆卡车，前往敦煌。

途经武威时，他又拜访了范振绪，并为地方上的相关人士作画，抵达酒泉时，也为地方上的官员名流作画。在为酒泉地区的一位专员作画时，因这位专员提出过分要求，张大千非常气愤，将所做之画撕掉，得罪了这位专员，给其在敦煌临摹壁画带来了麻烦，遭受了极大损失。后来，张大千离开敦煌去兰州时，受到这位专员的诬告，说他在敦煌破坏、盗窃了壁画。张大千所带临摹壁画，在兰州遭到了军统检查站的严格检查。

临摹大批壁画

和初次一样，此次抵达敦煌的时候，张大千受到了地方政府官员和社会各界人士的热烈欢迎。由于准备充分，临摹壁画所带的各种用品比较齐全、充足。张大千和所带的画师从加工画布、矿物颜料到着色等都有明确的分工，临摹壁画的工作全面展开了。到了这一年的夏天，随着张大千一些学生和弟子的到来，临摹壁画的速度也加快了。

为了维持在敦煌和成都家里的庞大开支，张大千晚上回到住所作画并寄回成都，让在成都的好友变卖后，用来维持在敦煌的开支。由于开销甚大，张大千还忍痛卖掉了自己收藏多年的古画。

曾在张大千身边工作过的有关人士的回忆资料表明，张大千在敦煌工作时，每天天不亮就起床，先练一阵书法，然后洗脸漱口，吃早饭。饭后画一阵画，天亮得差不多了，就上洞子里去临摹。

当时，有很多洞子被沙堵了，张大千就出钱请人把沙刨开，或是挖个洞钻进去。洞子里很黑，临摹时要点上蜡烛，有时一手拿蜡烛一手画画，还要登上爬下，冬天手冻得连笔都拿不住。临摹的画主要部分都是张大千亲自动手，次要部分（如上底稿、着色等）才由他的子侄和学生或喇嘛协助，最后全画由张大千完工。张大千对临摹的画要求很严格，不合规格的一律返工。

这样每天一直画到中午，吃罢中午饭稍休息一下，又接着再画，直到天黑。晚饭后，张先生活动一下筋骨，实际还是画画。然后就在蜡烛或煤油灯下，或看书，或写字，或画画，要到很晚才睡觉。

到 1943 年 4 月，张大千一行人在莫高窟前后共临摹了近 300 幅壁画。由于所准备的颜料、画娟等作画用品所剩不多，几名藏族画师的聘请时间也快到了，张大千只得停止莫高窟壁画的临摹，进入了紧张的结尾工作，并为去榆林窟作准备。

到达榆林窟后，张大千一行开始对洞窟进行编号，临摹壁画，经过一个月的艰苦努力，临摹了 60 多幅壁画。1943 年 6 月中旬，张大千一行完成了所有壁画的临摹，返回兰州。1943 年 8 月中旬，张大千在兰州展出了他在敦煌临摹的莫高窟壁画《维摩变》《舍身饲虎》《观音大士》等十余幅，瓜州榆林窟的《水月观音》等近十幅作品，以及山水、人物、花鸟等作品三十余幅。展出当日，参观者达万人次，在甘肃媒体报道后，展会受到了社会关注。同年 10 月，张大千离开兰州，前往四川。1944 年 1 月和 5 月，《张大千临抚敦煌壁画展览》又先后在成都和重庆展出，在社会上产生了重大影响。

地方人士鼎力支持张大千

在敦煌时，张大千有点时间就用在画画、写字上。这个时候，他也结交了敦煌地方人士刘鼎臣、张雨亭会长，这两个人对张大千在敦煌临摹壁画提供了鼎力资助和支持。

张雨亭的侄子张启明编著的《张志诗词集》一书中，对张大千与自家的交往做过这样的描写："莫高窟离敦煌县城东约四十五里，大千先生进城时以马代步，并常来我家聚会。严冬季节，便穿戴哈萨克式的大皮帽、大皮衣，身背双杈枪，不时带来山鸡、野兔、黄羊等猎物。当时，我家珍存并在客厅挂有大千先生很多馈赠的字画，后迫于生计，被先伯父陆续变卖。幸存的一本大千先生画册，张大千、于右任、谢稚柳的字画，连同一尊‘大明宣德年制’的香炉，又于 1962 年误入他人之手。先父所存大千和其他名人字画，均在后来惊恐中销毁。”

刘鼎臣当时是敦煌的巨富。张大千到敦煌莫高窟时，条件极为艰苦，生活困顿，全依赖刘鼎臣支援。张大千的儿子张心智所写的《张大千敦煌行》一文中也写道：“刘鼎臣，为人耿直，广交朋友。这一次来敦煌（1942 年春），刘鼎臣先生早已把父亲一行十人在莫高窟所需用的柴、米、油、盐一一准备齐全。同时，为解除父亲后顾之忧，以便集中精力工作，后来他每隔三四天即送一大车生活用品……”考虑到张大千一行人中不同民族人的生活习惯，刘鼎臣还骑马到很远的牧区给张大千所带的五位画师买酥油和青稞炒面。

到了夏天，张大千的夫人、朋友和学生先后分别从重庆和成都达到莫高窟。临摹壁画的力量加强了。人员增加，又是瓜果上市的季节，刘鼎臣更是三天两头派车送瓜果蔬菜、肉类等食品到莫高窟，充分保障了张大千一行人的生活，临摹壁画的进度加快了。

就在冬季来临的时候，与张大千交好的刘鼎臣，突然遭到国民党军统特工人员、便衣的抄家。他们用栽赃伎俩诬陷刘鼎臣贩卖大烟，将其扣押。张大千等人极力营救，特工、便衣在巧取豪夺张大千先生七八幅画后，将刘鼎臣释放。刘鼎臣大病一场，但他对张大千生活上的支援和关照始终没有间断过。

到了冬天，刘鼎臣还专门为张大千一行人雇了骆驼队，请民工到 200 里以外的沙漠去寻找、挖掘原始枯木，作为张大千一行人冬季的取暖之用。二十几峰骆驼，不停地驮运木材，整整坚持了一个冬天。在张大千离开敦煌去榆林窟的时候，刘鼎臣派驼队护送，敦煌地方的驻军也派人护送。

张大千对敦煌的贡献

曾担任敦煌文物研究所所长的段文杰认为，张大千对敦煌有三大功劳：一是张大千临摹了大批敦煌壁画，在他离开敦煌后，曾在成都、重庆、上海先后举办了三次大画展，声势很大，参观的人很多。二是张大千先生注意学习敦煌艺术遗产，不但继承了祖国的优秀文化传统，而且推陈出新，发扬光大。张大千当年在成都和重庆的画展，展出的全部是临摹的敦煌壁画。抗战胜利后，在上海的那次画展就不同，除了临摹的壁画外，还有很多新作品。三是张大千后来虽然去了海外，但他非常怀念祖国，把好些流散在外国的祖国珍贵文物托人送回来。

段文杰、史苇湘等人一生从事敦煌艺术的研究，与张大千画展当年对敦煌艺术的宣传是密不可分的。

“敦煌学”倡议者陈寅恪对张大千的敦煌之行也做了评价：“大千先生临摹北朝唐五代之壁画，介绍于世人，使得窥此国宝之一斑，其成绩固已超出以前研究之范围，何况其天才独具，虽是临摹之本，兼有创造之功，实能于吾民族艺术上别创一新境界，其为‘敦煌学’领域中不朽之盛事，更无论矣。”

张大千在第一次到敦煌莫高窟期间，时任国民党政府监察院院长、著名书法家于右任和时任监察院甘宁青监察使、著名书法家高一涵在甘肃军政官员的陪同下来到了敦煌莫高窟。作为于右任、高一涵好友的张大千，陪同于右任等人参观了石窟，并向于右任建议，莫高窟作为国宝，要设立专门管理研究机构保护起来。于右任回到重庆后向国民政府有关方面积极建议，设立专门的保护机构保护和管理莫高窟，国民政府后来成立了保护莫高窟的专门机构敦煌艺术研究所，这个里面也有张大千的功劳。

从 1941 年夏天来敦煌，截至 1943 年 5 月离开敦煌。两年多时间里，张大千通过对石窟的实地考察和壁画的临摹，使其绘画艺术的成就又上了一个境界，向前迈出了一大步。张大千让国人了解到了敦煌艺术，敦煌艺术也让张大千声名远播。

（作者在整理采写过程中，参考和引用了《张大千生平和艺术》《张志诗词集》《安西榆林窟》等书籍，原载《甘肃经济日报·文化月刊》2009 年 4 月 28 日 A2 版）

张志 民国时期的敦煌反腐斗士

中国自古以来，与腐败黑恶势力斗争、为民请命的人士是前赴后继的，这些先辈先贤是中华民族的脊梁，是推动社会不断向前发展的引领者。他们以不同的方式在不同的时代，为民谋利益，为社会的进步发展奔走呼号。民国时期，敦煌的张志就是这样一位人士。当时在敦煌，张志为了与当权者抗争，以布衣之身揭露当权者的丑恶行径，屡次遭到打击报复。他始于商，终于农，一生中，多数时间在斗争中度过。

民国时期的张志，以反封建、反腐败著称，在时局动荡的年代里，他的所作所为还是势单力薄，并不能改变黑暗的社会现实。但其与当时的官绅勾结、祸国殃民的当权者斗争的精神，却是非常值得称道的，直到今天也有积极的社会意义和历史意义。

26 岁参与新政

中国在任何时候，都有反腐败、为民请命的仁人志士。民国时期，敦煌知名文化人士张志在敦煌用自己的热血，书写了他从事反封建反腐败的传奇人生。

1907 年，张志出生于敦煌吕家堡乡一个身世寒微的耕读之家，在他 10 岁的时候上过两年义学，读完四书，后来又在当地高等小学堂修新学。小学毕业以后，随同父亲经商，其间又自学国学。

1928 年，张志在父亲病故后，自己经营商业。当年冬天，前往哈密、奇台、迪化等地经商近一年时间。1930 年商铺倒闭后，张志便在当地李秀南办的私立小学当了两年时间的教员。其间，曾前往哈密经商。

由于受过新学启蒙教育，擅长诗书，张志在当地颇有名气，他还经常与当地和在敦煌的社会知名人士交往。

1933 年，国民政府实施新政，废除了民国初敦煌仍沿用清时将城乡分为六隅的建置和农长，将县以下重新划分为五区，每区设区长一人，并由民众选举产生。张志和一批受过新学教育的有志青年参选获胜，经报省核查后，于 1933 年 1 月 1 日走马上任。张志担任的是五区区长，当时年仅 26 岁。

随着新政的推行，一场新学的热血青年与“老农”、土豪劣绅之间的激烈较量展开了。

张志担任区长前后，正是敦煌兵荒马乱最黑暗的时期之一。废隅设区实行新政，不过是换汤不换药。张志的处境也是颇为艰难，他既要对付下台后的封建势力的挑战，又要支应马家军日益浩繁的军需。在军阀武力的胁迫下，张志等新上任的区长，是无休止地征粮征草、抓兵买马。既祸害百姓，也让自身受累。

就此，张志写了一首诗《自疚》：“封建废除区政新，岂知割据又残民。荷枪追索无宁日，术乏济民愧古循。”

当时，因废隅下台的以老农吕某某为首的旧势力，依旧有恃无恐，伺机反扑。吕某某从家无担粮到富霸一隅（区），他手下的“十三太保”横行乡里，民怨沸腾，却无可奈何。时任敦煌县长杨某在新政实施中，却公然站在土豪劣绅一边，与其狼狈为奸。十三太保之一的“坊长”赵某某，因贪占巨额民款被张志报请县府拘捕，但杨县长与吕某串通，将其保释，仅以撤职了事，赵某某却是继续祸害百姓。此后，张志多次以环境艰难办事掣肘为由提出辞职，均遭杨县长拒绝。

这个时候，吕某与杨县长的关系更加密切，在吕某的动议下，杨县长多次想贪污公款，损公肥私，均被五区区长否决。最终，杨县长恼羞成怒，借口“办事不力”，将张志等五位区长悉数撤职。至此，张志做了一年零两个月的区长。离职时，在吕某某、村民代表和县府官员三方的监督下，张志办完手续，结清账目，公布于众，并报县府备案。

控告官绅遭遇牢狱之灾

离开官场后的张志，反对官绅勾结、祸国殃民的斗志更加高涨了。

张志和敦煌的开明绅士、热血青年联合在一起，要求县府清查吕某某任农长七八年之久的账目，并要求公之于众。这件事惹怒了杨县长，他将张志的哥哥张恩等四人投入监狱，施以重刑。为了讨回公道，与官绅勾结抗争，张志和公众推举的几个代表，远赴省会兰州申诉。

得知消息后，杨县长私自动用警力围追堵截，并以张志是“携巨款潜逃的要犯”为由，请省民政厅通令河西各地严加缉拿。而张志一行不仅受到沿途各地望族和开明士绅款待和礼遇，各关口驻守人员也对其深表同情，一路绿灯放行。

这时，气急败坏的杨县长又委托他在兰州的亲友罗、吴二人到河西同乡会馆劝诱，在没有达到目的后，杨县长便恶人先告状，利用自己在兰州的关系，疏通渠道，封锁张志等人的诉请。依靠手中权势的杨县长，将张志从原告变成被告，押回敦煌。其他几个人，虽未被缉拿，但为防报复，均避难四散而去。一桩离奇的冤案就这样产生了。

张志被押回敦煌，就受到了杨县长的严刑拷打，并被关进特制的木笼里，饱受虐待。杨县长捏造的“罪证”子虚乌有，又拿不出新的证据上报，便有意拖延，阻止法院审判并放人。对此事，“监察院甘肃、宁夏、青海监察区”监察使戴愧生曾致函甘肃省民政厅，“要求将张志等立即释放”。

杨县长倒行逆施的做法激起了敦煌社会各界的声讨，当时社会名流和民众代表都在为张志的冤案奔走呼吁，就连敦煌驻军旅长马步康都关注并力挺此案。张志冤案经过向省高院四分院申诉，于 1936 年平反，张志被无罪释放，杨县长的阴谋破产，并被免职，在拖欠公款 180 多块银圆后竟不辞而别。

恶有恶报，与杨勾结在一起的吕某和赵某等人，在中华人民共和国成立后均受到人民政府的审判，得到了应有的惩罚。

退隐归耕再遭诬陷

经历了牢狱之灾的张志后来虽然还出任过敦煌的教育馆长、民众教育学校校长、财政科长等职务，但总是觉得自己无所作为，郁郁不安，萌生退意，决意回家种田。

就在这个时候，新任县长到任，要聘请张志做县府的"技士"，遭到拒绝。在乡间待了数日的张志，结果又被新任县长以"共党"嫌疑下狱，受到审讯。这个"莫须有"的罪名也让其胞兄张恩受到了株连而被监禁。后来案终出狱，与好友张大千在兰州的斡旋是分不开的。

出狱后，张志过起了耕读式的田园生活。这种生活张志一过就是六年，在这期间，他也写了大量的田园诗词。在《堂成》一诗中写道："几间草舍费经营，从此索居颇有情。户绕绿杨听鸟唱，窗迎沙岭看云横。间酌浊醪浇愁尽，时读残书养气平。赤墀青琐非所羡，衡门之下老农耕。"这首诗表达了他自己的人生态度。

1947 年，在亲朋好友的相劝下，张志参加了县参议员的竞选。但因拒绝县党部书记长王某某让他加入国民党的先决条件而落选。当时任职于国民政府监察院的窦景椿和敦煌县长邹炎僧力保其为参议员秘书，为避嫌和以防再遭不测，张志违心上任应对局面，是在其位不谋其政。

其间，张志长子受误导，进入第八战区电台工作，被张志严令退出。结果，张志又遭暗算报复，被恶徒棍棒相加，打下马背，不省人事，门牙也断了两个。

在敦煌解放前夕的一个深夜，地方人士县参议会正副议长等人，骑着骡马来找张志，约他一起逃往新疆。张志却以大义和利弊，极力劝阻他们返回县城，等待投诚。其后，虽然被判刑，但却生命无忧，而没有听劝者，最终却是身首异处。

在中华人民共和国成立前，张志是亦商、亦政、亦农、亦学，但其经历坎坷曲折。

竭尽全力为民工作

中华人民共和国成立后，张志以民主人士的身份参加工作，担任过敦煌文教科副科长，还当选为省人大第二、三届代表。他自己在诗作《新生》中写道，“愿作党滨一老农，岂知天地换新容。忝为公仆岂无愧，勤慎持身以奉公。”

在此期间，张志是勤奋工作，力争做民主人士的表率。在1955年的私营工商业社会主义改造中，他和其他民主人士一道奔走于街巷，在商户中，积极宣传党的政策，解决具体问题，为敦煌县私营工商业平稳过渡作出了应有的贡献。任职文教科副科长时，他深入农村学区检查教学和危房，想尽办法维修危房，保障教学用房。20世纪60年代，他和任子宜先生受命同编《敦煌新县志》期间，筹措资金聘请人抄录以前的孤本县志，为敦煌人民留下了一份珍贵的历史资料。他还不顾年迈，带头深入县境的荒漠之地，普查文物古迹点。时任国务院副总理的习仲勋到敦煌视察时，单独接见了张志。

在“文革”中，张志被下放到农村改造，也受到了迫害，后来平反。党的十一届三中全会后，张志也是雄心勃勃地准备参与地方补史修志工作，孰料却被病魔夺去了生命。1983年，张志去世后，其次子张启明撰写了这样的挽联：“过去之非犹如过去死，你的儿孙永记；今日之是犹如今日生，党的恩情不忘。”

这应该算是对张志一生功过的概括吧！

（本文原载《甘肃经济日报·文化月刊》2009年4月28日A2版）

风流《韬罗词》艰难辗转来

亦官亦商，陇西祁家出才俊。作为清末进士的祁家子弟——祁荫杰，以自身一段凄婉的爱情故事，创作出文人争相传阅的传世佳作《韬罗词》。他一生创作诗词2000余首，作品题材广泛、风格多样，既有对当时社会现实的不满，也有对劳动人民生活的关切，更有对自然景色的描绘。得到了于右任、慕寿祺、张舜徽、桂芬、程天锡、水梓、罗锦堂等人的称赞和好评。在祁荫杰去世后的半个多世纪里，其诗作从甘肃流落到香港、台湾，近来又从台湾辗转到甘肃并得以出版。

载入史册的陇西祁家

一个能被定格于史册的家族，是一个了不起的家族。陇西北关祁家就是这样一个家族。

19世纪中期，作为陇西北关人的祁兑，以秀才捐陕西兴安府定远厅同知，在任上政绩突出，期满回乡。居家期间，他善于做生意理财，成为地方上的富庶之户。1862年，在家闲居的祁兑，为了保卫地方的安宁，响应官府号召，捐献白银万余两兴办团练、购买武器，得到总督的嘉奖。

1863年，临洮、渭源城先后被造反的土匪攻陷，进而进逼至陇西县境内。祁兑率领地方团练击退了进攻的土匪。1865年8月，土匪又围攻陇西县城，祁兑一面率领自己的族人凤鸣登城守护，一面请求提督曹克忠支援，曹克忠以军费不足为由推辞，祁兑慷慨解囊拿出白银4万两作为军费，使陇西的困城之围得以解决。9月，土匪又来围攻，凤鸣战死，情况相当危急。陇西县城里的商人全部停市，不断有人逃走，城里粮价飞涨，还无处购买。当此时刻，祁兑捐粮出钱，用来支持城防，并带头积极参与陇西县城粮食流通市场的恢复和稳定。因支援城防的功劳清政府授予其二品顶戴并加花翎。

1866年，陇西大旱，地方上的军民都无粮可吃，祁兑又捐出几万两白银救济百姓。祁兑常说，“兵荒大乱，身家难保，要钱作何用。”于是，捐输毫不吝惜。多年操心城防，积劳成疾。这年8月19日，祁兑病亡。8月20日夜，因城防疏忽，土匪乘虚而入攻入陇西县城。21日，陇西县城被攻破，县城的县衙官署被毁，城民死伤惨重，祁兑一家殉难者有三十多人。唯有祁兑的长子祁兆奎不在城内，幸免于难。祁家在地方上的所作所为，在陇西地方志中和甘肃省的一些史料中均有记载。

祁家遭遇这一变故后，作为幸存者的祁兆奎只身来到了北京。因其文采出众，在北京，他受到了同是甘肃人、时任清政府刑部主事吴可读的赏识。吴可读将自己的女儿嫁给了祁兆奎。其后，祁兆奎出任清政府浙江杭嘉湖道兵部员外郎观察。

祁兆奎到杭州后，1882年生下了儿子祁荫杰。在成长中，祁荫杰随同父亲游历了江南很多地方，开阔了眼界，增长了见识。他聪明好学，才华横溢，少年时代就诗才出众，为其以后考取功名奠定了良好的基础。此外，祁兆奎长子祁荫甲，还曾担任孙中山的秘书。

“一等人忠臣孝子，两件事读书耕田。”这副在陇中大地广泛流传的对联，是对当时祁家所作所为的最好诠释。而这也是千百年来，中国封建社会的根基之本。

祁荫杰和他的《韬罗词》

生于杭州，长于杭州的祁荫杰，有着和杭州一样的灵秀。因其文采出众，当时有“天下诗人无不知有祁荫杰先生者”之说。

才华横溢的祁荫杰19岁中举人，22岁中进士，是庚子辛丑并科所中进士之人中年龄最小的一个，就在其准备参加殿试的时候，科举制被废除，只能以进士终身，后被清政府授予礼部光禄司主事兼袭云骑尉世职，钦加四品衔。

在杭州，祁荫杰与绍兴一名叫徐霜琼的女子在西湖相遇，并私订终身。到北京以后，祁荫杰与徐霜琼一直书信往来传递情意。然而，正值清政府末期，时局不稳，不久两人书信往来中断。其间，又有人从杭州误传消息说，徐霜琼已不在人世。伤心不已的祁荫杰在北京娶妻生子。后来，祁荫杰回杭州，竟然意外地见到了徐霜琼，当得知徐霜琼信守诺言，为了等他，至今未嫁，祁荫杰非常伤心，懊悔不已。徐霜琼也深受刺激，时隔不久，便饮恨去世了。

为了表达自己对徐霜琼的思念之情，19世纪末，祁荫杰先后创作了前后《韬罗词》。其中，前《韬罗词》三十六章，后《韬罗词》十六章。《韬罗词》一流传，就受到了当时文人墨客的一致好评。作为爱情诗词的《韬罗词》有口传的，也有手抄流传的，现在甘肃省图书馆文献资料部和陇西县博物馆就有当时手抄的一些存稿。在祁荫杰的诗作里，《韬罗词》因流传广泛是保存最完整的。

“‘韬罗’一词来源于外语，原指爱情的意思，受时代和观念的局限，是一种比较隐晦的说法。”祁荫杰的外孙张谔说。

就这样，一个文人的爱情与一个动荡的时代结合在了一起，然后就有了广为流传的《韬罗词》。祁荫杰的爱情故事成就了《韬罗词》，《韬罗词》更是让祁荫杰成为我国近现代有名的诗人。

才俊眼里的《韬罗词》

观其诗，知其人。

我国近代著名书法家于右任写的《读陇西祁少县漓云诗存后记》一文中写道，“祁先生之诗，出之以雄强，约之以绮丽，体物寓兴，卓尔名家。吾生师友中，西北而失此人，大隐固不在名，而益彰余过也。兹择爱诵者数首录之，并介于世人，以志钦迟之意云尔！”

美国华人教授，元曲专家甘肃陇西人罗锦堂作的《漓云诗存跋》一文中写道："漓云诗存三卷，陇西祁荫杰先生之遗稿也。卷一为韬罗词，乃先生悼念闺中忘友之作，运绮丽之笔，写悱恻之情，寸管流香，飞花扬彩，神奇畅婉，令人心醉！二三两卷为水云乡阁诗草及润秋吟馆诗草，出语清绝，寓意高古，以林壑烟霞为荣态，以野水山桥为景色，有怡情易性之妙，无嗟名叹利之习，其于古今之成败，物理之变迁，习俗之凋敝，世道之衰靡，囊括殆尽矣。"

曾担任台湾监察委员的宁夏海原人曹启文在《漓云诗存序》也写道："虽久慕其名，而亦不详其学术造诣，读斯篇后，则知，先生抱匡济之才，遭不时之遇，经纶未展，赍志以终者也。其遇诚哀，而节可风世；其道未宏，而文可励俗；遂嘱原生续为搜其遗著，用餍景仰之微忱。"

民国期间，曾担任甘肃省教育厅厅长、甘宁青考铨处长的水梓在《读漓云诗存书后》一文中也对祁荫杰及其诗作赞不绝口，给予了很高的评价，并认为其晚年所作的诗意境更为高远，诗作更有力度。

曾参加公车上书运动的张天石在《燕台杂诗》中写道："摇落秋风团扇郎，漓云诗句断人肠。春衫杏子难寻泪，夜雨梨花易损香。"

有些评论认为，祁荫杰的诗歌，恬淡真挚，绮丽富华；既慷慨悲壮，又哀婉多姿，融合了诸家之长，形成了自己鲜明的风格。他的诗词，题材广泛，风格多样。有描绘自然风景的，也有反映村居生活的，有引用历史的，也有针对现实的。从风花雪月到忧国忧民，祁荫杰的诗歌都有所体现、有所反映。

民国时期的祁荫杰

辛亥革命以后，作为清末进士的祁荫杰称病辞官，回到了甘肃陇西老家，隐居不出。

当时，国民政府一名陇西的地方官慕名要拜访祁荫杰，几次都被谢绝。后来，在其女婿张作谋多次劝说之下，才答应和这一地方官见面。哪知，见面时，祁荫杰却特意刮掉了他蓄了很长时间的长胡子。对此，地方官和张作谋感到非常的遗憾，还说，早知这样就不该强求见面。祁荫杰却说，他这是为母亲守孝留的凶胡子，见地方父母官应该整理面容，收拾整洁相见。胡子以后还可以再留。

在回到甘肃的岁月里，祁荫杰都是闭门读书，只与当地的文人相互往来。这期间，他也写了大量的诗作，并对自己的诗作进行了大量的删减修改。这个时期的祁荫杰对社会有了更深一层的认知，他写的许多诗作都被广泛传抄，遍及陇上。

1935 年，甘肃发生岷漳事变，致使祁荫杰在陇西县城东郊的住所被一把火烧毁，其生平所写的诗作被焚。从此以后，祁荫杰不再写诗了。祁荫杰一生共创作了 2000 余首诗词，现在大部分已散失。除了诗词以外，还著有小说《葫芦本事》，书稿已佚失，其生平事迹被收入《中国近代文学大辞典》。

1946 年，祁荫杰因病去世。临终写下了绝笔诗："绝徼阴风起，幽陵白日寒。死应留碧血，生恐负黄冠。天意容支杵，臣心到盖棺。歠醨同一醉，未敢薄椒兰。"还留下遗嘱让用这首诗来做他的墓志。

作为祁荫杰女婿的张作谋读了这首绝笔诗后，感到凄楚悲酸，特别是诗中表达出祁荫杰为能保全晚节而感到欣慰之情，更让曾做过兰州一中校长、身为国民参政会第三四两届参政员的张作谋感到伤痛。这也坚定了张作谋整理出版祁荫杰诗作的信心。

漂泊了半个多世纪的《漓云诗存》

祁荫杰去世后，张作谋耗时两年时间收集整理编辑祁荫杰的作品。

从 1946 年到 1948 年，张作谋共整理祁荫杰诗作 437 首，分为古风一卷、近体诗一卷、韬罗词一卷，总定名为《漓云诗存》。还请当时甘肃的一些社会名流，如慕寿祺、张舜徽分别作序，程天锡、韩瑞麟、杨承德分别题词，水梓、李恭、桂芬、王烜书后跋文。张作谋也题词在书后跋文。张作谋用毛笔以标准的小楷字体对全部诗文及序和跋进行了抄录。祁荫杰的外孙张谔告诉记者，那个时候他还小，总是看见父亲伏在案头不停地写，后来才知道，原来是在整理外公的诗作。

1948 年秋，张作谋将抄录好的书稿和出版费用交给了他在香港工作的一个学生带到香港出版。1949 年，中华人民共和国成立，便和这名学生失去了联系，出书一事也无踪可查。

当时，陇西籍台湾大学文科研究所的罗锦堂因其祖上与祁家为世交，自身也喜好古文，曾经向祁荫杰请教学习过，祁荫杰还向其赠送了三卷手迹诗稿。1948 年，罗锦堂在台湾求学时，所携带的祁荫杰三卷诗稿得到了其朋友原瑞麟的喜爱和抄录。后来，抄录的诗稿被台湾监察委员曹启文阅读后，大为赞赏，称为传世佳作。曹启文将诗稿拿给于右任看时，于右任也是称赞不已。于右任和曹启文共同出资并题词和撰写序，1956 年在台湾地区出版了铅印本《漓云诗存》，书中共收录祁荫杰诗词 248 首。

后来，和祁家有世交关系的又一陇西籍台胞张世杰偶然在台湾图书馆中见到了由张作谋于 1948 年整理、勘定后带往香港的《漓云诗存》手抄本。看到这本诗词与书法艺术相融合的佳作，张世杰是爱不释手，想尽办法从台湾图书馆复印了一本。1998 年，张世杰在回陇西探亲的时候，将自己复印的《漓云诗存》手抄本带回陇西，并交到当时在政协陇西县委工作的祁荫杰之孙女祁荣亚手中。

就这样，《漓云诗存》又回到了甘肃，在祁荫杰孙子孙女及外孙的奔走下于 2008 年 10 月得以在大陆出版发行。

（本文原载《甘肃经济日报·文化月刊》2009 年 2 月 28 日 A3 版）

陇韵流芳

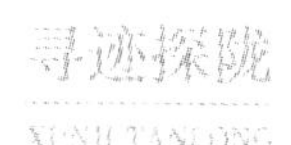

花儿为什么这样红

——河州花儿巡礼

在大西北具有浓郁地域特色口口相传的“花儿”，被称为“活着的《诗经》”“西北的百科全书”“大西北之魂”。由于“花儿”词曲优美，韵味独特，形式多样，内容丰富，被人们誉为中华民族民间文化艺术长廊中的一朵奇葩。

临夏则是中国两大类型花儿——“河州花儿”和“莲花山花儿”的发祥、传承、兴盛之地。其中，河州花儿因其流传区域广泛、曲令繁多而著称。“河州花儿”又称少年，近些年有人也称“西北花儿”“河湟花儿”。

2004 年，以传唱河州花儿著称的“和政松鸣岩花儿”会被命名为“中国花儿传承基地”，2006 年，松鸣岩花儿会被国家列入中国非物质文化遗产名录。2008 年 2 月底，和政县花儿演唱艺术师 60 岁的马金山被授予第二批国家级非物质文化遗产代表性传承人的称号。

马金山和他的“花儿”艺术学校

“国家级非物质文化遗产代表性传承人”这一称号是对和政县花儿演唱艺术师马金山最好的评价和奖励。

今年 60 岁的马金山从 8 岁学唱花儿，10 岁学习吹咪咪（即羌笛，花儿唱时伴奏的一种乐器）。几十年来，马金山痴迷学唱花儿，编写花儿。只要有花儿会，马金山必定前往参加。

马金山既是花儿歌手又是铁匠。为了唱花儿，马金山在冬天制作刀子卖钱，靠卖刀子的收入马金山才得以赶各个地方的花儿会。马金山制作的刀子一把卖到一百多元钱，还供不应求。因此，当地人也把他称为“铁手铁嘴”。

“花儿本是心上的话，不唱是由不得自家，刀子拿来头割下，不死是就这个唱法”。对花儿情有独钟的马金山不但自己唱花儿，还自费开办了和政县花儿艺术学校培养演唱花儿的新人。到目前为止，马金山已经给学校投入近7万元了。

在马金山眼里，只要有人愿意学，把花儿这门艺术传承下去是再好不过的事情了。在马金山的学生中，现在能唱二三十首花儿的学生有十几个人。

历史久远的口头艺术

其实，花儿就是传唱的山歌，与陕北的“信天游”、蒙古族“牧歌”“爬山调”相并列，是原始态的民歌。

从地图上看，花儿植根和流传的地域是中国最干旱、最贫瘠的黄土高原和青藏高原的交会地带。花儿产生于甘肃洮岷、临夏和青海的东部农业区，流行于甘肃、青海和宁夏、新疆等四省区八个民族中，是这些民族的群众用汉语歌唱的一种口头艺术形式，其独特性主要体现在传播地区广、流行民族多、曲调独特和感情色彩浓厚。这是任何一种民歌都无法相比的。

但是，直到现在，对花儿产生于什么时代这个问题，仍然在争论，在研究，也没有一个统一的说法。

早在明代成化年间，任职河州的儒学教授高弘曾赋诗：“青柳垂丝加野塘，农夫村姑锄田忙，轻鞭一挥芳径去，漫闻花儿断续长。”说明花儿在当时就已流传。

陕西省文化遗产研究会副会长李健彪撰文认为，花儿最早的族属问题，与古羌人有关。花儿产生在草原文化与农耕文化的交会地带，产生在旷野里，花儿这种形式被相对稳固下来，并不是某一个民族的贡献，而是这块土地上各民族群众共同的贡献，是汉语文化圈集体的智慧，是不同民族文化交融的结晶。

记者在和政县采访时了解到，和政有着花儿独特的伴奏古老乐器咪咪，除了和政，在其他地方，这种乐器是看不见的。当地人称之为咪咪的乐器也叫羌笛。从这一点，也印证了花儿的产生与古羌人有关。

一些研究人员指出，作为民歌的一种调式，花儿产生的时间只能比《诗经》早，不可能比《诗经》晚。正式被称为花儿也不会迟于魏晋时期。但这都只是一家之言，还存在争论。

不管怎么说，花儿已经深深地扎根在民族民间的沃土之中。

花儿的传唱与禁忌

从一开始，花儿就表现出一种自然表达人的心迹感情。原生态的花儿，满含着时、地、景、情的抒发。因而，花儿具有纯粹抒情的这一特征。

一些人士指出，花儿不承载历史，不演绎忠奸，甚至与中国主流艺术所反映的礼仪道德、善恶美丑也相去甚远。在许多人眼里，花儿是一种淳朴的田野艺术，一种弘扬人性的生活艺术，一种具有地域性的开放艺术。

在大西北流传广泛的河州花儿的唱词比兴生动、浩如烟海，奇特的格律，在中外民歌唱词中独一无二。河州花儿的曲令曲调以《河州大令》为代表曲令，还有《河州二令》《白牡丹令》《土族令》《保安令》等 100 多种，位居中外山歌之首。曲调变化多样，大跳音多，音域宽广，起伏流畅，委婉动听，具有激越、豪放的西北高原特色。曲调上由于传唱民族的不同和音乐风格的差异，可以分为汉族回族花儿、土族花儿和撒拉族花儿三种。马金山说，河州花儿的演唱以个人独唱为主，但也有对唱，演唱中讲究个性的张扬。

花儿从其形成到发展，传承上一直是以口传方式延续。如果从秦汉时期，羌、汉民歌融合而具花儿雏形算起，迄今已有两千多年历史，而对花儿的有关记载却只有四五百年，比较系统的记载也只是八十余年。

花儿的口传形式有两种，一种是花儿歌手之间的口传，另外一种是以歌传情的情人间的口传方式。花儿歌手之间的交流与传递主要有三种途径：一是劳动中的花儿口传；二是花儿会上的花儿口传；三是平日歌手们的互访交流和民间的闲聊口传。

由于花儿的情歌性质，花儿在生活中存在一个禁限禁传的范围。在花儿流传地区，大致有三种禁唱的情况：一是不准在家中、村庄周围唱花儿，这与人们的道德有关。二是直系亲属间禁唱。三是某些带有血缘关系的亲戚之间禁唱花儿，亦不做花儿的交流与传递。鉴于以上禁忌规范，花儿只能在无亲属关系的、村庄之外的歌手之间交流传递。

再就是以歌传情的情人间的口传方式。花儿口传的主体是花儿歌手，他们是花儿的创作者、演唱者、传播者。正是由于他们的口传身授，赓续不辍，花儿才得以绵延数千年而传承至今。中华人民共和国成立以来的花儿文本全是由花儿歌手们口传建立起来的。

口传花儿根植于半农半牧地区的草根文化，代表着边远地区乡民的艺术层次和知识系统，反映着普通人的精神寄托、期望价值、生命意义和心理感受。事实上，花儿的口传形式始终代表着个人的表达方式和行事规则，花儿的口传在不同人群中的信息传达有着不同的价值取向和延展意义。

作为原始民歌的花儿，口传是其根本传承方式，既是历史也是现实。

规模宏大的花儿会

花儿的传唱也促成了甘青两省数百个花儿会场。

马金山告诉记者，花儿的传唱与季节和气候有关。春暖花开的时候就开始唱花儿，冬季一般不唱花儿。春夏时节，千千万万的人从村子里走出来，不论民族、不计年龄，涌向花儿会场，去歌唱，去会友，尽情抒发感情，表达心意。从七八岁的小孩到白发苍苍的老人，壮小伙、小媳妇，不管是在山头、林中、河边、田野，都是一展歌喉，纵情欢唱。

作为“中国花儿传承基地”的和政县松鸣岩是河湟地区最大的花儿会场，松鸣岩是河州花儿最典型、最有代表性的载体和传承地。

关于松鸣岩花儿会还有一个美丽的传说，相传很久以前，松鸣岩山清水秀、河滩也开满多姿的牡丹，有位猎人经过这里，看见一个美丽的姑娘在河边洗浴、唱歌，歌声像流淌的河水，婉转甜美，猎人被歌声迷住了。他就躲在树林中悄悄地学，并情不自禁地唱出声来。姑娘听见有人，急忙披衣向山上跑去，猎人也紧紧跟在后面，到山坡树林时，姑娘不见了，正当猎人失望之时，忽从山腰传来姑娘的歌声，猎人转身上山，赶到山腰，歌声又从山顶飘来，猎人又翻越山岭，攀登到山顶，歌声未绝，但不见姑娘的影子。这时，从山上、山腰、东山、西顶各处都响起了姑娘的歌声，猎人闻歌而行，四处寻找，但再也没有见到姑娘，直到天晚时，唱着学下的歌回到了村庄。猎人把感人的奇遇告诉给乡亲们，把学到的歌教唱给众人。大家认为是天山女下凡传歌，就在松鸣岩修起了菩萨大殿，每年在猎人遇仙女的日子——农历四月二十八日，来到菩萨大殿下面的山坡上，演唱仙女传下的歌，松鸣岩也成了“唱山”。至今，还保存着“到松鸣岩可以不烧香磕头，但一定要漫花儿”的习俗。

当地人告诉记者，临夏花儿故事很多，如“孔圣人留花儿”“苏武留少年”“道士传‘话儿’”等等，当地许多花儿歌手和爱好者都可以讲上一两段。在这里，人们把花儿的演唱会场统称为“唱山”或“山场”，把参加花儿会叫“浪山场”。传统的花儿会除了松鸣岩、炳灵寺、半苍岭、寺沟等较为有名之外，还有许多处，至于各地的小型花儿会，更是难以计数，可以说是十里一大会，五里一小会。

每年花儿会举办时，会场遍布帐房，男女中能歌者即歌唱，其曲自然，耐人听闻，曲调以豪放、抒情见长。松鸣岩花儿会参加者主要是来自和政、广河、康乐、东乡、临夏、临洮、夏河、卓尼等地的各族群众。

有一首花儿曾描述了以前寺沟花儿会的盛况：“牙塘三关的虎狼关，寺沟里留下的唱山；搬下个天堂了换人间，尕老汉变成个少年。”寺沟花儿会不仅有东乡、广河、临夏和康乐等地的各族群众参加，还有青海和甘南的撒拉族、藏族群众参加。中华人民共和国成立前，甚至连太子山放马的青海骑兵也参加进来。

“羌笛遥传边曲古，十万游人唱牡丹”。从古到今，每个花儿会上都是人头攒动，整个会场则是歌的海洋、人的海洋，每次花儿节会都是一次民歌的大检阅、民众情感的大宣泄，也是花儿艺术的大展示。

花儿的传承面临挑战

生于斯，长于斯，厚厚的黄土地养育了一方人，也养育了花儿。

在当地群众成长的岁月里，花儿无时不在，他们唱流传下来的，也随时随地随景创作新的花儿唱词和曲调，他们用最质朴的语言表达对生活的感受和内心的情感。“在我们这里，花儿基本上谁都会唱，谁都能唱一半首。”马金山说。

随着时代的变迁发展，花儿的传唱也面临着新的挑战。

马金山表示，现在唱花儿和以前有很大的区别。从他记事起，花儿有东乡、南乡、北乡、西乡的区分，每个地方的音调不相同。改革开放后，各个地方的人都是互相学习、互相唱，味道有了很大的变化，花儿也出现了融合。以前的花儿会一唱就是几天，晚上也唱，现在唱花儿已经没有以前那么红火了。以前唱花儿用咪咪、二胡、唢呐、四弦子等乐器伴奏时，参与者要上百人，现在基本上没有人伴奏了，会伴奏的人也是越来越少了。作为和政特有的咪咪都处在了失传的边缘上。有的花儿曲调已经失传了。“《梁山伯与祝英台》的调子失传后，自己花了十年的时间揣摩试唱，才恢复了曲调。”马金山说，如今，在临夏能把河州花儿所有保存曲调唱全的已经没有几个人了。

花儿主要是口头传授，要掌握调子，不同人由于对音调的理解不同，在演唱上也是不相同的。一个好的歌手能唱好的调子就是二三个，最多不超过十个。对有 100 多种曲调的河州花儿来说，现在面临的最大问题就是传唱。这也是马金山这位老歌手所担心的。年轻人中间学唱花儿的人现在也是越来越少了。

作为口头艺术的花儿，当传唱这一载体正在弱化时，其发展和存在也就有了问题。如何发展传承保护创新花儿，已是一个值得关注的话题。

（本文在采写过程中部分内容参考使用了《中国花儿纵论》一书，原载《甘肃经济日报·文化月刊》2008 年 3 月 28 日 A2 版，刊发时有删改）

一位八旬老人的『花儿』情怀

——鲁剑和他的《西北民歌与花儿集》

爱好让他成为一位名副其实的民间艺术家。从儿时就痴迷民歌和“花儿”的鲁剑，随着岁月的推移，把自己对“花儿”的热爱，最终变成了对传统艺术的挖掘、整理和保护。从 20 世纪 40 年代到现在，长达半个多世纪的时间里，不管工作岗位如何变化，鲁剑只要有机会、有时间就收集与“花儿”和西北民歌有关的资料和素材，并发起成立了兰州西北民歌研究所，正是这种坚持不懈的努力和对“花儿”的痴迷之情，让他从一名最初的“花儿”爱好者成为花儿艺术的传播者和研究者。作品《西北民歌与花儿集》《中国西北角风情画》就是这位已年过八旬的老人对“花儿”艺术业余爱好不懈追求下的结晶。

痴迷“花儿”

每个人都有自己的爱好，但对自己的爱好进行专门的研究并有很大的收获，却是一件不容易做到的事情。1929 年 1 月 28 日出生的兰州人鲁剑就是这样的一个人。他用一生的时间爱好和研究“花儿”，收获不小。用他自己的话说，这一辈子就交给民歌和“花儿”了。

1944 年，正在读中学的鲁剑拜读了张亚雄先生的《花儿集》，那是甘肃出版的第一部《花儿集》，也是中国第一部《花儿集》，这部《花儿集》震撼了大半个中国，也震撼着知识界的心，让鲁剑对“花儿”有了一个初步的认识。后来，鲁剑又读了西北师院附中音乐老师张东江先生的《西北民歌集》，这部集子因有简谱能唱，让鲁剑更是大开眼界，使其对“花儿”这一民间艺术更加喜欢了起来。

1947 年 6 月，鲁剑随着兰州大学青海观光团去青海西宁、大通、湟中塔尔寺等地，时任青海省政府秘书穆建业在游览之余，给鲁剑等人教唱了《青海四季歌》《五更调》等民歌。这些经历对正在成长和接受知识的鲁剑来说，影响是非常深远的。以致后来，一些“歌手”把《青海四季歌》篡改以后，鲁剑还积极写文章给予批驳纠正。

“这应当说是激起我写《西北民歌与花儿集》专集的近因。”鲁剑说。有这样环境的熏陶和了解“花儿”艺术的经历，让鲁剑对“花儿”艺术有了更进一步的了解，并痴迷了起来。

1947 年，鲁剑和朋友们组织“文化青年社”，出了一期《文化青年》创刊号，当时他担任主编，其目的就是为西北文化作出点贡献，但由于经费缺少，不久便停刊了。为了激励鲁剑等人的行动，1948 年，张治中将军派郑秘书送来他的亲笔题字：“只问耕耘，不问收获，为文化工作者亦当如是”，并加盖了印章。中华人民共和国成立后，这一题字被误作“反动”文件烧毁。直到今天，鲁剑仍然为这一题词被烧毁一事，叹息不已。

中华人民共和国成立后，鲁剑先后在兰州十一中学、七里河师范学校当语文老师，后来又在政府机关工作。因为对花儿的痴迷和热爱，工作之余，鲁剑就是搜集与“花儿”有关的资料，还前往西宁等地搜集素材，挖掘资料，把自己与“花儿”艺术紧紧地结合在了一起。

《西北民歌与花儿集》

鲁剑一直把编写《西北民歌与花儿集》看作自己青年时代的一个梦想。

1999 年底，已经退休的鲁剑，凭借着自己长期积累的资料和素材，正式开始编写《西北民歌与花儿》。编写过程中，他对有些资料中的错别字，三番五次请教他人、访问歌手，进行反复甄别修改。家人对他的这一做法也非常支持，专门为他买了复印机，以方便他整理收集。

凭借自身对“花儿”艺术的激情，以及一种持久的追求和文化自觉，2002年6月，这部凝结着鲁剑几十年心血的数十万字的《西北民歌与花儿》正式出版发行，得到了专家学者的肯定，也实现了其为西北文化作贡献的愿望。

鲁剑告诉记者，在《西北民歌与花儿》一书中，编写的着眼点是：只要是陕、甘、宁、青、新的民歌与“花儿”，取其精华采撷入书中并加以评述，展示给西北、全国以及全世界的爱好者。

鲁剑编著的《西北民歌与花儿集》一书中，开篇就是古代西北断肠曲《阳关三叠》和《胡笳十八拍》，展示给读者的是西部地区的沧桑岁月、古朴情怀以及千古绝唱。这是其他地区所没有的，也只有在西部这样特殊的历史人文地理环境中才能产生这样的民歌曲子，并广泛流传。

《阳关三叠》开篇之后，还有119首明清西调。西调是西北民间曲调名，产生于明代，乾隆年间最为流行。一般为十二句五十六字，常加很多衬字，平仄通协。内容以表达男女爱情为主。书中收集的西北地方民歌还有甘肃的太平歌、各地的小曲，流传在陕北和陇东的信天游以及青海、新疆、内蒙古的民歌，还包括“花儿”、兰州鼓子、酒曲、兰州眉户等内容，其中“花儿”的内容涉及较多，介绍较为全面，这中间既有“花儿”的曲调，也有“花儿”。

功夫不负有心人。经过四年的编著，2002年6月《西北民歌与花儿集》由甘肃人民出版社出版发行了。出版后，鲁剑把一部分书送给了“花儿”爱好者、研究者以及相关的文艺机构、学校、图书馆、政府部门等。

《西北民歌与花儿集》的出版，与其说鲁剑实现了自己的梦想，不如说这只是梦想的一个部分。进入“花儿”艺术传播和研究圈子之后的鲁剑发现，需要做的事情太多了。于是，在“花儿”艺术的道路上，鲁剑和志同道合者越走越远，又编印了自己的另外一部作品《中国西北角风情画》。

学者眼里的《西北民歌与花儿》

现在，民歌艺术的研究已是一个热门，一些专家学者在这一方面取得了一定的成绩，研究成果也受到了社会各界的关注。

鲁剑《西北民歌与花儿》的出版在民歌研究领域受到了众多专家学者的关注和认可。这本书也让他从一名业余爱好者成为业内的一个专家。在这本书出版后，时任甘肃省主要领导委托秘书给鲁剑打电话，对鲁剑为西北文化事业的发展所作的贡献表示感谢。

专家认为，鲁剑的《西北民歌与花儿》，抓住了西北“花儿”民歌是西北各民族文化碰撞、融合的这一要害之所在，眼界准、视点高，并着意凸显了甘肃乃至兰州的位置，这是一种文化积累和文化自觉的体现。

在鲁剑的眼中，西北“花儿”民歌的界限、视野是宽泛的，这正好弥补了以往编选者的不足。《西北民歌与花儿》一书中，《酒曲》《兰州鼓子》的大量搜集、入选拓展了西北民歌的容量，从另一个层面展示了西北民歌不同体式的相互影响。

在《西北民歌与花儿》这本书中，鲁剑还重点关注了西北“花儿”民歌的历史传承性和时代性，提出了提升其艺术品位为西部文化发展注入活力的问题，这显然具有积极的现实意义。

“在临夏、定西等地举办的‘花儿’会上，《西北民歌与花儿》一书很受当地群众和有关‘花儿’研究人员的欢迎，许多群众都是自发地踊跃购买。”鲁剑说，“花儿”涉及的民族多，流传广泛，是西北最具有代表性的民间艺术，是多民族聚居形态和文化融合的特产。

八旬老人的心愿

民歌自古已有之，而“花儿”起源于何时？“花儿”的故乡在何处？目前说法众多。这些问题都需要研究。

为了自己青年时代的这一个梦想，2004 年 6 月，鲁剑在兰州发起成立了西北民歌研究所，联合了一批业内人士从事西北民歌艺术的研究工作。为了宣传西北的民歌艺术，鲁剑还在中国文学网、新浪网、网易网、临夏花儿网、中国博客网等网站开通了博客，对西北的民歌艺术进行宣传，并与爱好者在网上互动，传播民歌艺术。

2005 年 6 月，鲁剑在加拿大多伦多和蒙特利尔考察时，了解到中国的华人演出队在加拿大的国庆日演唱了《花儿与少年》后，感到很震撼。“花儿”艺术在国外受到热烈的欢迎，但在国内的发展却是不尽如人意，形成了巨大的反差。

鲁剑认为，目前最重要的是应该考虑“花儿”如何发展，如何包装，它的舞台在哪里？它能不能发展成一种剧种走出单一的模式？中西乐器何者伴奏为宜？“花儿”的内容要反映生活的变化，要与实际相结合起来。

尽管“花儿”已经被列入国家非物质文化遗产了，但在花儿艺术的保护和传承上还存在着许多的困难。“花儿”在城市中缺少舞台，乡村的舞台依旧停留在以前的模式，没有专门的艺术学校培养花儿歌手，缺乏接班人，要改变“花儿”是“穷人的狂欢节”，是“调味剂”的这一现状。把“花儿”这一民间艺术进行包装，在全国进行宣传推广，真正将这一民间艺术推向国内外市场。

事实上，作为西北最具有代表性的民间艺术“花儿”需要进一步的创新发展，要充分挖掘其艺术内涵。单靠个人和民间组织的力量是不够的，政府要出面整合各方面的力量，进而推动“花儿”这一民间艺术的发扬光大。

“心有余而力不足。”鲁剑这样评价自己的现状。对于这位八旬老人来说，只有奔走呼吁，在自己力所能及的范围内对“花儿”艺术的传承发展作出自己的贡献。

（本文原载《甘肃经济日报·文化月刊》）

陇剧 五十年崛起的一朵梨园奇葩

从偏居陇东一隅的民间小调脱胎换骨为代表甘肃独特风情的剧种，陇剧用五十年的时间实现了这一华丽转身，并在梨园这块百花齐放的天地里艳丽绽放，受到戏曲界的广泛关注。在梨园里，陇剧虽然属于后起之秀，却取得了非凡的成绩，被国家列为首批非物质文化遗产保护名录。在其五十年发展的历程中，陇剧的代表作《枫洛池》《胡杨河》《官鹅情歌》等一些剧目受到了戏剧界的好评，并获得多个戏剧奖项。《枫洛池》入选《中国当代戏曲百部曲》一书中。甘肃省陇剧院创作的大型民族历史陇剧《官鹅情歌》入选2007—2008年度国家舞台艺术精品工程年度资助剧目。《官鹅情歌》还被称为中国西部的《罗密欧与朱丽叶》。在业内人士看来，陇剧已经发展到一个里程碑式的阶段。现在，站在新的起点上，面对戏剧边缘化的现状，陇剧的传承发展面临着一系列的问题。

中国西部的《罗密欧与朱丽叶》

如果说20世纪50年代末的《枫洛池》奠定了陇剧发展的基础，那么大型民族历史陇剧《官鹅情歌》的出现为陇剧发展竖立了一块里程碑。

从事陇剧演唱导演达37年之久的甘肃省戏剧家协会副主席、甘肃省陇剧院院长王亨谈起由该院创作演出的大型民族历史陇剧《官鹅情歌》时显得异常兴奋。

让王亨兴奋的是《官鹅情歌》入选2007—2008年度国家舞台艺术精品工程

年度资助剧目。在此次进入国家舞台艺术精品工程的30部资助剧目中,《官鹅情歌》位列第十,是西北五省区唯一一部入选剧目。

“国家舞台艺术精品工程”是文化部、财政部共同实施的一项旨在扶持舞台艺术发展的重大建设项目,该工程自2002年启动以来,每年推出10部精品剧目和一批优秀作品。目前,甘肃省已有舞剧《大梦敦煌》入选2003—2004年度“国家舞台艺术精品工程十大精品剧目”。

王亨告诉记者,这次入选该工程2007—2008年度资助剧目的《官鹅情歌》,是陇剧入选国家级非物质文化遗产后创作的第一部大型剧目,是本土剧种、本土作家、本土题材、本土演员,是一部地地道道的甘肃戏。

《官鹅情歌》讲述了古时候发生在陇南羌、氐两族间一个以爱化仇、团结和谐的感人故事。自2006年上演后,荣获全省新剧目调演20项一等奖,2007年荣获全国“五个一工程”优秀作品奖,接着奉调进京,参加为迎接党的十七大胜利召开第十届精神文明建设“五个一工程”获奖戏剧展演,当时演出的12台展演剧目是从55部获奖戏剧中精选出来的。“《官鹅情歌》在京连演两场,一千多人的剧场座无虚席,精彩的演出、感人的剧情,赢得观众阵阵掌声。”王亨说,演出后,中国戏剧家协会、中国戏曲学会、中国少数民族戏剧学会与中国艺术研究院联合主办座谈会,20多位专家学者参加研讨,称赞该剧选材好、主题好、剧情好,称得上是中国西部的《罗密欧与朱丽叶》。

一些专家也认为该剧中的音乐和表演吸取陇南民族、戏曲和现代音乐、舞蹈成分和因素,适应表现内容的需要和观众审美情趣的变化,对陇剧原有的唱腔板式和表演程式进行了大胆的革新创造,达到了古典美和现代美的和谐统一;具有民族地域特色和现代生活气息的服饰和歌舞,也增强了表现力和观赏性;导演吸取了电影、影视的某些表现手法,使戏剧节奏更加明快、氛围更加和谐。

不少专家表示,陇剧是在逆境中仍然活跃着的新剧种,从《枫洛池》之后,经历了半个世纪,不断有好作品。《官鹅情歌》不仅在发展新剧种方面有成就,而且为民族地区戏剧作了大贡献,对历史剧也是一大贡献。

陇剧的由来和特色

陇剧来源于陇东道情，是陇东道情发展的时代产物。

陇剧发源、流传于庆阳环县一带，原为皮影戏，采用道情唱腔，名陇东道情。后经专家们系统搜集、挖掘、整理和创造，于 1959 年正式搬上舞台，其代表性剧目就是《枫洛池》，进京演出后，被梅兰芳等诸多艺术大家称作是“陇上奇葩”。

记者查阅相关的资料获悉，1959 年 2 月，甘肃省戏曲研究院所属道情剧团成立，创作和排演了大型古装道情戏《枫洛池》。《枫洛池》从剧本、导演、音乐、表演、舞美等各个方面都进行了大胆的全方位的创新。随后，当时的甘肃省领导人将道情剧命名为“陇剧”，从而填补了甘肃历史上无代表剧的空白。

1959 年 9 月，陇剧《枫洛池》赴京参加了中华人民共和国成立 10 周年国庆献礼演出，获得了空前的成功。党和国家领导人毛泽东、周恩来等观看演出，并接见了该剧的全体演职人员。周总理观后说，听到了陇剧，我好像又回到了陕北。

甘肃戏剧家协会副主席肖美鹿说，脱胎于陇东道情的陇剧突破了纸亮子、牛皮人的局限，以人表演道情，大胆地借鉴吸收了京剧、昆曲、秦腔等一些剧种的表演形式，注重舞台整体统一协调，创造出杨风摆柳、地游圆场、侧身摇晃、侧身掩泣等新颖别致的身段动作和独特的表演风格。在造型上还创造出了“云髻燕尾”发型。陇剧的音乐属板腔与曲牌相结合的“综合体”，唱腔有较强的说唱性，加之一唱众帮的“嘛簧”，地方音乐语言特点浓郁、过门平整，没有大变化，曲调高亢质朴、欢快明朗。陇剧的乐器增加了琵琶、二胡、笙、板胡、扬琴、提琴和一些铜管、木管乐器。

经过二十多年的积累，陇剧的角色行当已初具规模，目前主要行当有：生行：包括小生、须生、老生；旦行：包括小旦、正旦、彩旦、老旦、武旦等；净行：分大妆与二净两行；丑行：分官衣丑、公子丑与小丑等。陇剧表演艺术讲求真实，重视从生活出发，以细腻的手法刻画人物的内心世界。

作为一个新兴发展的剧种，陇剧剧目的创作主要分为自己动手创作新剧目和移植改编兄弟剧种的剧目。从题材内容上来说，其剧目就是历史（传统）题材和近现代题材两大类。

经过近六十年的发展，陇剧已成为一个具有整体戏曲结构和全方位艺术成分的新剧种，成为中国戏曲大家族中的一位新成员。

辉煌中难以掩饰的尴尬

甘肃有两朵艺术之花，一朵是敦煌之花，另一朵是陇剧之花，这是其他地方所没有的。

“国家领导人来甘肃都看陇剧。”王亨说，在全国的地方戏剧中，目前陇剧与东北的龙江剧发展是最好的。在戏剧日益被边缘化的今天，陇剧的发展却创造了奇迹。《官鹅情歌》成为“国家舞台艺术精品工程”的 30 部资助剧目之一就是一个标志。在人才培养上，陇剧培养了两位梅花奖演员：雷通霞获第十六届中国戏剧“梅花奖”；边宵获第二十一届中国戏剧“梅花奖”。

肖美鹿认为，陇剧一路走来，从最初的《枫洛池》到《生死缘》《燕河风波》《莫高圣土》《官鹅情歌》等一大批剧目与观众见面，并在社会上引起强烈反响，能取得这样的成绩关键是不断有新的剧目出现，不断地出现新的人才，戏剧艺术就是出人出戏。

事实上，群众都在关注自己家乡的戏剧发展，地方戏剧的发展能够激发当地人的自豪感。甘肃省陇剧院每年去基层演出都在 100 场以上，每到一个地方，白天有上千人看演出，晚上有上万人看演出，很多中青年观众都能接受。“甘肃作为经济欠发达地区，陇剧演出的社会效益要比经济效益好得多。”王亨说，除了庆阳之外，天水、酒泉、陇南等地的一些乡镇的剧团也唱陇剧。

发展陇剧艺术可以使人们通过陇剧及其优秀的剧目来更深入地了解甘肃的历史文化和发展成就。截至 2008 年陇剧的创作、生产力量有限，全省仅有 3 个专业性院团，创作和演出的剧目数量有限，这影响着陇剧的发展。全省还没有专门从事陇剧艺术研究的机构。

在 2008 年的全省两会上，窦凤霞委员专门建议，省上应对陇剧的保护和研究、对陇剧表演团体在财力和政策上予以大力支持。

甘肃省戏剧家协会主席王正强曾指出，甘肃发展陇剧，应该有个发展规划，尽量作到长计划短安排。应该加强陇剧艺术理论建设，没有这样的理论队伍，就不利于陇剧艺术的发展。发展陇剧的前提就是保护陇剧，保护陇剧人才。陇剧就是“陇”与“剧”的紧密结合，其文化精神就是陇剧的地域风格。

“陇剧要发展，必须发扬老一辈陇剧人的创业精神，在编导、音乐、表演的各个环节上注重人才培养。陇剧有好的剧目、好的音乐、好的演员，陇剧就有好的市场。陇剧要注重新创作剧目，也要注重改编、移植的剧目。”王亨说，2009 年就是陇剧诞生五十周年，甘肃省陇剧院通过出版《陇剧五十年》一书以及开展陇剧优秀剧目展演等一系列的活动庆贺陇剧五十华诞。

今天，已作为国家首批非物质文化遗产保护名录中的陇剧不仅是中国戏曲园中的一朵奇葩，更是甘肃独有的代表剧种，是甘肃的文化品牌，是甘肃形象对外的展示平台。因而，传承发扬陇剧对甘肃来说是文化领域的一件大事。

（本文原载《甘肃经济日报·文化月刊》2008 年 11 月 28 日 A11 版，刊发时有删改）

一枝独秀的兰州鼓子

陇原曲苑百花稠，兰州鼓子一枝秀。以兰州方言传唱的兰州鼓子，又名兰州曲子、兰州鼓子词，是流行于兰州地区的一种民间曲艺形式，也是中国曲艺的古老曲种之一。由于流传范围有限，对于今天众多的兰州人来说，这一古老的民间艺术显得有些陌生，许多兰州人知道兰州鼓子都是在兰州鼓子被列入首批国家非物质文化遗产之后。从人们自唱自乐的曲艺进入国家非物质文化遗产保护，兰州鼓子的高雅旋律吟唱出的已不仅仅是叙事抒情休闲娱乐，或个人喜好的一种表现形式，而是更具有地方特色的一种文化艺术。对于历来只作为业余演唱的兰州鼓子来说，2008 年初确立的兰州市级传承人掀开了兰州鼓子发展新的篇章。

用方言传唱的民间艺术

兰州鼓子是一种高雅的地方曲艺艺术。

“兰州鼓子是用兰州方言传唱的，都是爱好者自愿结合，以喧关（意为聊天，闲聊）的方式，用唱表达故事情节的，演唱时演唱者一般是双目微闭、摇头晃脑，从每句曲词中传出来的是十足的韵味；听者则是用心体会、轻轻合拍，感受曲子高雅的内涵，自我陶醉，不亦乐乎，必要时还帮腔演唱。”长期从事兰州鼓子研究的肖振东说，兰州鼓子爱好者身份广泛，有文化的、没有文化的都唱，但鼓子词却是极具有文学性。鼓子在什么地方都可以唱，没有任何禁忌。

传统的兰州鼓子演唱普遍采用坐唱形式，没有动作，一人演唱，众人帮腔。兰州鼓子是以唱为主的曲艺形式，有一人、二人、三人演唱之分，主要表演手法是唱和说，有的段子光唱不说，有的段子又是光说不唱，而有的段子则有唱有说，似唱似说。一般采用自弹自唱形式，故而讲究说、腙、弹、唱。兰州鼓子曲牌，按其组织程序与连接格式，分为鼓子和越调两大腔系，总共包括 48 个曲牌。

兰州鼓子的传统曲目内容大致分为三类：一是赞颂祝贺之词；二是咏物写景之言；三是民间传说和历史故事。主要曲目有《燕青打擂》《林冲夜奔》《武松打虎》《三顾茅庐》《岳母刺字》《拷红》《木兰从军》等。中华人民共和国成立后，一些老艺人还精心创作了《黄继光》《子荣降虎》《雷锋》《陇原英烈》等曲目。一个唱段时间长的就是四十分钟，时间短的也就是二十分钟左右。根据搜集整理，兰州鼓子的曲目超过 1000 个。演唱中，兰州鼓子的伴奏乐器以三弦为主，扬琴、板胡、二胡、古筝、琵琶、箫、笛子等乐器为辅。虽然叫鼓子，但在伴奏乐器中却没有鼓。

“演唱兰州鼓子，最为注重的是喉音、嗓音、鼻音、齿音、舌音的应用，老艺人对这个特别讲究，鼓子唱得好不好就在于对这几个音的把握上，唱的时候要吐字清晰，让听众能听出来唱的是什么音什么字。”肖振东说。

记者了解到，兰州鼓子其行腔严格按兰州地方语音行腔，是唯一以兰州方言为特点，有较为完整体系的曲艺品种。其演唱用语，古朴典雅，具有中国古典诗词的特点。讲究平仄韵辙，中途不换韵，不改辙。具有古典音乐的特征，旋律流畅，洋洋洒洒，落落大方，令人陶醉。“一般，唱兰州鼓子，是唱一下喝一口茶，不是渴了，也不是体现清高，主要体现的是一种休闲，一种雅淡。”曾长期从事兰州鼓子研究的甘肃省戏剧家协会主席王正强说。

起源说法众多尚无定论

直到今天，对兰州鼓子的起源尚无定论，仍然存在着众多的说法。

据考证，最早提出兰州鼓子始创于北宋的是 20 世纪初甘肃学者慕少堂。他在《甘宁青史略》副卷五所收“皋兰鼓子词”条目楣首批注：“宋末有安定郡王赵令畤者，始创商调鼓子词”。其后是张维鸿先生，他在《兰州古今注》一书中写道：“鼓子以鼓为名也，兰州鼓子俗讹为鼓子，其曲牌尔雅而多繁声，以一人独唱，犹有南曲余响。”此后，李海舟先生于中华人民共和国成立后，撰文指出，兰州鼓子可能创始于宋，曾繁于元、明之际。但由于缺乏相关的证据，这一提法受到了人们的广泛质疑。

王正强告诉记者，兰州鼓子的产生，应当在北京八角鼓、陕西眉户的成型之后，是从外地传来的，并不是当地某人所创。由北京八角鼓繁衍而来的兰州鼓子，大约在清道光前后，即1830年左右，便开始在当地娱乐场所慢慢传唱了。在传唱过程中，逐渐演变为用兰州方言演唱。而文人的加入又加速了其更快的发展。

目前，在兰州鼓子界，许多人士认为兰州鼓子的起源发展是由旗人（满人）从外地传入的。“一些媒体说兰州鼓子已流传上千年了，这一说法没有任何根据，是不符合鼓子发展历史的。”从事兰州鼓子研究的人士说。

“一研究兰州鼓子，总喜欢把鼓子与赵令畤联系起来，这是错误的。”王正强表示，赵令畤的鼓子词与兰州鼓子是两回事，宋代兰州及其周边都是民族地区，赵令畤一直在临安，只是在酒席宴前卖弄文风，基于此，兰州鼓子不可能在那个时候出现。

清代同治、光绪时期，堪称兰州鼓子的全盛阶段。不但兰州城里的茶馆酒肆演唱蔚然成风，附近农村也常作为婚寿筵庆的助兴之曲，一些爱好者更是走乡串户，争相竞技，使其在兰州民间广为流传。

“兰州鼓子在清末民初，20世纪40年代中期以及中华人民共和国成立初期都曾兴盛发展，也曾经传唱到了新疆等地。以前都是男人唱鼓子，民国时期出现了女的唱家，但不多，现在流传的范围仅限于兰州市。”王正强说，兰州鼓子是市民文化繁荣发展的一种具体的表现。

兰州鼓子缘何藏在深闺

以方言传唱的兰州鼓子流传并不广泛，在许多兰州人眼里也是一个新鲜而又古老的事物。

王正强说，兰州鼓子作为地方性曲艺，流行地域并不广，主要是作为一个消遣娱乐的形式而存在的，发展一直处于自流状态；其次是没有专业演唱班社，也没有专门演唱鼓子的职业艺人，更没有出现以演唱兰州鼓子讨饭的流浪艺人。流行地域限制了其发展、扩散、流传。“兰州人把兰州鼓子看得非常清高，反对讨饭卖艺。”正因如此，直到现在兰州鼓子也没有走上市场化，兰州鼓子从来没有过商业性的演出。

兰州鼓子虽然自视清高，但从不登大雅之堂，只是在民间自娱自乐。20 世纪 50 年代专业团体曾编成鼓子戏《三难新郎》等进行演唱，但因各种原因没有坚持下来。20 世纪 90 年代，兰州鼓子再次登上艺术界的大雅之堂。直到 2006 年，兰州鼓子被列入全国非物质文化遗产保护目录后，受到了社会各界的广泛关注。

长期以来，兰州鼓子的演唱，处于自流状态，目前只有兰州市的皋兰县、七里河区、安宁区的个别乡、村有演唱艺人有演唱活动，且年龄都偏大。随着社会的发展，文化娱乐活动形式的多元化，让兰州鼓子逐渐边缘化。

陈增三作为兰州市确定的兰州鼓子市级传承人演唱兰州鼓子有四十余年了，整理搜集兰州鼓子也有三十年了。他深切地感受到，兰州鼓子的发展空间正在不断地缩小。“现在唱兰州鼓子的也就是几百人，其中皋兰人最多，主要分布在水阜和什川。只是一些爱好的人士在唱，没有形成群众性的曲艺活动。”陈增三说。

艺术之花有待传承发展

从 1829 年（道光九年）算起，兰州鼓子有师承关系已近 200 年。“兰州鼓子的传承，都是师父教徒弟，拜师学艺，身口相传。”陈增三说，以前拜师学艺的人多，现在年轻人学习鼓子的少了。

一直以来，在皋兰县水阜村，男女老少都唱鼓子。村子里有好几处演出场地，都是同时在演唱。早在20世纪50年代，皋兰县水阜村等一些村子的村民就在农闲、节庆、红白大事、雨雪天演唱鼓子，交流技艺。鼓子爱好者是你拿一块煤，他提一盏灯，晚上不约而同来到演唱地点，一唱就是一个通宵，连唱四五个晚上的情况很普遍。当时，在皋兰演唱人员有数千人。即便是现在，唱兰州鼓子依旧是水阜村村民的一项主要的娱乐活动。

在“文化大革命”中，鼓子被作为四旧，发展停滞，一些资料也被烧毁。后来，兰州鼓子虽然再度兴起，但参与人数却是大为减少。传唱人群的缩小，导致许多年轻人都没有听过兰州鼓子。现在，在兰州市唱兰州鼓子的也就是100多人。

如今，已是国家非物质文化遗产的兰州鼓子受到了政府和社会的广泛关注，各级都成立了鼓子协会。兰州市政府从今年起，还给确定的鼓子传承人每年发4800元（农村）、3600元（城市）的补贴。

陈增三认为，现在兰州鼓子的发展要规范唱段唱词，让鼓子发展得更完美通用一些。同时，他表示兰州鼓子缺乏正常的学术研究讨论，应当有发展方向。他也建议，政府部门应当确立一个专门的活动场所，为兰州鼓子的发展建立一个专门学习交流的平台，还要通过比赛会演多方宣传吸引更多年轻人参与。

王正强指出，只要政府文化部门扶持兰州鼓子就会有所发展。从兰州鼓子的发展历史来看，由于缺少扶持，其发展是摇摇晃晃，非常地不稳定。他也表示，兰州鼓子作为地方文化的一部分，已经深深地扎根在了土壤之中，不会消亡的。文化本身有自我调节的机制，调节自己如何与时代的脉搏相结合。许多现代新段子的出现表明，用传统的形式表现现代生活就是一个发展。

让兰州鼓子大放异彩，开出更绚丽、更壮美的民间艺术之花已是鼓子爱好者的共同心声。

（本文原载《甘肃经济日报·文化月刊》2008年5月28日A11版）

和政秧歌——一座活动的大舞台

起源于民间祭祀活动的和政秧歌，历经岁月的洗礼后，形成了历史悠久、流派众多、包容性强、气势宏大、喜庆祥和、改革创新等特点，成为和政独具特色的民间文化艺术。直到今天，这一流传广泛的民间文化艺术依然是经久不衰，深受广大劳动人民群众的喜爱，具有旺盛的生命力，堪称“一座活动的大舞台”，并孕育了一代又一代优秀的民间艺术家。正因如此，和政秧歌被列入甘肃省非物质文化遗产项目。

多文化融合产生的秧歌

在中国，从南到北，从东到西，扭秧歌、耍社火是一大传统习俗，并受到各地群众的欢迎和喜爱。但在和政，这一群众喜爱的传统习俗不论从形式还是内容都有其独特的魅力和鲜明的特征。

秧歌，和政亦称“社火”。最初是一种春祀秋报的民间祭祀活动。“社”古指土地神，也指祭祀神的节日，如春社、秋社。据民国《和政县志》记载：“入正月过三日即演社鼓，或城或乡不拘。十三日城内张灯，乡民以社鼓来贺，男妇游览……”这一方面说明了和政县城十三秧歌会的情形，同时也说明了秧歌在和政各乡镇的发展与历史。据考，早期表演的节目就有“竹马儿”“刀舞”“旱龙船”“狮子舞”等。到了明清时期，随着屯兵和移民，外来民俗文化不断与地方特色融合，这一时期的和政秧歌不但有说有唱，有歌有舞，还出现了一定故事情节的小戏，更是程式固定，臻于完善。

和政秧歌作为由祭祀活动演变而成的娱乐活动，在发展过程中，通过文化交流，不断地充实和丰富内容。如秧歌从宗教活动中吸取了音乐营养之后，就有了伴舞的乐队。现在秧歌中演奏的唢呐曲牌有不少就是神曲，或带有浓厚的宗教色彩，如“牛犊爷”借用巫师羊皮鼓，旱船有扮演观世音菩萨的，演唱词中“九绣我佛莲台坐，十绣童子拜观音”等，无疑是受祭词的影响。再如“春牛”，古代有以春牛祝岁的习俗，因为牛是农事活动中的主要工具，堪作农事的象征，所以和政秧歌中的玩春牛杂耍节目不仅是古代习俗的遗留，也体现了各族人民共同祝愿农牧业丰收的愿望，更具有高原农牧业地区的特色。

秧歌中的《舞狮》，据考，最早出现在三国时期，是通过丝绸之路由西域传入的，说明地处古丝绸之路要道的和政地区，接受它的机会比内地的更早。到了明代以后，大量汉族移民入迁，又带来了南方的旱船、鞭子、竹马等。民国初年来河州地区经商的山西、陕西商贾又传进了“跑驴”。

和政秧歌在清代之前一律为“地蹦子”，民国初，有少数人开始踩五寸跷子，大多数仍为徒步表演。民国二十二年（1933年）青海马家部队（即马步芳的国民军）一个连驻防和政，春节时士兵玩起了高跷秧歌（跷高三尺）和四大光棍、打狗熊等，很受群众喜爱。民国二十三、二十四年，受青海高跷秧歌的影响，和政县城附近的群众和龙泉书院也相继玩起了高跷秧歌，从此，县城附近高跷秧歌逐渐取代了“地蹦子”。之后，和政秧歌经过不断的更新、完善，形成了今天这样一个综合性的歌舞。

和政秧歌始于明，盛于清，改革变化于民国，发展于新中国成立后，特别是党的十一届三中全会以后更加繁荣壮大。

形式多样的和政秧歌

和政秧歌节目丰富，阵容庞大，演员多达二百多人。形式多样，有说有唱，亦唱亦舞，并伴有武术、杂耍、杂角表演，气氛热烈，异彩纷呈。

临夏州民间艺术家协会副会长张廷华告诉记者，和政秧歌由“前五角”“中三角”“后五角”以及“串火杂角”组成，行进和演出都按前后顺序进行，只有杂角可以穿插在队伍中间，任意发挥，随处表演，取乐于观众。

“前五角”为流星、仪仗队、旱船、四大光棍、乐队。流星排在秧歌队的最前列，用以开路打场，一般由二人至四人组成，须有一定的武术功底或体质较好、身体矫健的人担任。白天使用铁（铜）制流星，夜间为火流星，其衣着为传统的武生打扮，或运动服装。仪仗队，排在队伍的第二位，置大幅横额二三幅，写有该秧歌队的队名和宣传口号等，并有彩旗若干面为辅衬，以增加秧歌队气氛。旱船传统的有一只、两只、四只、八只、十二只等，表演内容多取材于历史典故，如“童子拜观音”“匡胤送金妹”“东吴招亲”“八仙过海”“薛丁山大战樊梨花”“七仙女”“梁红玉击鼓战金山，金兀术败走黄天荡”等。在表演中，用唢呐吹奏平缓的《十绣》秧歌曲启航，用欢快的宗教音乐《子胥过江》伴奏跑船，当船遇到风浪陷入困境时，又用民歌《手提满壶酒》的曲调伴奏，抑扬婉转，十分动听。“四大光棍”，由四个男角和四个女角组成，扮男角的戴礼帽、墨镜，上身穿白衬衣黑坎肩，下身着黑裤子，腰挎眼镜盒、腰刀，披彩绸，胸前结一大红彩球，右手执扇，左手叉腰，扭动起来，舞步矫健，动作潇洒大方；扮女角的踩低跷（约1.5尺），戴假发，配以钗环首饰，黑纱制成的独辫，末端彩绸扎结，垂于膝下，上着大襟绸缎服，下身穿罗裙，一手执扇，一手拿彩巾，亦戴墨镜，歌舞时，动作小而优雅舒展，在表演中演唱的传统曲令有《织手巾》《十绣》《绣金匾》和《兰桥相会》等。乐队：传统秧歌的乐队通常由三弦、二胡、板胡、笛子、木鱼、撞铃、梆子、唢呐等民乐组成。随着时代的发展，又吸收了手风琴、黑管小号、阮等西方乐器，大大提高了伴奏效果。乐队的任务是为行进间和进场表演的“四大光棍”及“跑驴”等小节目的表演做伴奏。主要负责伴奏的曲目有《柳青》《孟姜女》《放风筝》《闹新春》《十盏灯》《绣金匾》《十绣》《四季歌》《采茶扑蝶》《十二个月》等。

“中三角”的组成，人数最多，是和政秧歌的主体，排在“前五角”之后，在行进和进场后“舞花场”最有声势。由霸王鞭、膏药灯、“身子”（即中郎、腊花姐）组成。其中“身子”是和政秧歌的精华所在。分男女身子，表演基本上分为行进表演和场地表演二种，行进表演节奏慢、动作简单，场地表演则节奏快而动作复杂，整个过程在进场和退场时最为精彩，表演者大步奔跑，摇身狂舞，此时满场彩带飘扬，鞭炮齐鸣，锣鼓震天、全场雷动，表现出“社火”固有的热闹、红火、欢快的气氛。

“后五角”是和政秧歌的最后一部分，是由鼓、锣、钹、唢呐等组成，由一位玩手手持拂尘（多用牛尾巴制成，俗称“引刷”）来指挥。鼓在秧歌里起统揽全局的作用，秧歌队的行进、队形变换，均听从鼓点指挥，所以鼓师一般由技艺娴熟的人来担任。唢呐在秧歌行进时吹奏，以壮声势和体现喜庆吉祥的气氛，在旱船表演时进行伴奏，其他项目中不再多用。钹和锣一般只配合鼓点而用，没有独立的操作形式。

杂角是正角之外的其他角色，主要有：妖婆、鬼子（男丑角）、笑和尚、驾鹰、尕黑驴、猎人与狗熊、春牛、纸马（竹马）、社火官（春官）、货郎等。杂角的表演形式不拘一格，主要以滑稽动作和幽默语言来打趣逗乐观众。其中妖婆、鬼子在表演时以说吉利话、祈福祝愿为主要表现形式，辅以歌唱，营造喜庆气氛，增加秧歌的趣味性。

和政秧歌表演采用的道具繁多，按前后角色分，有：流星、旱船、低跷和高跷、霸王鞭、膏药灯、响铃、鼓、锣、钹、黑驴、狮子、春牛、龙、纸马等。伴奏乐器：早期秧歌只有三弦、二胡、板胡、笛子、撞铃、梆子、木鱼等民间器乐。随着社会的发展，又增加了黑管、小号、手风琴、阮等西方乐器，其人员数量及演奏水平有了很大的提高。

随着秧歌的发展，和政逐渐形成了秧歌的四个集会点，叫“秧歌会”：正月十三秧歌会在宁河城（即今日之县城），正月十六在罗家集乡茨洼河，正月十七在买家集镇盘那寺，正月十七在原梁家寺乡赵家寺（现属东乡县，已停止）。

传承发展中的和政秧歌

现在，和政秧歌每年都有十多支秧歌队自发组织表演，在秧歌演出上和政县近年来的投资累计达到了 1500 多万元。

和政秧歌因地域不同，在形式上也有着明显的区别。第一，有地蹦子和高跷的区别，和政县的罗家集、马家堡一带，还保留着古老的地蹦子秧歌，其余乡镇为高跷秧歌；第二，有大鼓和小鼓的区别，城关、三合、新庄和吊滩一带为大鼓秧歌，其余地方为小鼓秧歌。

张廷华还告诉记者，和政秧歌在表演中，有固定的表演时间，传统的固定路线不能走错，每个秧歌队都有各自的传统演出线路，一般是按照清代地方的会社组织和信奉地方神庙的范围进行的，多年来这一习俗一直沿袭着。除此之外，庞大的和政秧歌队伍中，女人是不能参与的，所有的角色都是由男人扮演，穿着妖婆子的装扮，不能够进家门。

在历史上，和政秧歌还有曾红极一时的“下街的狮子，后街的牛，上街的纸马”的传统玩法，但现已近乎失传。鼓、锣、唢呐等的表演和演奏也是后继乏人。“和政秧歌目前比较注重服饰、仪装和道具，却忽视玩手的基本功，近年来玩手过分追求低龄化，以前的许多优秀玩手相继谢世，使这一传统艺术形式失去了特色和自身价值，许多绝活面临失传。”张廷华说，有的秧歌队在引进太平鼓后，却将以前小鼓的一些精彩的手法丢失，和政秧歌必须提高表演水平，打破传统“马路”的影响和演出时间的限制，联合起来让和政秧歌队真正发展壮大起来。

2003 年，和政县组织了近 160 人的和政秧歌方队参加了临夏回族自治州首届民族风情旅游观光节开幕式表演;2004 年农历正月，香港凤凰卫视前来甘肃采风，对和政秧歌进行了现场录制拍摄。近年来，和政秧歌在临夏州地区也是频频露脸，使其声名大振，受到更多人的关注。2004、2005 年，和政县连续两年召开了两届和政秧歌研讨会，进行秧歌的学术研究，并制定了“和政秧歌传承保护方案”。和政每年还举办全县秧歌会演，并推选优秀秧歌队到临夏州参加秧歌会演。同时，政府每年还拿出一定经费用于支持各秧歌队，计划通过成立秧歌协会、注册“和政秧歌”的商标，出版“和政秧歌艺术”系列丛书和学术专著来推动和政秧歌的保护和发展。

和政秧歌作为一种地方民间艺术表现形式，在这块沃土上经历了漫长的岁月，堪称“一座活动的大舞台”，孕育了一代又一代的优秀民间艺术家。现在，和政秧歌不仅是人民群众的一种文化活动，也是宣传党的方针、政策，宣传和政、推介和政、展示和政风采的一个重要载体，对提升和政知名度等方面都具有非常重要的作用。

（本文原载《甘肃经济日报·文化月刊》2009 年 7 月 28 日 A3 版）

华亭曲子戏　传唱在关山脚下的『地摊』艺术

作为村民自娱自乐的民间艺术，华亭曲子戏在近千年的流传过程中，既保留了元杂剧的痕迹，又融入了秦腔、花儿、眉户剧、陇东道情等外来民间艺术的特点，形成了方言浓重、原汁原味，纯粹原生态的民间艺术。因其风格独特，艺术特色鲜明，2006 年 5 月 20 日，华亭曲子戏经国务院批准列入第一批国家级非物质文化遗产名录。华亭曲子戏入围第一批国家级非物质文化遗产名录后，华亭县从领导到群众都是大力支持、推介和参与曲子戏的演出整理，对曲子戏的传承保护达到了前所未有的高度。如今，华亭曲子戏已成为华亭的一张文化名片。

华亭曲子戏与过年

每年春节，在平凉市华亭县，群众都有唱曲子戏、看曲子戏的传统习俗。一首首小曲演绎着乡间村民生活中的喜怒哀乐，以及良好的期盼与祝福。

华亭曲子戏，也叫地摊社火，村民们将唱曲子戏称耍社火，将看曲子戏叫看社火，上至白发老人，下至垂髫儿童，几乎人人都会唱曲子戏，因而曲子戏在华亭比较普遍，是华亭乡间真正的民间艺术。

每年从正月初二、初三开始，华亭各村的曲子戏艺人们就忙活起来了，演出时间是正月初五至二十三。排练工作都是年前进行的，大多是耳传口授，跟着师傅学，背下台词就行。演出时，只要乐器一响，就能跟着唱出来。演唱中的对白，大多是演员根据剧情临时发挥的，全是本地方言，十分幽默有趣。一些本村没有唱曲子戏的艺人，就带上烟、茶、糖等礼物或礼金到别的村去请人家戏班来唱。

华亭曲子戏多在晚上演唱，每个戏班都有打鼓、耍狮子、“说春的”，每次演出前，“说春的”、耍狮子的要到各家去拜年。有大门的人家，在耍狮子的来之前，大都将大门关起来，等“说春的”说出像“社火来到你家院，却见主人把门关。左手开门生贵子，右手开门生千金，双手一齐把门开，荣华富贵万万年”之类的吉利话后才打开大门，并放鞭炮迎接狮子，狮子进门后要在院子里耍一圈，然后去上房给主人拜年，主人家要将糕点、糖、茶等礼品送给耍狮子的人。

在农村，华亭曲子戏是就地演唱，不用舞台。人们主动围成一圈。演出时，先由打鼓耍狮子的上场热闹一气，接着敲锣拉二胡弹弦子的就上场了。曲子戏不用报幕，演员登场就唱，唱过几句后，人们就知道是啥戏了。华亭曲子戏常见剧目有《八仙拜寿》《双放牛》《秋莲捡柴》等，人们大多耳熟能详，连小孩子都能唱上几句。看戏时，一家人穿戴一新，扶老携幼，从这村到那村，戏班走到哪儿，人们就跟到哪儿，碰上亲戚熟人，打个招呼，从彼此脸上的笑容中就能感受到浓浓的春意。

每年春节期间演出的华亭曲子戏，就是让山区群众尽情随意地表达快乐、传递快乐、分享快乐，也寄托了人们对美好未来生活的由衷期盼。

自演自乐的民间艺术

华亭曲子戏是一种群众自演自乐的民间艺术。

曲子戏在华亭俗称“小曲子”，起源较早，大致在宋、元时期属于清唱剧形式，后来随着时代的发展，曲子戏艺人不断吸收其他调牌、曲令、小调、民歌等音乐形式来丰富演唱内容。由于清唱形式渐渐不能满足人民群众对艺术的观感要求，于是一些民间艺人便根据元杂剧的风格及套路，编写了比较简单的演唱剧本，设置了基本情节、人物，携带一些简单短小道具，仍然使用清唱、说书时观众“围圈而坐”的习惯。整个曲子戏大约成熟于明、清两代，盛行于清末和民国初年。

千百年来，华亭曲子戏一直流传在华亭民间的一些固定乡村，具有强烈的口头传承意识。

华亭曲子戏的唱腔属联腔体，由众多的曲牌连缀而成。从内容上分为正剧、喜剧和悲剧。曲子以《前月调》《后背宫》曲牌开头，《月调尾》收场，在剧终唱词中报剧名，一唱到底，唱词的长短句式及宫调，具有元曲、宋词遗风。保留了曲艺向戏曲蜕变的痕迹。

华亭曲子戏剧目全为短小折戏，情节简单。例如《卖水》《秋莲捡柴》《八仙上寿》《小放牛》等折戏涉及伦理道德、日常生活、爱情故事、神话传说等。

除了在春节期间演出外，华亭曲子戏平时婚丧及庙会时也有演出，仍然是自演自乐。华亭曲子戏的做功主要在表情和行为动作上，无武打戏，表演无固定程式，旗作轿、鼓作磨、鞭作马、帐子为床。行当分为生、旦、丑。乐队分文武：文乐队以三弦为主，辅以板胡、二胡、笛子、低胡；武乐队开场锣鼓打场子，演唱以"四叶瓦"、水子（碰铃）敲出节奏。到民国后，由于秦腔眉户的传入，以呐河为界，呐河以北区域仍保留曲子戏的老腔老调和表演模式；呐河以南区域则吸收了眉户剧的某些特点，但从根本上还是以曲子戏调式及表演形式为主。

作为自演自乐的民间艺术，华亭曲子戏没有经过文人的修饰改动，始终保持着浓烈的乡土气息，曲调轻快流畅，语言风趣诙谐，逗人发笑，招人喜爱。以华亭为主，曲子戏在其他县（区）也有流传。在艺人的促进和带动下，各地曲子戏班社传承有人，代代相接，使这一艺术之花得以延续。

在传承中保护曲子戏

华亭地靠关山，长期以来游牧民族和农耕民族共存，到清代，因政治比较稳定，这里经济发展很快，除了采煤业，陶瓷生产也很兴盛，带动了文化的兴旺。在当地，曲子戏也成了最为兴盛的民俗民间艺术，受到了群众的热烈欢迎，并广为流传。

华亭曲子戏发展在清代，活跃于民国，繁荣则在新中国。华亭曲子戏的传承发展随着时代的变迁，和其他戏剧一样，一段时间也处于低谷。专业秦腔团体在农村的演出影响了曲子戏的生存，一些交通发达文化繁荣的地方连原来演唱曲子戏的班社也唱起了秦腔。同时，电视的兴起与普及，更给土香土色的曲子戏沉重的打击，有的地方曲子戏从此一蹶不振。至1990年前后统计，华亭曲子戏剧目已失传50多个，曲牌失传近一半，演唱团体由最多时的30多个缩减到10多个，知名艺人不是过世，就是年事已高。

为了让这一艺术瑰宝再现光彩，真正发挥文化传承中“活化石”的作用，华亭县组织专业人员深入农村对这一文化遗产进行了发掘，整理出曲子戏各流派艺人的传承谱系，进行保护传承。华亭县有9个乡镇，设有38个村镇戏班子，有些甚至是家族式的。比较有名的除水联村戏班外，还有山寨乡西街村戏班、安口镇晨光村寺柯社戏班和安丰村东街社戏班。山寨西街村戏班由王建堂创立，现已传至第三代。

目前全县有曲子戏演员近200人。即便是这样，华亭曲子戏仍然面临着如何保护传承和发扬光大的难题。

华亭的一张文化名片

华亭曲子戏被列入国家级非物质文化遗产后，华亭县成立了华亭曲子戏研究中心和莲花台艺术团，县政府每年举办一次曲子戏调演，拨专款用于曲子戏演艺人才的培养和创作、传承。选拔和培养民间曲子戏艺人也已成为该县文化建设的核心项目。

特别是时任县委书记樊得智，对这一国家级非物质文化遗产格外重视，除了给予资金支持、政策鼓励外，每年正月初八，他都要冒着严寒前往农村观看曲子戏，慰问演艺人员，大力提倡、鼓励农民耍社火，支持农民进城闹新春，活跃农村文化生活，改变农村文化面貌。

2009年春节农历正月初八晚8时许，樊得智等一行来到上关乡水联村村部，与300余名村民一道观看曲子戏。夜幕下的水联村村部大院红灯高挂，鞭炮声声，锣鼓铿锵，年味正浓。群众的舞狮表演拉开了水联村社火队表演的帷幕。随后数名浓妆艳抹、装扮一新的村民在曲调优美的器乐声中亮起了唱腔，展开了舞姿，表演了《双放牛》《夸官》《秋神配》等传统剧目，有趣的装扮、生动的情节、动听的曲调拨动了观众心弦，增添了新年喜气。

演出结束后，县上领导为75岁的曲子戏传承人康和敬上一杯美酒，送上殷切祝福，嘱咐他调动乡亲们多开展演出，多培养新人。同时，还为社火表演队送去1000元慰问金，鼓励他们多演出，活跃农村文化生活，让曲子戏这一传统文化发扬光大，永久流传下去。

2007年8月，在中国·莲花台秦皇祭天旅游文化节期间举办的“奥运城市行——走进华亭”大型文艺晚会上，华亭曲子戏一展风采，让观众一饱眼福。虽然只有短短的几分钟，但已让现场和电视机前的观众感受到华亭这一原汁原味的民间艺术的魅力和特色。

如今，曲子戏已成为华亭的一张文化名片，不仅扎根民间，服务群众，还走向城市，登上大雅之堂。每逢市县举行大型演出活动，曲子戏必要登台亮相。

（本文原载《甘肃经济日报·文化月刊》2009年3月28日A3版）

绚丽的敦煌小调曲子戏

作为外来艺术与本土相结合的产物，敦煌曲子戏在民间广泛流传，曾被称为敦煌文化中“活”的瑰宝。至今，逢年过节，在敦煌民间仍有一定规模的演出。但由于受各种文化形式的冲击，敦煌曲子戏的生存空间是越来越小，面临着灭绝的危机，敦煌曲子戏的保护已迫在眉睫。

2006年，敦煌曲子戏被列为第一批国家级非物质文化遗产保护项目。去年以来，敦煌市文化馆邀请在世的老艺人演唱敦煌曲子戏，利用现代科技手段，对敦煌曲子戏的曲目进行了录像、录音、记谱工作，系统抢救保护敦煌曲子戏。今年年初，敦煌市文化馆与省文化厅签订了国家级非物质文化遗产保护项目——敦煌曲子戏保护责任书，敦煌市争取到15万元的保护经费。目前，工作人员正积极投入普查、整理、录制等工作中，争取用一年的时间为后续的保护工作打下良好的基础。

移民带来的曲子戏

“敦煌的曲子戏，也叫眉户戏或‘小调戏’，是清朝雍正年间移民带到敦煌来并扎根发展兴盛起来的一种地方民间艺术。”长期从事敦煌曲子戏研究的敦煌市文化馆退休人员陈钰说。

对于有着几千年历史的敦煌来说，其民间艺术流传至今的都是在清代移民到来后兴盛发展起来的，而清代以前敦煌民间艺术却没有流传下来，存在于一些书籍的记载中。“因为从嘉靖元年（1522 年）到清雍正三年（1725 年）的两百年间，敦煌出现了断代，没有人烟。”敦煌文化局局长任聚生说。

在有关的书籍上有着这样的记载，嘉靖元年（1522 年），罕东左卫指挥使乞台部帖木哥、土巴二人不堪吐鲁番番酋的苛求，遂率部众五千四百人内迁，沙州（即敦煌）遂为吐鲁番所有。明嘉靖三年（1524 年），明朝整修嘉峪关后封闭了关门，中断了与西域的联系。直到清康熙五十四年（1715 年），清兵征西域，嘉峪关外渐次恢复。清雍正三年（1725 年），清置沙洲所（次年改为卫，属安西镇）委派原临洮知府白讷（山西人）建筑沙州城。清雍正四年（1726 年），川陕总督岳钟琪巡边至沙州，提奏从甘肃全省五十六州县，移民到沙州，开垦屯种，每户分地五十亩。至此，敦煌在断代两百余年后，又重新有了人烟。

到敦煌安家落户的移民，也带了民间说唱艺术。早期，曲子戏只是人们在劳作闲余三五个人凑在一起敲碟打碗就可起唱的一种清唱。敦煌人习惯上把这种清唱称为“地摊子”，随着时间的推移，移民闲暇时间的清唱有了三弦等一些乐器的伴奏，并逐渐有了一定的服饰和曲调，不同州县移民的民间口头的说唱艺术最终融合成了曲子戏。“曲子戏是劳动人民传唱创造加工的民间艺术。”陈钰说。

曲子戏由于短小精悍、唱词通俗易懂，表现力丰富，语言生动、质朴无华，唱起来地方气息浓郁，受到人们喜爱，并广泛流传。

博采众长的民间艺术

移民带来的民间艺术融合成的敦煌曲子戏吸收了西北秦腔、眉户及甘肃各地曲子戏的各种曲调，逐渐发展成了独有的地方戏种。

陈钰认为，从民间发展兴盛起来的敦煌曲子戏剧目题材广泛，有神话故事、历史传说、社会生活的各个方面，许多作品歌颂真善美，鞭挞假恶丑，久演不衰，为研究近百年来敦煌社会风貌、风土人情、乡俗民规、婚丧嫁娶，提供了生动、丰富、翔实的资料。

“流传下来的敦煌曲子戏主要有《小放牛》《老少换》《磨豆腐》《绣荷包》《打懒婆》《两亲家打架》《刘伙计算账》等五十多本剧目作品。”陈钰说，剧本的来源有口传、本地创作，外地全省流行的剧本以及古装戏剧本的移植等。

敦煌人郭铨（外号郭弦子），自幼酷爱小调，早年在新疆谋生，曾拜新疆有名望的地摊子艺人为师，学会了许多小曲调子，因他精弹三弦，故被人称为“郭弦子”。1944 年，他艺成回乡，由于艺高而名满敦煌。许多曲子戏爱好者，纷纷投奔到他的名下学艺。他和敦煌另外一位精通曲子戏曲调的当地文化界知名人士王用权合作磋商，删改了曲子戏《磨豆腐》《老少换》等剧词中的糟糠部分，注入了健康的情节和唱词，使修改后的剧本成为敦煌曲子戏传统剧目的代表作。

记者了解到，唱曲子戏用的乐器主要有三弦、板胡、二胡、笛子、扬琴以及四片瓦、锣、小锣等。敦煌曲子戏的音乐唱腔是在民间音乐的基础上发展形成的曲牌体，戏剧情节大多反映当时民间的现实生活，情节曲折幽默，气息浑厚，曲调优美动听，风趣别致。角色扮演者表情细腻，感情真切，旦角形象生动，轻盈活泼；丑角幽默诙谐，滑稽伶俐。乐者使人开怀大笑，悲者使人泪水涟涟，曲调易学、易记、易懂，观众百看不烦，百听不厌。正因如此，敦煌曲子戏在民间具有惊人的吸引力和顽强的生命力。

“哥哥你常在外，月月不回来，家里丢下的尕妹子，时时在等待……”敦煌曲子戏由清唱到舞台戏，绵延 200 余年，尽管还没有形成规范的戏剧程式，没有唢呐曲牌，乐器也比较简单，但它那诱人的泥土香味和淳朴的生活气息，却深深地蕴藏在群众的心目中，被人们所喜爱。至今，仍不失为一枝绚丽的敦煌民间艺术花朵。

艺术之花逐渐凋谢

清末至民国是敦煌曲子戏最为盛行的时期，那个时候敦煌是村村都有自发组织的曲子戏班，并产生了较有影响的曲子戏演员。

在敦煌民间流传着这样的说法，“东牛西牛两个旦（花旦），没有换柱子变

（玩）不转”，说的就是第二代曲子戏的三位优秀演员，东牛、西牛、换柱子均为艺名，东牛名赵吉德，西牛名王登义，换柱子名高中，此外还有孙家福、沈生财、孙家友、周进录、方荣在观众中也颇有名气。而随着这些演员的陆续去世，曲子戏也走向了衰落。

敦煌曲子戏演出规模最大是在庙会演唱，每年农历三月三在西云观演唱，四月初八在莫高窟演唱、五月端阳节在月牙泉演唱，浴佛节在雷音寺演唱，年年如此，从不间断。除了在庙会上唱以外，群众家里孩子过满月、祝寿、贺新房也唱曲子戏。

“去外村唱曲子戏，第一场不能唱《三娘教子》和《大报仇》。唱《三娘教子》就会被认为是小看对方了，人家会打的。唱《大报仇》在人家看来是不友好，第一场一定要唱喜庆的。”现年68岁的曲子戏传人肖德金老人说，大家一起唱曲子戏时，别人唱过的，也不能再重复唱，要不就显得不礼貌。唱之前还要给弹三弦的人行礼，以示尊重。而现在这些基本礼节都渐渐消亡了。

已去世的敦煌市莫高镇甘家堡村五组的老艺人王维贤，是敦煌曲子戏的第三代传人。他自幼喜欢拉胡琴，16岁时把胡琴就拉得很有名气了，并开始学唱敦煌曲子戏。这一唱就是67年，即使唱本被人烧了，也没有放弃学唱、传唱曲子戏。经历了新旧两个社会的他可以将《二家娃害相思》《小放牛》等20多个曲子戏和小调一连串唱完，而且遇上旦角唱旦角，逢上丑角唱丑角，生旦净丑一人全“包”，他因此被戏行人称为“多面手”。“随着一些老艺人的相继去世，已经有很多曲子戏的剧本失传了。”肖德金说，现在已经失传的有二十多部剧本，有许多只是保留了名称，具体内容却是不得而知。

与全国其他地方一样，今天敦煌曲子戏面临的依旧是戏剧行业的“老演员、老剧本、老观众”三老问题。在敦煌唱曲子戏的人年龄都在四十岁以上，年轻人由于文化娱乐生活的多样性，已很少有人唱曲子戏了。而曲子戏的剧本都是一些老剧本，新创作的剧本是少之又少。后继乏人，创新传承已是敦煌曲子戏不得不面对的现实。

保护传承迫在眉睫

20世纪70年代末，敦煌市文化馆就开始了曲子戏的搜集、整理和抢救工作。

陈钰已花费30多个年头的心血抢救曲子戏。“当时条件艰苦，没有录像设备，唯一靠的就是录音机，并且电也不方便，最后馆里（文化馆）只整理出版了一些蜡版油印的戏曲、曲牌和几盒磁带。”

近年来，敦煌市抽调专人对敦煌曲子戏进行全面的普查、整理，逐项登记建档，制定了详尽的保护规划。针对敦煌曲子戏演唱老艺人相继去世，曲子戏面临失传的现状，邀请在世老艺人演唱，对敦煌曲子戏的曲目进行了记谱录音工作，共整理出曲目60余首，摄制成DVD光盘永久保存，并出版了《敦煌民间小调集》。

与此同时，敦煌市还充分利用民间文化资源，加大了宣传、展示、普及、利用工作力度，在全市的演出活动中，利用敦煌曲子戏形式，新编了《合作医疗进农家》《迁坟》《二宝智斗胡半仙》等宣传党的方针政策，反映现实生活的小品小戏，深受广大群众喜爱。在此基础上，敦煌文化馆还积极举办曲子戏培训班，挖掘曲子戏爱好者，让老艺人传唱，广泛培养自乐班中的年轻演员，通过采取以奖代补的办法，积极扶持民间自乐班的发展，传承发展曲子戏。

为了传承曲子戏，1980年，敦煌文化馆就专门举办了曲子戏学习班，现在那个年代唱曲子戏的人已全部去世了。“现在，真正的曲子戏的传承人也就是三四个了。”陈钰说。

敦煌曲子戏已传到第五代，年龄大都在50岁以上，他们凭借自己的曲艺，吸引曲子戏爱好者加入自乐班，学唱敦煌曲子戏。闫光福是肃州镇陈家桥村村民，弹三弦很是地道，由他发起、组建起的自乐班，利用农闲时节学唱、传唱敦煌曲子戏的农村青年就达20多人。目前，敦煌市民间自乐班已发展到32个，每年演出1000余场次。从1999年开始，敦煌市连续举办了七届城乡自乐班大奖赛，促进了民间文化的交流，推动了敦煌曲子戏的保护、传承和创新工作。

“我们在周边村子里唱曲子戏都是免费的，来回的交通费用还要自己掏。”肖德金老人说。

“下一步将在自乐班里普及曲子戏，通过出书、出光碟，确定传承人，举办培训班及曲子戏大奖赛等活动来传承曲子戏。”任聚生说，只有让曲子戏进农家小院、进社区、进校园、进电、进旅游景点，只有才能让这一民间艺术再放光彩，重现生机。

（本文原载《甘肃经济日报·文化月刊》2008年4月28日A11版）

根植西北腹地 600余年的绝唱

没有记载，没有发现，并不意味着不存在。在积石山这个少数民族聚集的地方，一个来自大明王朝腹地并在当地流传了600余年的特有戏剧——麻布戏，在沉寂了十多年后引起了社会公众的关注。今天，人们关注这一独特的戏剧已不仅仅局限于其娱乐功能，更多的是欣赏和传承其特有的艺术性。一个家族一台戏、一个剧种，积石山麻布戏作为农耕、农战、草原文化时期的社会缩影，深刻而具体地反映着特定时期的社会形态、道德价值以及人们的生活方式和民俗形态。

来自大明王朝腹地的艺术

积石山县柳沟乡柳沟村的赵王家社，沟壑纵横，两山夹峙，干旱贫瘠。

作为一个鲜为外人所知的地方，蕴藏着从大明王朝腹地陕西、山西移民过来时带来的一个独特戏剧艺术。

事情还要从600年前的大明王朝洪武五年说起，当时大规模的移民从山西、陕西来到了甘肃陇中等地，其中一赵姓人家最终选择在大禹治水的源头积石山县柳沟乡柳沟村落户。随着赵氏家族的落户，这一片未开发的荒滩草地开始承载起一个家族的希望。“当初进柳沟的有四个房头，分别在现在的洼根、河哈、上院、关门安家。”赵氏家族的传人赵怀瑜说。

他们在这里开山造地，春种秋收，日出而作日落而息。一年劳作到头，他们还以自己庄农人的方式在春节组织自娱自乐，从遥远的家乡带来的戏剧成为他们自娱自乐的主要方式和内容。

正是他们的这一精神享受和寄托，使这一地区开始流传一个家族一台戏的精神食粮，而这一传就是整整的600多年。由于是在家族内部传承，直到今天，与其他戏剧艺术相比，这个鲜为人知的戏剧依然处于一个家族一台戏、一个剧种的状况。

麻布戏的由来

麻布戏就这样在积石山这个偏僻的小山村上演了，成为草根阶层的戏剧。

至于为何要叫麻布戏，这个名称还要从他们演出时用的戏服上说。当时，由于贫困没有戏服，赵氏家族的祖先就用种的胡麻秆纺织制作麻布，用麻布来做戏服。麻布戏的名称就由此而来。“现在，保存下来年代最长的一个戏服是一个马褂，由于没有明确记载，这件马褂不能确定其具体的年代。”赵怀瑜说，所有彩鞋、戏服都是用土法纺织的“麻布”缝制而成。戏服尤其是蟒、靠、箭衣等装饰图案均非彩绣或图形缝缀，而是在麻布上以彩色颜料手工绘制的龙豹花纹等各色图形，与我们通常在舞台上看到的用缎、绸料刺绣的戏服完全不同。“麻布戏”的装扮十分简朴古老，尤其是旦角扮装，没有发髻、头饰，仅在一条约一寸宽的黑条带上缝缀些许金属或布制小花，系在额面上方，算是“头面”了。

赵怀瑜还告诉记者，根据祖上传下来的规定，麻布戏每三年演一次，都是在春节期间，且都是白天演出。演出时要祭祀，供奉的是二郎神，求平安。早年间，保安族的开明绅士，出钱赞助演出。这样一来，在春节期间的演出，不仅充实了生活，还加强了民族团结。

由于是每隔三年演出一次，在对戏剧演出服装和道具的保管上，没有固定的保管地点，按社轮流放，一放就是三年。一般是在那个社里演出，就放在那个社里的一户人家。三年一次的戏服保管交接仪式也是非常的重要。在举行保管交接仪式时，要蒸馍馍请“阴阳”念经。赵氏家族已由最初的四个房头繁衍到今天的200多户1400多人，分布在两个村9个社，戏服的保管也在这9个社轮流举行。村民们平常也有去放戏箱的人家烧香还愿的。

赵氏家族还有一个规定，每年农历六月初六，不管晴天还是雨天都要“晒香”，“晒香”就是晒戏服，这是一个非常庄重的活动。每年的这一天，他们都按照祖上传下来的规矩，把专人保管的戏服、响器统统从柜里“请”出来，举行“晒香”活动。然后，用核桃树叶和香草铺底，严密封存起来。每开一次戏箱，就要点一次香。

“晒香”活动中，最重要的就是开香仪式。在开香的时候，一般是把家族的年长者都请来，每个社都要派代表，要点灯（清油灯），以敬佛的方式煨桑，祈求神灵不要损失戏服，晒的时间也不限定。“要是下雨就晾，今年天气好，晒得好。”赵怀瑜说，麻布戏的戏服和道具能保存下来，就是靠民俗约定，有严格的一套管理制度。

麻布戏的特色

为了让记者感受和了解麻布戏的特色，村民们还焚香打开了戏箱。简单而厚重的麻布戏服一件件呈现在记者面前，这些戏服有的是明朝的，有的是清代的，也有民国时期的。演出道具中的一把双剑和一面青铜锣引起了记者的注意，村民告诉记者，这把双剑和青铜锣年代久远，大概是明朝的，青铜锣的锣面是用纯手工砸制的，锣声能传出二十里远。

20世纪50年代，麻布戏演出所用的活动戏楼丢失了，用不上的戏服道具都被完整地保存了下来。

麻布戏的传承还有一个戒规：就是传内不传外，传男不传女。因此，这个戏班子没有女性演员，戏中的旦角一行也完全是由男性演员来扮演，他们有自己传承下来的剧目，脸谱。

由于地处大山深处，信息闭塞，记者在积石山县柳沟乡柳沟村的赵姓村民家里看到，除了戏服是自制的外，许多剧目都是手抄本。其中，《铡美案》的手抄本在甘肃是首次发现。一本民国三十六年（1947年）由永靖登魁焦兴元绘制的麻布戏脸谱至今色彩艳丽，保存完好。

从目前的整理情况来看，麻布戏现在有《穆桂英下山》《铡美案》《太湖城》《游龟山》《法门寺》等23个剧目。这些剧目大多数来源于秦腔。现在，连演唱带伴奏乐器的人，共有60多人。毫无疑问，麻布戏是早期秦腔与地域特色相结合的一个变种。

在赵怀瑜家里，他特意为记者放了今年正月初八麻布戏的演出录像。记者发现，麻布戏的唱腔与现在流传在陕西、甘肃其他地方的秦腔不同，其吐字、道白有着浓厚的方言气息。

兰州市秦腔博物馆筹备办公室的有关专业人士在上半年对麻布戏专门进行了调查考证，秦腔在形成和发展过程中和山西南部地区密不可分，秦腔曾一度被称为“山陕梆子”，积石山的麻布戏，最初有可能是早期的秦腔落户积石山后，历经数百年风雨沧桑而变异成了现在的这样一个与现代秦腔有较大区别的剧种。

急需抢救保护的小剧种

时间一晃就是600多年。

当年意气风发的赵氏祖先早已作古，仅凭世代家族相传，口传心授，流传下来的麻布戏却一直在这块黄土地上传唱着。

然而随着时代的发展以及社会的变迁，麻布戏这个曾经极富生命力的珍贵文化艺术已经处于濒危状态。一方面由于缺乏相应的资金保障，阻碍了麻布戏创作和演出队伍的生存发展，一直以来都存在着排戏无经费，演出无市场，生活没着落，创作人员老化、青黄不接的困难。另一方面。麻布戏的剧目主要以历史剧为主，面貌陈旧、缺乏创新，时代感不强，这也是麻布戏走向衰落的重要原因。

正因如此，本应该三年一唱的麻布戏已经13年没有唱了。赵怀瑜无奈地说，不唱的主要原因是经济落后，不好发动。由于不唱，一些艺人去世，有的演唱失传了。

在县领导的关怀和大力支持下，2007年对麻布戏进行了普查，并准备申报非物质文化遗产，今年正月初八麻布戏又开始唱了。在赵怀瑜看来，这是一次抢救性的演唱，回忆那天的演出，赵怀瑜依然是兴奋不已。正月初八那天，周围山上依然白雪皑皑，乡亲们踏着泥泞的山路从四面八方赶来，汇集在舞台前，虽然寒风凛冽，戏台是用彩布临时搭建的，但观众看戏的兴致颇浓。“截至正月十三，共演出了6本戏《升官图》《铡美案》《辕门斩子》《法门寺》《清官册》《打金枝》及3个折子戏《祭灵》《拜台》《苏武牧羊》。”赵怀瑜说，为了这一次演出，村里掀起了“说戏、论戏、学戏、唱戏、耍戏”这样一个活动，激起了村民们的热情，村民自发筹集了3000斤小麦、300斤清油、18000元钱，修路、搭戏台、支援演员排练，请专人指导。

演出中，演员们严格讲究“唱、念、做、打”，虽然缺少专业指导，仅凭着祖辈的口传身教，还是很娴熟地把“生、旦、净、丑”各个角色塑造得活灵活现。鸣锣敲鼓，他们在舞台上吼出一种由秦腔变种而来的曲调，表达顽强植根在这片土地接续香火的决心。

一个乡村业余的演出团体用600年的时间传承一个剧种，这在中国的戏剧史上本身就是一个奇迹。对麻布戏来说，今天的演出仅仅是保护、抢救麻布戏的开始。积石山县的诗人何永明看过麻布戏后做了《麻布戏——春的脚步》一首诗。他激情飞扬地在诗中写道：“这些曾在大明王朝腹地/反复传唱的戏种/被亘古历史/种植于陇地民间/一腔秦音，两分麻地，三张脸谱，几分行头/将古典与现实淋漓演绎……急于奔走赶戏的乡亲们啊/倾听祖国西北腹地麻布戏/一声声绝唱/擂动春的战鼓。”

（本文原载《甘肃经济日报·文化月刊》2008年9月28日A5版）

社火 亘古绵长的民俗文化

迎春祈福，歌舞祭祀。社火，作为最古老的风俗，在甘肃已有数千年的历史。沧海桑田，一代又一代民众闹社火；年复一年，一队又一队社火传民俗。社火作为从人民大众中走出来的民俗艺术，在甘肃这块华夏文明的热土上是越闹越火，并不断地推陈出新。今天，在不断地传承发扬中，社火已成为人民群众展现喜怒哀乐、恩怨情仇的一个不可或缺的艺术载体，也是一道丰盛的精神大餐。

源远流长历史悠久

金狮狂舞、彩龙飞腾、锣鼓喧天、载歌载舞。春节期间，从白龙江畔到黄河之滨，从河西走廊到陇东大地，从羲皇故里到甘南草原，一队队锣鼓喧天、载歌载舞的社火队在陇原大地展示着历史久远、内容丰富的民俗文化，使新春的陇原处处呈现出繁荣昌盛、欣欣向荣、欢乐祥和的景象。

在甘肃乃至西北地区，闹社火是人民群众过春节由来已久的传统习俗。

“社火是民间文化的表现，最早产生于民间信仰。早在春秋战国就产生了。最初，只是民间社祭，作为祭祀土地神的民众社会活动，而随着社会的进步，增添了许多娱乐性的项目，也逐步演变形成了最早的社火。”兰州大学文学院教授、中国民俗学会副理事长柯杨说。在古代，“社”为土地之神，“火”能驱邪避难。崇拜社神，歌舞祭祀，意在祈求风调雨顺，五谷丰登，国泰民安，万事如意。因此，社火也是农耕文明的一种表现形式，与农耕文明是紧密联系在一起的。

据史料记载，在2500多年前的春秋战国时期，就已经有了社火。《风俗通》中写有“百日之劳、一日之乐，集社燃火，群歌群舞”。从古到今，人民群众闹社火，一方面为庆贺一年之辛勤劳动之果；另一方面还有向天地神灵祈求来年吉祥之意。社火，既能娱乐助兴，消除疲劳，振奋精神，鼓舞情绪，又寄托了人民群众向天地神灵求福的祈盼。

在甘肃河西地区还有一个关于社火的民间传说：说匈奴兵把汉朝的皇帝围困在城里。到正月初六，文武大臣全穿上戏装，皇上扮成“老爷”，太子扮成书生，满朝文武装敲锣打鼓，闹起了社火。匈奴兵没见过社火，糊里糊涂地让开道路，让皇上逃到城外引来救兵，打败匈奴。从那以后，民间有了闹社火的传统。

社火形式多样，舞狮，在汉代就有；高跷，在唐代就有。唐宋以后，春社活动内容相当多，舞龙、跑驴、太平鼓、跑旱船等都陆续出现在了社火中，并成为社火表演的重要内容。以至于后来，社火是百戏杂成，演变为一种全民的娱乐活动，逐渐成为人民群众重要的娱乐的方式。

流传广泛形式多样

“在甘肃，社火在明代就非常兴盛。”柯杨说，明代以前，甘肃的社火是有的时候有，有的时候没有。因为作为边疆地区，战事繁多。而随着明朝的大量移民，甘肃迎来了文化多样化的一个契机，许多南方的风俗也被带到了甘肃，结合地域的特点，又有了创新发展。

酒泉市的有关资料显示，到明朝战乱年间和清朝晚期，山西、河南等内地移民迁居河西，把内地社火带入酒泉，社火成了酒泉人民欢度佳节、庆贺胜利的必备活动。

酒泉市流传的社火有狮舞、地崩子、铁心子、太平鼓、龙灯龙舞、旱船、高跷、跑驴等一些娱乐方式。其中，狮舞分文武两种。文狮着重表演狮子登高玩的动作、神态和滚绣球等，武狮主要表现翻云梯、上桌子、翻筋头等，基本动作有举、扑、跳、跑、翻、滚等。20世纪80年代后，在基本动作上有了创新和发展，城市、农村普遍开展。地崩子是流传在酒泉市的大型集体娱乐舞，表演需要有一定的基本功和技巧。

“要得婆娘娃图乐活，一到正月里玩社火”。这是流传在永靖民间的一句谚语。永靖社火涉及音乐、舞蹈、曲艺、杂技、武术、戏曲、工艺美术等众多艺术门类的“大杂烩”。传统的形式有财宝神、太平鼓、三龙吐珠、舞狮队、跑旱船、腊花队、傩舞等。作为很具有地域特色的傩舞是古羌人文化的体现，在甘肃静宁、陇南的武都、文县等地也有。柯杨认为，傩舞傩戏可以说是世界舞蹈和戏剧之祖了，最初主要是用来祛邪。

有关的资料显示，庆阳社火最早是以村办娱神为主要内容的民间文化活动，常见的有跑四门、蝎子倒尾钻、波花、串花、挂四斗、蛇抱蛋、剪子股、九道弯、双套环、八卦阵、梅花阵等。现在庆阳的社火队节目形式繁多，有跑旱船、耍狮子、舞龙灯、耍老虎、车故事、马故事、地故事、地云子、踩跷、跑马、跑驴、跑灯、顶灯、秧歌、民间小戏、大头娃娃、小歌舞、小演唱及一些民间杂耍等。在每一形式下，又有许多具体节目，如在“地故事”这个形式下，就有“黑虎搬三霄”“周武王观兵”“夜战马超”等上百个节目。

兰州最为著名的社火有太平鼓、铁芯子、跑旱船、太符灯舞。在天水、秦安一带流行喜鳌、打熊等。在武威、永登一带则流行滚灯、顶灯、跑仙鹤。在社火表演中独具特色的还有武威的攻鼓舞，张掖的顶碗舞、陇东的秧歌和天水的扇鼓、腊花、临潭的万人扯绳。作为天水武山县农村特有的民间艺术旋鼓舞，更是当地先民们在求生存、盼太平、保平安的期盼和愿望中产生的。表演起来，阵阵铿锵的鼓声、激情似火的呐喊，不仅仅是祈求风调雨顺，更是在抒发内心喜悦的情感。

社火作为一种民间的文化娱乐活动，每逢春节或重大节日，在甘肃各地的农村都有表演，称为“耍社火”。一般诸如耍狮子、跑旱船、舞龙灯、扭秧歌、打腰鼓、打鞭子、大头和尚、跑驴等民间歌舞娱乐活动，以及以铁芯子、踩高跷、骑马等形式表现的各种姿势。在甘肃各地，社火是老百姓喜闻乐见的一种民间娱乐形式，有 80 多种。

在社火的表现形式上，甘肃一般把单人列队步行表演的叫“地社火”；用方桌、木板等物搭成高台，多人或数十人将角色抬着游走的叫“抬社火”；马车、牛车等车辆载着角色表演者叫“车社火”。角色骑在马或骡子上表演的叫“马社火”。在陇东的泾川、灵台一带乡村，把社火还分类为文社火、武社火、丑社火等。

现在，社火已广泛流传在甘肃各地了，是一种载歌载舞、体裁多样、种类繁多的综合表演艺术。

传承发扬不断创新

千百年来，社火是人民群众自发进行的一种集体活动，完全按照自我意识进行的以愉悦为目的的社会团体活动，许多地方甚至演变发展成为全民参与的重大活动。

在甘肃一些农村，甚至还形成了过年不闹社火就不像过年的样子这样一种观念。由此可见，社火在陇原人民心目中的位置。对于甘肃陇东南一些偏僻山村的村民来说，过年闹社火更是他们一道丰盛的文化精神大餐。

作为民间自发的活动，社火尽情地表现人民群众的喜怒哀乐和恩怨情仇。社火中的人物都有一定的寓意，也体现了人民群众的许多愿望和祝愿。许多民间社火表演中，以历史上的豪杰英雄、善男信女及民间传说中的各种人物为角色。为了塑造社火中的人物形象，表演者在化妆时，往往从人物的不同性格出发，以自身丰富的想象，巧妙运用各种色彩，彩绘出各种脸谱，这样逐渐形成了别具一格的脸谱艺术。社火中出现的脸谱忠实、夸张、形象、生动地表达了人民群众的情感。

甘肃一些社火队伍里还有风伯（风婆）、雨师、天公、天母等形象，都是古代天相的一些化身，这些都是与农业生产有关。在武威的社火里，有春官这样一个形象，他是整个社火队的带头人。他象征着春的来临，代表着“春神”行使职权，在社火队里具有至高无上的权威。按照民间的传统习俗，正在行进中的春官，文官见了必须落轿，武官见了必须下马。春官老爷必须由当地德高望重为众人所敬仰的知名人物担任。请春官时，由社火会事先发出大红请帖，送到被选定的春官人选家中，经本人接帖表示同意后，即在社火开锣的当天，鼓乐相迎，春官老爷就算正式诞生了。

柯杨告诉记者，在酒泉、张掖等地的社火里，还有“毛野人”的形象，古人认为青藏高原有野人。于是，从古代，河西走廊传统的社火队伍里就有“毛野人”的这样一个形象。后来，兰州等地的社火队里，“毛野人”的形象变成了一个脸上涂着锅灰的瓜娃子，手里拿着一个红萝卜，专在妇女身边扭来扭去。传说，不能生育的妇女，被手拿红萝卜的瓜娃子碰一下，就可以怀孕。这中间就包含了古人的生殖崇拜。

事实上，社火的内容与形式，随着历史的变迁有很大的变化。有的社火充满了封建迷信色彩、低级庸俗的内容。随着社会的发展，也发生了很大的变化。1942 年，中国共产党领导的陕甘宁边区开展新文化运动，革命的文艺工作者会同庆阳当地的一些艺人，对过去的社火内容与形式进行了改造，新编了一些表现陕甘宁边区人民群众生活的剧目，如《减租》《复工》《去运盐》《勤纺织》《捉汉奸》《二流子转变》等等。这些剧目短小精悍、健康向上，热情奔放，受到了人民群众的欢迎。此后，随着时代的变迁，甘肃许多地方的社火内容也是在不断地创新发展。

“传承本身不是凝固不变的，文化的传承也是随着社会的变化在变化，就是要做到与时俱进。”在社火这一民俗文化的传承发展上，柯杨表明了自己的观点。

民俗文化的一面旗帜

每年春节，陇原大地是舞狮舞龙，锣鼓喧天，载歌载舞，各地都有阵势庞大的社火表演。许多地方的演出，往往都是万人空巷，一些高超的技艺更是让人叹为观止，为春节增添了许多祥和喜庆的气氛，更是活跃了农村单调的文化娱乐生活。

一方面，人们通过社火来营造欢乐、喜庆、热闹的气氛；另一方面，也通过社火展示魅力无穷的民俗文化。其实，社火的发展既是经济文化的一种实在反映，也是政治社会发展的一种具体表现，更是社会和谐发展的一个期盼。

社火作为一种综合性很强的民间传统表演艺术，有着丰富的文化内涵，由于地域民俗民情的不同，各地的社火还具有非常浓郁的地方特色。在甘肃，兰州太平鼓等一些极具代表性的社火还蜚声于国内外，成为地方民俗文化的一个标志。社火在长期的发展中，随着时代的进步，人民心理需求的变化，一些高难度技巧性强的社火有的已经失传或者凋谢了。为了抢救保护这一民俗，兰州太平鼓、永登苦水的高高跷、天水武山的旋鼓舞、永靖等地的傩舞、临潭的万人扯绳等许多社火还被列为非物质文化遗产来保护。

在甘肃乃至西北地区，民间社火以悠久的历史，神秘、深厚、丰富的文化内涵，声势浩大的场面，近年来受到了民俗研究者的广泛关注，也成为春节期间各地民俗活动的亮点，更是群众喜闻乐见广泛参与的重要民间文化活动。

“在传承保护民间文化上，关键要赋予民俗文化一些新的时代精神，真正做到在利用中保护，在保护中利用。”柯杨强调。

（本文原载《甘肃经济日报·文化月刊》2008 年 2 月 28 日 A2 版，刊发时有删节）

傩文化 从远古走来的原生态艺术

——陇原傩文化探究

伴随着农耕文明的发展而产生的傩文化，在民间有着各种各样的传说，在经历了数千年的传承演变后，依旧保留着其神秘、原始、古朴、庄重等特色。由于所处地域的不同，又呈现出不同的风格。傩文化中的傩舞被称为“中国舞蹈艺术的活化石”，傩戏是劳动人民智慧创造的结晶，傩面具带给人无限的遐想。作为傩文化发祥地之一的甘肃，目前有兰州军傩、永登高跷傩社火、永靖傩舞傩戏、文县“赤哥昼”傩舞、陇东傩仪与“傩”文化等，这些原始独特的艺术分布在永靖、西固、永登、静宁、文县、宕昌等 18 个县区，一些傩文化还被列入非物质文化遗产。

陈尚德的军傩艺术团

若不是四处打听询问，穿越铁轨走过厂区，记者很难将位于西固一建材厂后面的一排房子与兰州西固区军傩艺术团的排练场地联系起来。8 月中旬的一天早上，记者专程前往西固区拜访了陈尚德和他的兰州西固军傩艺术团。

见到陈尚德时，他正指挥艺术团的成员排练新编的军傩舞《祭火》。谈起军傩舞，陈尚德的话匣子一下打开了。陈尚德告诉记者，甘肃的“傩”文化均属黄河傩文化范畴，是史官傩的重要组成部分。兰州军傩源于狩猎“巫舞”的演化。军傩演出时，无唱词、音乐伴奏，表演者自始至终大声齐喊“咳！咳！咳！”行步有固定的姿态，戴着傩面在鼓声中舞蹈。军傩的主要内容有狩猎、征战、祭祀、除魔降妖、高歌胜利、荣归等。

“军傩舞，庄重而又诡秘，热烈而又神气，在悲怆、低沉的音乐中祈求平安。”陈尚德说，兰州的傩舞和西汉骠骑将军霍去病有直接的关系，是霍去病远征匈奴，从中原地区带来的。人们表演傩舞的目的，是为了祈求军队胜利、鼓舞士气。

按理，跳军傩古舞，是非常神圣庄严的大事。在举办前，组织者要到当地庙宇神位前“拔卦”“领羊”求得神灵许可保佑。扮演军傩神者，由当地道德品质高尚的人担当。被选定的傩神表演者，前一天要沐浴净身，在神灵牌位前戴上傩面，才被认可为“傩神”。戴上傩神面具的人，不能和任何人说话。军傩舞一种是村寨集体跳的神舞，这种军傩舞人数多，规模宏大；另一种是为村寨各家各户举办的军傩舞，只需将军傩舞中的主要神祇请到家户。演出傩舞前要发虎牌告示，举办傩舞后，表演者还要到庙宇里举行卸神仪式。陈尚德的军傩艺术团是以专业演出为目的，这些禁忌也都破除了。

“我们的演出是为了自己快乐，也是为了别人快乐，演出的节目非常受欢迎，在嘉峪关舞龙舞狮节上，我们表演的节目受到了观众的一致欢迎，一些外国观众在演出结束时，还围着我们团不走。”陈尚德说，西固军傩艺术团从 2005 年开始排练跳军傩舞，先后排练了《出征》《霍去病过黄河》《祭火》等一些节目，所有的节目都是自己创作编排的，先后参加了中央电视台《星光大道》《非常 6+1》等栏目的演出，还在嘉峪关、景泰、北京等地演出，平均每年演出 50 多场次。先后获得过 6 个市一级的奖励，4 个省一级的奖励。

现在，军傩舞受到了国内外专家的关注和重视，如何进一步挖掘、包装、设计、打造军傩舞是陈尚德不懈追求的梦想。

马正德的 1000 个傩面具

“1000 个傩面具就有 1000 个形态。”这即是马正德制作傩面具的特色，也是他对傩面具艺术的追求。

8月20日上午，记者冒雨赶到了兰州市城关区鲁家崖北滨河路边上马正德的傩面具店里。外面在下大雨，店里在下小雨。马正德正忙着把自己的小店搬到北滨河路的金城关市场里去。“政府答应第一年不收费，进行扶持才敢搬的。”

马正德从小就喜欢地摊社火，喜欢制作一些相关的道具，上大学时学的是美术专业，2002年大学毕业后，马正德拜甘肃工艺美术厂的技师姜浩芝学习傩面具制作，从此一发不可收。但由于傩面具销售不畅，这位追求傩面艺术的小伙子，为了维持生活，不得不尝试着做一些雕塑。6年多来，马正德共雕刻了1000多个傩面具。

马正德说，傩面具在艺术造型上比较注重刻画人物的性格。“正神”，面带微笑，使人感到十分亲切；“凶神”，头上长角，口露獠牙，眉毛倒竖，眼珠突出；“世俗人物”，比较接近现实生活。傩面具的艺术表现关键在于制作的过程中，要把自己的艺术创作融入里面去，每个人的理解不同，用刀、色彩，创意也是不相同的，有时自己也觉得非常震撼。

马正德制作的7个傩面具还被收入《民间面具》一书，但遗憾的是书中将马正德的甘肃傩面具，写成了陕西傩面具。马正德正与该书的作者联系，以求维护自己的权益。

欢庆丰收的“七月跳会”

由于傩舞戏，永靖县被授予“甘肃傩舞之乡”的称号，被中国民间文艺家协会正式列为“中国傩文化保护基地”。

永靖傩舞戏，民间又称为“七月跳会”，主要是庆贺当年五谷丰登、酬神还愿，祈求来年风调雨顺。所以是丰收年跳会，歉收年不跳会，流传于永靖县西部山区的杨塔、王台、红泉和三塬等乡镇汉族聚居村，至今延绵不断。

永靖跳会由下庙、献盘、献牲、会手舞、发神舞、面具戏、赛坛等祭祀仪式组成。各庙使用面具有18副或36副不等。这些傩面当地人视为神物，多存放在庙宇殿堂里，不得随意取出。这里还保存着21副唐、明时期的傩舞面具，是我国目前保存最早的傩舞面具，制作精细，造型生动，形神兼备，栩栩如生，具有很高的历史文化价值、文物保护价值和艺术研究价值。演出的傩戏内容多为封神、三国、家事等，主要剧目有《五将》《杀虎将》《庄稼人》等20多个。永靖民谚云：松树湾的《五将》、焦壑庙的《杀虎将》、三角庙的《独戏》、果园四庙的《四不像》。这也说明，永靖傩舞戏表演的剧目丰富，形式多样。永靖傩舞从其演出的内容可分为歌舞型、戏剧型、杂耍型三种。

永靖傩舞戏一经发现，就引起了当地政府的高度重视，组织文化工作者进行了一系列挖掘、整理、研究，被搬上舞台后，获得过多种奖励。2006年，永靖县被甘肃省民间文艺家协会授予“甘肃傩舞之乡”称号，永靖傩戏（七月跳会）进入第二批国家级非物质文化遗产名录。

专家认为，永靖傩文化包容了萨满、藏传佛教、汉传佛教和中原的文化，具有扬武性、文献性、原始性、艺术性的特点，在全国傩文化中有着独特的历史、保护和研究价值，是我国极其珍贵的历史文化遗产，也是中华民族傩文化最古老的源头。

张洼傩社火：“喊牛唠唠”

在静宁县曹务乡张洼村，大年初四的凌晨3点，村民们就被此起彼伏的锣鼓声吵醒了，各家各户早早就把门前屋后打扫得干干净净，然后纷纷向“装社火”的土戏台子奔去。

早上9点多，张洼村的傩社火就要起来了。在“彻秋风”的仪式中，村里500多口人簇拥着社火队“串庄”。“彻秋风”的社火队里有驿臣官、彩旗队、肩社火、秧歌队、雄狮、旱船、毛驴、害婆娘等内容。除此之外，还流行“狮子禳娃娃”的习俗，主人把娃娃抱出来，让狮子从口里“吞”进去，从屁股后“屙”出来，以求娃娃平平安安，大富大贵。

这时，村子里100多户人家的大门上香烟氤氲，锣鼓喧天，炮声阵阵，男女老少打扮一新。家家户户都在门前摆一小桌，摆上糖果、烟酒、暖锅。社火队由村里德高望重的老人领头，逐家逐户祝福道喜，主人拿一条红挂在“驿臣官”身上，同时把桌上的摆品抛向观众，大人小孩一拥而上抢福抢喜。社火走到谁家门口，谁家门前就涌动着狂欢的热浪。

“彻秋风”结束后，社火队集中到大场里，摆上长长的桌子，家家户户端来香喷喷的暖锅，摆成盛大的“暖锅宴”，这时候演出的社火就是夜社火了。在表演中，“喊牛唠唠”作为传统社火曲目，70 多岁的传承艺人头戴百年来流传下来的傩面具，在一片锣鼓声中上场。天官给村民赐福，刘海为村民撒金钱，灵官挥舞马棒为村民驱赶邪恶。

张洼村傩社火最为典型的就是“喊牛唠唠”。“喊牛唠唠”是当地人对社火唱腔的俗称。“唠唠”是当地人使用耕畜时吆喊的腔调，自然形成，没有严格的音律，祖祖辈辈口传了百年。“喊牛唠唠”主要以《天官赐福》《五鸣驹》等曲目为主。内容大多取材于历史故事，剧情简单。没有固定调式和锣鼓谱，每句“喊白”后，敲打一阵锣鼓，直至节目演出结束。

据《张氏家谱》载，喊牛唠唠这一习俗在清同治年间就已在六盘山一带流行。张洼村社火保存的“喊牛唠唠”这一形式，传承古代傩祭的仪式，并寄托了人们对幸福、平安、吉祥生活的精神向往，较完整地保存了六盘山地区原始的傩文化风俗。

傩文化的渊源

事实上，“傩”是原始先民们向天地鬼神祈求部落成员平安、部落种植业丰收的一种仪式。后来这种原始的祈祷祭祀仪式也逐渐变成了一种戏曲活动，一种系统的文化，逐渐成为人们表达美好愿望、自娱自乐的民间艺术形式。

在甘肃，与傩文化有关的还有永登高高跷傩社火 、文县“赤哥昼”傩舞、陇东傩仪与“傩”文化等形式和内容。在永登县苦水镇，至今还保留着古老而独具特色的高高跷傩社火艺术，这种傩社火共举行 4 天。第一天正月三十迎接高高跷天神；第二天傩社火表演队练踩高高跷，分配角色，有天将、神帅、王朝、马汉等；第三天高高跷傩社火出街游行，场面十分热闹；第四天是苦水街闹高高跷傩社火收场之日，记者采访日正举行倒幡杆与倒踩表杆仪式。

文县“赤哥昼”傩舞，当地汉人称其为“傩面舞”。村寨跳“赤哥昼”舞严格按照古人规定的时间举行，不能任意更换。傩舞队一般由 9 名男子组成，好似汉族的社火队，巡回在周围村寨、田间、山谷间与村民家户分别演出祭祀，夜幕降临还要和村民们参加篝火晚会，一起共舞。现在，白马“池哥昼”已扩展进入第一批国家级“非遗”名录。陇东傩仪与“傩”文化的种种遗存是我国傩祭、傩仪、“傩”文化品种保留最原始、最丰富的地域之一。其存在充分展示了我国的“傩”文化都源于原始社会狩猎、巫文化仪式。

根据《礼记·月令》载：“季春之月命国傩，仲秋之月天子乃傩，季冬之月命有司大傩。”也就是说在周王朝初，国家把祭祀时表演的傩确定为三种，即：由黄帝亲自主办或授权的春季傩，名曰：国傩与军傩；由诸侯天子在秋季举办的傩，称天子傩；由乡民举办的傩，称乡傩或大傩。由于历史演变，以后各王朝没有严格的季节与人的等级的划分，他们把举行的各种傩统称“大傩”，“大傩”也就变成了驱邪除魔、祈求降雨、送葬开路驱鬼的“傩”仪式。只有军傩主要是演义古代著名正义战争的“傩”仪式。

关于傩文化的渊源有一种说法，甘肃傩文化是一万年前农业民族的原始宗教文化，伴随着农业文明的发展而辐射到华夏大地，后进入中国帝王家，形成了中国的“国教”。夏、商两个朝代，傩文化达到了权威的顶峰。到了周代，周公制礼，儒家提倡以礼乐治国，神权旁落，除了宫廷中因赶鬼驱疫还需要它以外，逐渐被驱逐到中华文明圣殿之外，沦落民间。但其发展规模却是进一步地扩大，表现手法由简单转向复杂，由粗陋到优美。这种趋势发展到一定程度，终于出现了表现民间劳动生活和扮演民间传说故事的内容。形式和内容也是越来越丰富，原始的艺术特征却一直被保留了下来。同其他民俗文化一样，傩文化面临的依然是传承和发展问题。

（本文原载《甘肃经济日报·文化月刊》2008 年 8 月 28 日 A2 版，刊发时有删节）

陇上寻遗

“彩陶王”马家窑文化的顶峰之作

地球上任何一个时代，都留下了一定的遗迹和遗物，向今人展示和证明那个时代的发展演变轨迹和辉煌成就。古代陶器是古代艺术的凝聚物，陶器文物有独具的审美特征。中国彩陶起源于距今约7000至8000年前的黄河流域，是农业文明繁荣的具体体现，也是氏族公社时代发展的一种实物反映。发掘于甘肃临夏积石山县安集乡三坪村的“彩陶王”，以其精湛的制作工艺和完美的艺术构造向今人展示了一个时代辉煌的成就。作为一个时代的活化石，掀起“彩陶王”的面纱，穿越历史的空间，让我们从中探寻人类那个时代的生活生产，还原和了解当时的社会真实面貌，体味其中的文化内涵及其创造和传播的过程。

几千年前的一个彩陶器具，是古人的一个生活用品，在今天则是一个国家级文物。因为，彩陶记录和再现了古人高超的智慧和其对美好生活的追求，以及对大自然的探索和认知。

对发掘地积石山来说，表明了这块土地是先民生活栖息的地方，也证明了这块土地有着悠久的历史文化。今天，在积石山，“彩陶王”既是一件精美的国宝级陶器的名称也是一个人的外号，因为它让积石山有了中国彩陶之乡的美称，也因为它，当地人把发掘这个陶器的安集乡三坪村的戚永仁老人也亲切地称为“彩陶王”。

戚永仁与“彩陶王”的不解之缘

76 岁的戚永仁老人看起来，虽然步履蹒跚，但依然是精神矍铄。记者的到来，又重新勾起了他对“彩陶王”的回忆。

1949 年 8 月，土匪扰乱，前一天的一场阵雨让空气中弥漫着一丝潮潮的泥土香味，当时跟家人一起躲避在黄河边的戚永仁和哥哥在返家的时候，走到三坪塬边上时，发现地上有个圆圆的水窝，阳光下泛光，而周边的雨水早已消失在了泥土之中。出于好奇，戚永仁和哥哥走上前去，伸手往下一摸，水很深，往边上一摸，感觉是个陶制的罐，兄弟二人一阵欣喜，小心翼翼地扒开泥土，露出了一个黑色、图案精美绝伦高约 5 尺的大陶瓮，瓮虽然在地下经过了千年的埋藏，但依然光彩照人，如崭新的一般。兄弟二人小心翼翼地将瓮带回家里。但直到现在，还让戚永仁感到遗憾的是，在挖取瓮的时候，不小心把大瓮里面的一个小陶罐给弄破了。

戚永仁把这个大瓮带回家不久就发现，在六月家里的玉米饼和馍馍放在里面，几天都不霉变，有一次，把水盛满晒在太阳底，从地里劳动回来洗手，瓮里面的水还是不热。于是，戚永仁觉得这个瓮不一般，是个宝贝。村里面的村民也认为，是在地里面埋过的，有宝气。就这样，戚永仁家里在生活上一直使用着这个彩陶瓮。“当时，我们放在面柜上既可以装馍，又可以作为家里的装饰品。”戚永仁说，没事的时候，他就看瓮上面的图案，越看越觉得好看。

1954 年，戚永仁家里这件瓮的命运发生了变化。这年夏天，甘肃省派出文物考古队对刘家峡库区的文物进行考古，当时文物考古队员瞿光伟在戚永仁家里发现了这一个彩陶瓮，对戚永仁做了思想动员，戚永仁把这个彩陶瓮捐给了国家，并给戚永仁和彩陶瓮拍了一张照片。直到现在，这个彩陶瓮被存在中国历史博物馆里。后来，我国现代著名历史学家、考古学家郭沫若先生将这件彩陶瓮誉之为“彩陶王”。至此，“彩陶王”开始名动海内外，受到国内外的广泛关注。村民们从此也将戚永仁亲切地称呼为“彩陶王”。

戚永仁告诉记者，当时他确实不想上交这个彩陶瓮，主要是放馍不坏，家里放着也是一个装饰品。在考古队员的再三劝说下，才把这个彩陶瓮上交了。当时，根本就没有想着这是个文物，也不知道其价值所在。上交以后，好长时间没有任何音讯。直到 1990 年 4 月 10 日，国家邮电部发行的四组彩陶纪念邮票中，代表甘肃的就是这件彩陶瓮时，戚永仁才知道他的这个彩陶瓮的价值。

自 1954 年，彩陶瓮上交后，戚永仁就再也没有见过彩陶瓮。1999 年，戚永仁去北京，想看一看自己捐赠的那件彩陶瓮，但由于中国历史博物馆正在检修，未能看到。戚永仁最大的愿望就是能亲眼看一看那件让他魂牵梦绕的彩陶瓮。

现在，只要一有时间，戚永仁老人就会去当年他发掘出彩陶瓮的地方转一转，看一看。戚永仁开玩笑说，去是为了看一看能不能再发现类似的彩陶。

“彩陶王”与传说中的陶神庙

一场冬雪过后，积石山县安集乡三坪村是银装素裹，一棵棵花椒树肃立在沉寂的旷野中，展示着这个偏远山村的宁静之美和恬淡之情。几千年前，这里的景象记者无法想象，但名震中外的“彩陶王”的发掘，已经折射出这里是适合古人栖息生活的肥美之地。

寒冬时节，在戚永仁老人的带领下，记者一行踏着雪在山野弯曲的小路上走了近 20 分钟来到了当年老人发掘“彩陶王”的地方。放眼望去，这里是山山相连，沟沟相接，地势较为险要，一棵又一棵的花椒树和一片又一片荒草在这里生长着，从山沟里不时传来几声优美动听的花儿，让这片宁静的山野之地充满了浓浓的人文气息。

“当年，‘彩陶王’就是在这里挖掘出来的。”顺着戚永仁老人手指的地方，记者望去，在陡峭的半山坡上，一堵残存的土墙下边，一片被雨水冲刷过的小沟壑长满了荒草，周围也凌乱地长着几棵花椒树。寒风吹来，草木抖动，震撼世界的“彩陶王”就是在这里出土的。

记者在“彩陶王”出土地周围看见，山坡上，峭壁上，布满了村民们探寻彩陶留下的痕迹。“为了寻找彩陶，这附近的山都被村民和周围的人挖遍了。”戚永仁说。近年来，不少人挖掘彩陶倒卖彩陶，一个马家窑的彩陶市场价都在五十万元左右。为保护祖先留下来的文物，多年来，戚永仁还是村上文物管护员和老支书，他对脚下的这片土地太熟悉了，也非常有感情。

举世瞩目的“彩陶王”为何会出土在这里，几千年前，这里又是怎样的一个景象呢？直到现在，这些疑问还存在着，还在深入探究着。

三坪村，东有凤林关，南有旗杆山，西有禹王庙，北有滔滔不绝的黄河，是“彩陶王”出土的地方。出土“彩陶王”的三坪遗址，地处黄河南岸二阶台上，与著名的炳灵寺石窟隔黄河相望，面积66万平方米，文物主要分布在头坪的旧庄窠大锅，尕鲁坪的上庄、尕塬，二坪的麻黄咀、高崖咀、坨子岭，三坪的园地咀、犁地咀、城墙地，是一个马家窑类型、马厂类型、齐家文化、辛店文化并存的文化遗址，遗址面积大，分布广泛，内涵丰富。尤以马家窑类型为典型，出土文物有瓮、罐、瓶、盆、钵等，还包括大量的石器、骨器等。

“彩陶王”出土地不远的一个在当地被称为五月对对岭（当地的意思是放羊娃聚会的地方）的地方，有一个窑址的遗迹。从“彩陶王”出土的地方到这个窑址，步行也就是十分钟的路程。记者在长满花椒树的窑址遗迹处看到，地面上随处可见残存的陶片。隔河望去，炳灵寺清晰可见。“有人曾在这里收集过陶片，把收集的陶片碾碎，再烧制成陶器，当文物来卖。”当地的村民说，几斤茶叶就可以换半袋子陶片。

当时谁在这里烧制陶器呢，和“彩陶王”又有着怎样的关系呢？为此，当地流传着一个美丽动人的传说。

据传，村东北侧的独立园宝山顶，有一座小庙，当地人叫这座小庙“陶神庙”。殿内供奉着一位白须飘洒、头戴峨冠，身穿褒衣博带的神像，这位主神就是宁封子。他管辖着天下所有的陶窑，率领工匠，制造陶器。宁封子是何许人也？为何在此享受人间香火呢？传说，宁封子是黄帝的陶正，也就是说，当时专门管理制造陶器诸事的官儿。

宁封子很会烧制陶器，而且技艺超群。一天，宁封子在窑中架火烧陶，他爬上窑顶去添柴，不料窑顶突然坍塌，宁封子不幸葬身火海。人们急忙跑出来，看见宁封子的影像，随着烟气上升，大家都说："宁封子火化后成仙了。"于是，当地人建了陶神庙，供奉奠基。也有人说。出土的"彩陶王"很有可能是宁封子第一次烧制的，或一对，或一个，数量不多。

陶器的出现，是人类向自然界斗争中迈出的一大步，具有重大的历史意义。宁封子只是个传说中的人物，陶器也不是他一个人发明创造的，但在他身上集中了远古人民的聪明才智，他是集体智慧的代名词。陶器的出现，标志着文明的创造和传播，陶器艺术奠定了中国古代艺术的基石，陶器文化开创了中国传统文化的先河。

"彩陶王"的巨大价值意义

陶器是遍布于华夏大地的一种独特的文化现象，曾被广泛运用于史前时代人们的生活。

从当时的社会发展来看，陶器贯穿于当时的巫术、宗教、祭祀、战争、饮食、音乐、舞蹈、墓葬、渔猎、纺织、手工艺生产等社会生活的各个层面；从文化个体的角度来看，陶器不仅是当时人们日常生活中的重要物品，同时也贯穿于每一个人出生、成长、婚配、死亡的全过程。彩陶文化是原始农业生活的产物，是原始先民对大自然长期观察的结果。他们把与自己生产生活息息相关的一切都反映在陶体上。

"彩陶王"这件马家窑类型双耳四彩陶瓮，通高 49.3 厘米，泥质橙红陶，敛口，阔肩，腹部逐渐下收，平底。口沿处有四个对称的鸟喙形凸起的鋬，腹部两侧为两个对称的半环耳，从口沿到腹部用黑彩绘三层花纹：上层图案为仰韶文化庙底沟类型相接近的变体草叶纹；主题图案为中层的四方连续旋涡纹，旋涡中心饰以圆点纹。陶质精致细腻，造型雄伟壮观，图案繁缛瑰丽，绘画技巧娴熟。

从"彩陶王"的造型来看，内敛的口沿、宽阔的肩部以及逐渐下收的腹部和平稳的底，给人以高大端庄、雄伟而不张扬的美感；口沿外四个对称如鸟喙形的凸鋬，可以用来系挂绳子，既具有观赏的美感，又具备实用的目的；下腹部两侧对称的半环耳，既弥补了整个器形上重下轻的不均衡，又可以在搬动时执手。在某种意义上，更是将彩陶拟人化，是否形似人叉在腰间的上臂对称的双耳恰好将对称的四分成两组，而腹径与通高的比例又接近于黄金分割点，集几何学与美学原理于一体。

“‘彩陶王’的价值在于其所反映和代表的文化上。”在积石山县长期研究和从事陶器仿制的马永珍说，“彩陶王”上面画应该是代表宇宙、八卦的图案，暗示着生命的存在，在文化上反映得非常深奥，达到了彩陶的顶峰。

马永珍还认为，“彩陶王”上面的图案是用耗子毛的毛笔画上去的，笔纹非常均匀，现代仿制陶器，上面的纹路还是达不到古人的功夫，纹路还是不够流畅。并不是有些专家所说的是用竹子画上去的，用竹子画纹路不可能那么均匀、那么流畅的。那个时代，我国就有了最早的毛笔。

中国社会科学院考古研究所叶茂林先生在他的专著《陶器鉴赏》一书中这样描述这件“彩陶王”：“制作十分精致，图案异常精美，线条匀实，纹理繁复，构图精细，布局规整。纹样波浪起伏，涡旋流动，表达了极其波澜壮阔的美观效果，十分的精彩。造型也很有特色，口沿外四钩形钮，腹部双耳，表面打磨光滑。马家窑类型。这件可以称作中国彩陶最杰出的代表之一，充分显示了马家窑彩陶的艺术造诣。”

事实上，精美绝伦的“彩陶王”，是原始先民们聪明智慧的凝聚，也是一个时代文明的结晶，象征着祖先悠久雄浑的文明底蕴。

“彩陶王”应为故乡有所作为

作为中国“彩陶王”的故乡，大禹治水的源头，积石山境内的古文化遗址、文物可称得上是“遍地流金，满天星斗”。经考证确认，具有考古价值的文化遗址多达 140 余处，其中县级文物保护单位 8 处，省级文物单位 2 处。出土文物数千件，馆藏文物 1580 件，其中彩陶就有 800 多件。

在积石山的银川乡，20 世纪 70 年代，还出土了彩陶盆。此盆高 11 厘米，口径 29 厘米，为泥质红陶，内外施以黑彩。内底核心有两条似现代海洋生物海马的中华龙在旋动，是件难得的精制彩陶盆。这个彩陶盆 1984 年参加全国出土文物珍品展，1989 年又漂洋过海在日本展出，誉满海内外。据业内人士说，当时这件彩陶盆的保险额是 30 万美元。

1987 年 8 月，在积石山关家川乡出土的一件彩陶盆上有天文地理图像，叫人看后叹为观止，这是积石山发现的又一经典之作。盆内外施彩，内彩以一周旋纹划分为内外区。若把盆底朝天，从下往上看彩陶盆，就会立于山川之上，有月、有太阳、有四方星座，有满天繁星，是一幅远古的天文图。

在建设文化特色大省的今天，积石山县应大力挖掘和打造彩陶文化，树立和借助“彩陶王”品牌，建造彩陶博物馆，设立彩陶研究院，用文化引领和促进地方经济社会的发展。在那遥远的时代，古人能够制作和创造出如此精美的彩陶和彩陶文化，今天难道我们就不能借助和深挖彩陶文化，形成一个集彩陶生产和观光旅游于一体带动地方经济发展的大产业吗？

（文中部分内容参考引用了《积石山风韵》和《积石山史话》两本书，原载《甘肃经济日报》）

汉简大省沉寂中孕育辉煌

“如果把甘肃文化比喻为一顶皇冠，汉简就应该是皇冠上的一颗耀眼的明珠！”在甘肃古代文化中，最有名的就是佛教艺术和汉简。20 世纪初，甘肃有敦煌藏经和西北汉简两件震惊世界的发现。同敦煌藏经在国内外享有很高知名度相比，汉简却一直是鲜为人知，沉寂没落着。

从 1907 年在敦煌长城烽燧遗址出土 3000 枚汉简开始，一百年来，甘肃境内已先后出土了 60000 多枚汉简，占全国出土汉简的 82%。甘肃虽然是全国赫赫有名的汉简大省，但是直到今天，甘肃汉简只是仅仅停留在考古界，社会各界对其价值所知甚少。对建设特色文化大省的甘肃来说，汉简将会成为其对外文化交流的一个特色和品牌。

全国 82% 的汉简在甘肃

从 2007 年 4 月 30 日到 6 月 30 日，来自甘肃省博物馆的马踏飞燕、摇钱树、舍利容器等 100 多件文物在广州博物馆展出。

这次展出的一枚仿制的汉简《塞上烽火品约》，引起了前来参加开幕剪彩的中山大学历史系教授、敦煌学专家姜伯勤的赞叹。汉简《塞上烽火品约》具体地规定了匈奴人入侵扰边时应采取的相应对策，按照不同敌情放不同烽火。姜伯勤表示，该简不仅书法出色，而且史料价值很高，对于今人了解汉代烽火通信很有帮助。

“甘肃不仅是近世纪以来最早发现汉简的地方，而且也是出土汉简最多的地方。”甘肃省文物考古研究所副所长张德芳说，一个世纪以来，甘肃在汉简方面有着一次又一次重大发现。

记者了解到，1907年和1914年，英籍匈牙利人斯坦因第二、第三次中亚考察，在敦煌、酒泉长城沿线挖掘了3000多只汉代简牍，揭开了20世纪初甘肃简牍大量出土的序幕。20世纪30年代，酒泉金塔和内蒙古额济纳旗发现汉简10000多枚。1959年，武威磨咀子《仪礼》简和“王杖十简”发现，是古代典籍第一次成册出土，使人们对儒家经典在河西走廊的流传有了新的认识。1972年到1974年，由甘肃有关方面组成的居延考古队对甲渠侯官和肩水金关遗址的发掘，又以新出20000多枚汉简而引起世人的再度关注。1979年，离敦煌95公里的马圈湾烽燧遗址出土汉简1200多枚。20世纪90年代初发掘悬泉置遗址，在一个遗址上一次就出土23000多汉简，被评为当年和“八五”期间全国十大考古发现之一。

可以说，20世纪的百年里，是甘肃汉简不断有重大发现的世纪，也是一个以汉简和敦煌为特色充分展示甘肃古老文化面貌的辉煌年代。

目前，全国出土汉简70多批次，而甘肃就出土30多批次，占一半多；全国出土汉简73600多枚，而甘肃就出土60000多枚，占全国所出汉简的82%。“因为甘肃气候干燥少雨，埋藏在沙漠之中的木简保存得很好”。甘肃省博物馆副馆长王裕昌说。

除了汉简外，甘肃还有天水放马滩的秦简，以及河西一些地方出土的魏晋十六国简、松吐蕃简；除汉文简外，还有吐蕃藏文简等。各个时代各种文字尤其是6万多汉简的发现，形成了甘肃古代文化的一大特色。简牍学已成为当今世界显学，甘肃也因为丰厚的历史文化蕴藏而走向世界。

汉简的价值有多大？

简牍的出土，在古代文化方面有什么价值和意义呢？

“简牍是从公元前17世纪的殷商开始到公元后300多年的魏晋时期，简牍的使用延续了整整2000年时间。简牍是2000年时间里文化的物质载体和文明传承。”张德芳告诉记者，世界四大发明古国中，古埃及人用纸草，两河流域用泥板，古代印度用贝叶，中国人则用竹木简牍。

在我国古代，殷商甲骨文和商周金文，前者主要用于祭祀占卜，后者也是一种特定的礼乐文化，并不适应日常社会生活中文字信息交流的广泛需要，而唯一担负起这一使命的东西就是竹木材料（包括少量锦帛）。2000年中（前17世纪至4世纪中），依靠竹木简牍，中国的古老文明得以记载，伟大的民族精神和悠久的祖国历史得以继承和弘扬，简牍可以说是一座容量很大的历史信息库。

甘肃出土的汉简有着极高的学术价值，是研究两汉时期政治、法律、经济、文化、军事、外交、民族、民俗、邮驿交通、西北史地、丝路贸易、文化书法、科学技术以及生态环境等诸多领域的第一手资料。

张德芳表示，汉简中大量郡县官职的记载，补充了历史文献中官职资料的不足；诏书律令的出土为研究秦汉法律制度和法律条文提供了新材料；大量经济资料的出土为研究两汉西北地区农业、畜牧业、手工业、商业的发展以及地租、赋税形态提供了新证据；汉简中保留的儒家经典的古代典籍有的为我们提供了与今不同的新版本，有的则是亡佚了几千年的古书；汉简中西北障塞防御体系、屯兵戍守、军队布防的详细记录是当年国家统一强盛的反映。甘肃汉简涉及的学科门类是多方面的，其学术价值也是多方面的。

目前，由甘肃汉简的发现而兴起的中国简牍学经过一百多年的发展，已成为现代学术文化的重要组成部分。

汉简应为文化大省添光增色

6万多汉简是甘肃古代文化的特色和优势，是一笔极其珍贵的历史文化遗产。

一个世纪以来，由西北简牍的发现而开其端，全国其他各地简牍的发现而成其势的中国简牍学已经取得辉煌成就。

简牍以最生动、最具体的实物形态记载了两千多年前中华民族历史文化的真实面貌，使人们在可见可感中体味出中华文化的博大精深；作为文字载体的书写材料，所包含的丰富内容促进了各学科研究的新发现和新成就；在中国文字发展和书法史上，代表了甲骨文、金文、战国、秦文字以后一个重要的发展阶段，重大的艺术价值和文学意义已为学术界所公认。

“甘肃汉简以其数量之多和内容之丰富，从整体上展示了古代甘肃深厚的文化底蕴和开放、进取、勤劳、智慧的文化品格，挖掘和弘扬其中的精神品格，汉简已成为甘肃建设特色文化大省的精义所在。”张德芳说。

“不是说有了简牍，甘肃省立刻就成了文化大省，但是离开简牍甘肃省要想成为文化大省是不可能的。要想让社会了解简牍文化不是一朝一夕的事情，毕竟相隔年代太久远了。”甘肃省博物馆副研究员李永平说。

也有人指出，汉简作为行政和军事文书的原始档案，它的出土大多是当年的边防要地、军事要塞和重要的行政机构。如今，这些地方可以作为文化遗址，成为吸引海内外人士参观、凭吊、寻古、探险的旅游胜地，而汉简和遗址相得益彰，也会成为激发、吸引中外人士向往甘肃的文化原典。

需要注意的是，湖南走马楼三国吴简一出土，湖南有关方面即在大力宣传的基础上，很快投资兴建了博物馆，并名之为中国简牍博物馆，同时还组建了专门的研究机构，广纳人才，一时间吸引了世界学界的目光。

李永平表示，甘肃省也应该建简牍博物馆，这样才能把简牍文化传承下去。记者从甘肃省文物考古研究所获悉，2007 年 7 月 10 日，甘肃省简牍保护研究中心将正式挂牌，这意味着甘肃汉简的保护研究工作将翻开新的一页。

在对外开放的今天，甘肃汉简将会以巨大魅力吸引着海内外人士，成为甘肃走出国门对外进行文化交流的又一个特色和品牌。

（本文原载《甘肃经济日报》2007 年 6 月 8 日 2 版）

鼓舞太平的太平鼓

"粗犷雄浑、刚健有力、气势磅礴"的兰州太平鼓于2008年8月8日在北京奥运会上擂响，作为甘肃省唯一的入选节目，由百名鼓手组成的兰州太平鼓表演队，随着锣钹的击打节拍和量身定做的背景音乐擂鼓起舞，用气势磅礴的隆隆鼓声为北京奥运开幕式擂响"前奏"。从第十一届亚运会到国庆五十年大典，再到北京奥运会，兰州太平鼓是一路走来，其铿锵有力的鼓声让这一西北独特的民间艺术响彻海内外，成为大家一致公认的"天下第一鼓"。今天，已是国家非物质文化遗产的兰州太平鼓，从气势磅礴的阵势中传递出的不仅仅是独特的风格和艺术魅力，更是太平盛世的颂歌。

奥运会甘肃唯一入选的节目

6月12日下午，兰州市近水广场。

震天的鼓声，响彻于黄河之滨。由百余名鼓手组成的兰州太平鼓表演队在这里举行了进京前的首次带妆彩排，并接受北京奥组委秘书处朱虹副秘书长一行的验收。

自兰州太平鼓被确立为甘肃省唯一入选北京奥运会开幕式仪式前表演节目后，从4月1日起，由86名皋兰县农民（年龄最大的57岁，最小的17岁）和十多名甘肃专业舞蹈演员组成的兰州太平鼓表演队，便在皋兰县黑石川镇铧尖村进行集训，积极备战北京奥运会。

记者了解到，在北京奥运会开幕式仪式前的太平鼓表演包括入场式“鼓舞太平”“旗开得胜”“万马奔腾”“三阳开泰”“太平盛世”“玫瑰盛开”“四喜临门”“八面来风”“普天同庆”等 10 个阵型，鼓手们在表演中还融入了“托鼓大蹦子”“骑士射雕”等高难度动作，届时浓郁的西北风情将令人耳目一新。

8 月 8 日晚，由百名鼓手组成的兰州太平鼓表演队，将随着锣钹的击打节拍和量身定做的背景音乐擂鼓起舞，用气势磅礴的隆隆鼓声为北京奥运开幕式擂响“前奏”，向全世界 60 多亿人展现兰州太平鼓的独特的艺术魅力。

太平鼓的传说

在兰州及周边地区，与太平鼓有关的传说是由来已久，且众说不一。

鼓可能是人类最早发明的打击乐器。在兰州市博物馆的展厅里，收藏着兰州市某地出土的新石器时代马厂类型彩陶鼓，被誉为鼓的“鼻祖”，史学界认为这就是上古文献所记载的“以瓦为匡，以革为两面，可击也”的“土鼓”。

一些学者据此认为，兰州太平鼓与它有着深厚的渊源联系。西汉元狩二年（前 121 年），汉武帝开辟河西，纳入西汉版图，东晋十六国前凉时期始。当时，兰州及其附近地区社会安定，经济发展，西域文化鼎盛。这个时候，鼓多用于音乐、舞蹈、祭祀和争战，在形状、声音、作用等方面，太平鼓的雏形已形成。《玉海》记载“羯鼓如漆桶，两头可击”表明兰州太平鼓历史的久远。

有一种说法是，兰州太平鼓起源于古代的祭祀礼仪，意寓迎春而震动地气，祈福纳瑞；还有一说是古代的屯军遗俗，旨在发扬蹈厉，催人振奋。

也有专家认为，兰州太平鼓源自宋代讶鼓，宋代名将王韶是讶鼓的创造者。宋人彭乘在《续墨客挥犀》中记载：王韶初平熙河，讲武之暇因教军士为讶鼓戏，数年间逐盛行于世，举动舞装之状皆子醇所制也。该书中还写道：子醇（王韶）尝与西人对阵，兵未交，子醇命军士百余人装为讶鼓队，绕出军前，虏见皆愕眙，进兵奋击，大破之。王韶是北宋时从羌人手中夺取甘肃临夏、临潭、岷县等地的名将，后担任枢密副使。王韶的继任者李宪从西夏手中夺取的兰州。后来，朝廷将讶鼓改成了太平鼓。但这一说法争议很大。

在兰州民间还有一个传奇般的故事渲染着兰州太平鼓的文化内涵。相传朱元璋建立明王朝后，中原和江南地区去元入明，便派徐达、冯胜征伐元军，相继占庆阳，收临洮，兵至兰州，元大将扩廓帖木儿（又名王保保）以河为障，居高临下，固守黄河北岸。徐达、冯胜久攻不下，无计可施。一日，徐达见老百姓在河边用木桶挑水触发灵感，心生一计，仿水桶而始创三尺长鼓，内藏兵刃，借正月十五闹元宵之际，令军士扮作“社火”队员，身挎长鼓，混入城内，以锣鼓为部勒，旗卷而偃为指挥，观察形势，暗伺时机，乘元兵观社火无所防备，按事先约定，里应外合，一举攻破城池，元军大败。为纪念攻城胜利，祝愿永世太平，人们便给这又粗又大又长的鼓命名为“得胜鼓”“太平鼓”。当时，王保保城隶皋兰属地，故称“皋兰太平鼓”。

由于此事发生在春节期间，人们就约定俗成在春节社火表演中，太平鼓是不可或缺的表演项目，更是人们渴望和平、向往天下太平情感的一种表达方式。后来，太平鼓不断发扬传播演绎，亦称“兰州太平鼓”。

太平鼓的特色

与其他鼓相比，兰州太平鼓特色鲜明。

兰州太平鼓鼓身长 80 至 85 厘米、直径 37 厘米，以圆柱体为基本造型，体积硕大。其鼓帮木制，鼓面蒙以厚实的牛皮，鼓内纸裱糊，诸面瓦渣粉泛模，两根拉簧交叉，系以铜铃；鼓身外表白布缠裹涂以油漆，多为黑红相间，绘以泥金饰狮子滚绣球、牡丹、龙凤等图案；鼓面中心绘太极八卦图案；鼓头边缘分别用“富贵不断头”花边装饰；鼓帮两头钉铁环二，以拴背带。鼓带细长，鼓手斜挎肩上，置鼓于膝下。

兰州太平鼓具体的打法分为低鼓、中鼓、高鼓三类。表演者多为男子。击打时不用鼓槌，而是用麻拧成鼓条（或称鼓鞭）擂其鼓面。擂鼓时，鼓发音低沉而浑厚，鼓手的动律是人舞鼓、鼓带人、人鼓合一。鼓的上、下、跃、翻、骑、闪、展、腾、挪等打法丰富，充分体现着鼓手与鼓的相互交融、纵横离合。表演中，身法分为：“鹞子翻身”“白马分鬃”“弯弓射雕”“策马扬鞭”“力劈华山”等。专家认为，其打法独领鼓道的风骚。

在表演中，太平鼓非常讲究阵法的布局。鼓队由一面金龙大旗做中军，数面小旗为先导，锣钹等铜器击节响应，数十名至百名鼓手列队相随，鼓队在金龙大旗的指挥下变换阵法。每个阵法都有其固定和明确的阵势以及对低、中、高鼓的穿插应用。太平鼓表演中传统阵法有：“一字长蛇阵”“二龙戏珠阵”“三阳开泰阵”“四门兜底阵”“五行阵”“六合阵”“七星阵”“八卦阵”“九宫阵”“十面埋伏阵”等，即“二龙出水破四门七招九式，三阳开泰迎五福六合八卦”。

几百年来，兰州太平鼓逐渐发展演变为一种独具西部风情的民间艺术形式，其表演场面壮观，气势磅礴。而且，还在不断地创新发展。

记者查阅有关资料看到有人士撰文称，“兰州太平鼓‘鼓经’，记载的表演由走鼓（又叫走龙）、棋盘击、古战阵法、太平歌四大板块组成。”目前的表演只是丰富了的“棋盘击”。“古代屯军遗俗”的古战阵法、太平歌等不见了。“‘太平歌’是兰州太平鼓的最后表演形式。阵法表演后，一段名叫‘急急跟’的打法突起，这时鼓手们旋裹在旗周围，三通锣鼓戛止后，鼓手们敲鼓边，清脆的木音中，一老者缓步队前，唱太平歌。唱一句，擂一通鼓，直到结束。比如：鼓声锣声停一停，我为乡亲唱太平。‘一唱邻里无纠纷，家家安乐山水清。二唱婆媳和睦好，兄妹妯娌感情浓。三唱四乡无闲田，粮多柜满乐盈盈。四唱父母好茶饭，尊老爱幼是根本。五唱诸君无大病，拉扯子孙走得稳。我谢天地赐太平，代表乡亲请新春。’”

但记者从小到大看过上百场太平鼓表演，也没有见过太平鼓表演中里有唱太平歌的。

第十一届亚运会上的太平鼓

早在 1990 年的第十一届亚运会上，兰州太平鼓的成功表演，标志着兰州太平鼓达到鼎盛时期。

1990 年第十一届亚运会在首都北京举行，亚运会组委会大型活动文展部邀请兰州太平鼓参加艺术节活动。兰州市委、市政府决定从三县五区选拔鼓队，皋兰县太平鼓队一举中标，代表兰州市赴亚运会艺术节表演。

为了保证太平鼓在亚运会上的演出，皋兰县成立了训练小组，训练组与鼓手和老艺人一起，对传统打法进行挖掘，去粗取精，对外地鼓艺，取其精华，吸收长处。经过多次反复演习，太平鼓的表演在形式和内容上日臻完美。最后确定《普天同庆》《两军对垒》《三阳开泰》《四门兜底》《金龙绞尾》《五福临门》《黄河激浪》《万众欢腾》《鹰击长空》《亚运之光》等十大阵法。

1990 年 9 月 24 日，太平鼓在北京地坛首次亮相。一直摩拳擦掌的 80 名皋兰庄稼汉，第一次在京城、在历代皇帝祭地的圣地一展雄风。随着铿锵激越、嘹亮浑厚的鼓声，在绣有“中国·兰州太平鼓”的大旗指挥下，跳、跃、翻、骑、闪、展、腾、挪，前蹦、后跳、左避、右闪，击鼓动作幅度大、力度强，在手、身、足的律动中，在摇、摆、晃的线条里，一招一式，举手投足，使首次见到太平鼓的数千名中外观众惊喜不已。

精彩的表演，巨大的反响，使亚运会组委会大型活动文展部，将原定的场次由 11 场增为 22 场，表演场地也由原定的四大公园增加为六大公园。从 9 月 24 日至 10 月 5 日，兰州太平鼓队先后在人民文化宫、地坛、龙潭湖、陶然亭、民族文化馆和大观园等地演出，表演 22 场，观众上百万人次。中外观众大饱了眼福，鼓队受到了广大群众、各界人士和有关领导的高度赞扬，被美国休斯敦芭蕾舞团的著名导演本·史蒂文森等一些世界艺术大师赞叹为“天下第一鼓”。

兰州太平鼓在亚运会艺术节的表演获得了成功，引起轰动效应之后，进而参加全国各种大型文化活动，都获得了最高奖项。1992 年由皋兰县石洞乡郭家坪村组织的 70 名农民太平鼓队参加了北京龙潭杯赛，获得了优胜奖第一名。是年 6 月，一支由 150 人组成的皋兰太平鼓民兵方队参加兰州军区“6·19”阅兵式，获最佳方队奖。8 月，皋兰县组织的 500 人太平鼓队参加首届中国丝绸之路节，获得最佳组织奖和最佳表演奖。9 月参加“第二届沈阳国际秧歌节”，获总分第一名。1999 年参加中华人民共和国成立 50 周年大庆天安门广场文艺表演，获得“五好表演队”“优秀组织奖”称号。

庆贺太平的太平鼓

因为含有庆贺太平之意，自古以来太平鼓就是广大群众喜爱的民间艺术。

中华人民共和国成立前，农民挣扎在饥饿贫穷的死亡线上，太平鼓的表演以本村、本族为主，由于门户之见，参与人甚少，束缚了其提高和发展。而且多在春节闹社火期间表演，形式单一，打法单调，阵法陈旧。苦中求乐的农民为此还常唱一曲自编的鼓歌："天上的星星唆罗罗稀，地下的穷人穿破衣，有钱汉把你的新年过，剩下的穷人闹社火。"为了祈求太平，盼望安康，太平鼓每年都要鼓动一番。中华人民共和国成立后，翻身农民用太平鼓抒发对新生活的渴望，表演时间也不只限于春节。

在十一届亚运会上，兰州太平鼓擂进北京后，至此引起了海内外的广泛关注和赞叹，形成了一个发展的小高潮。经过十多年的传播发展，现在，兰州太平鼓的流传范围是越来越广，也越来越受到群众的喜爱和欢迎。目前，在兰州、永登、酒泉、张掖、靖远等地都有太平鼓队，规模小的有三四十人，规模大的有上百人，一些大型的工矿企业也有专门的太平鼓队。兰州市还举行了首届中国·兰州太平鼓鼓王争霸赛。在兰州等地的一些大的庆典活动上，太平鼓表演都是整个活动的高潮。

太平盛世，兰州太平鼓那铿锵有力的鼓点，不仅显示了黄河之滨人民的英雄气魄，更体现出了广大群众对太平盛世的拥护和赞许，自然而然地成为人们表达情感的一种手段，一种娱乐的需求，一种精神的传承与升华，一种对美好生活的期望与祝福。兰州太平鼓，已成为兰州地方民间艺术的瑰宝。

（本文在采写过程中参考引用了《皋兰史话》一书中的部分内容，原载《甘肃经济日报·文化月刊》2008 年 6 月 28 日 A11 版）

临夏砖雕　奉土生花的民间艺术

临夏砖雕是发源于临夏县，广泛流传在临夏地区和周边一些地区的一种传统建筑装饰雕刻。在流传过程中，其广泛借鉴和吸收不同的雕刻艺术和绘画艺术，融合了不同民族的雕刻绘画等艺术特色，不断地推陈出新，形成了自己独特的艺术风格。2006 年被国务院公布为第一批国家级非物质文化遗产名录。在第 100 届广交会上，温家宝总理对临夏砖雕也是赞不绝口。在临夏，东公馆、蝴蝶楼、临夏红园等建筑上的砖雕艺术都是临夏地区民间艺人高超雕刻技艺的生动反映。经过上千年的流传，临夏砖雕已是临夏民间民俗文化中一块璀璨夺目的瑰宝。

吸引总理目光的临夏砖雕

温家宝总理的驻足关注让临夏砖雕在 2006 年的第 100 届广交会上大放异彩，受到客商的青睐。

在第 100 届广交会上，温家宝总理经过甘肃展位时，目光被临夏砖雕作品所吸引，连声说“砖雕，砖雕”。时任国务院副总理的吴仪接着说：“临夏砖雕历史很悠久，也很有名。”

说话间，温家宝俯身细看砖雕，发现砖雕上有一道细小的裂纹，便问“是空气原因造成的，还是运输过程造成的？”工作人员回答：“是运输过程造成的。”

据悉，温家宝只看了 6 个展位，首先观看的就是临夏砖雕，且看得非常仔细，表明温家宝对临夏砖雕很感兴趣，对临夏砖雕寄予了很大希望。当时，中央电视台、各大新闻媒体纷纷报道和转播了温家宝驻足观看临夏砖雕的画面，从而使临夏砖雕这一地域色彩浓厚的民间艺术走上前台，受到社会各界的关注。

温家宝和吴仪所观看的那幅砖雕作品——“博古架”，是临夏州著名砖雕艺人沈占伟先生的力作。沈占伟自幼喜爱砖雕艺术，刻苦钻研砖雕技艺，吸收前辈名家之所长，在传统中求变，变中求新，其砖雕作品手法简洁、凝练、主题含蓄，寓意深刻，题材广泛，已是临夏砖雕艺人中的佼佼者。

“用砖雕雕刻的‘博古架’除了临夏之外，全国其他地方都没有。”临夏砖雕工程技术研究中心主任、临夏州砖雕艺术协会副会长成小娇说，“博古架”是宋徽宗创造发明的，当时一般在官宦人家、寺院里，后来流传到了民间。

2006 年，可以说是临夏砖雕艺术发展的一个转折点。作为有着上千年历史的临夏砖雕，被国务院公布为第一批国家级非物质文化遗产名录，温家宝的关注更是让其名声大振，其发展势头也是如火如荼。

古老艺术年代确定还是个谜

直到今天，还没有出现确定临夏砖雕最初年代的依据。

对于临夏砖雕的历史渊源，由于没有具体的史籍文字记载可考，目前只能从其境内挖掘出土的金代大定十五年（1175 年）进义校尉王吉砖室墓中四周的砖雕饰物来看，至迟在金宋两代，临夏砖雕技艺无论在表现题材上还是在雕刻技法上已达到相当的完美和成熟。

在临夏，还有这样的说法：在秦汉的时候，就已经有砖雕了，是木雕技艺在雕刻材料上的延伸和拓展，秦时在临夏设置枹罕县，属陇西郡。县城遗址位于今临夏县城以东 5 公里处。还有一种说法临夏砖雕来源于汉代的画像砖。

但不论怎样，到宋代，临夏砖雕艺术已经相当成熟，当时砖雕却是身份与地位的象征。到元明时代，精美的砖雕已广泛使用于各种建筑之中。明清两代是临夏砖雕的兴盛时期，砖雕开始融入民间。建于明末清初的八坊清真北寺门前的“龙凤呈祥”影壁，是临夏现有砖雕的精品。影壁两边为“凤凰来仪”，中为“墨龙三显”。影壁上，浅浮雕墨龙，忽隐忽现，阴云漠漠之中，纳云吐雾，夹带雷声，有大雨骤至之感。

到了民国年间，临夏砖雕艺人辈出。东公馆和临夏红园的砖雕展示出了临夏砖雕艺人的精湛技艺。虽然砖雕的技艺令人赞不绝口，但由于工作条件艰苦，劳动强度大，砖雕艺人在当时地位低下，被人看不起，当时把砖雕艺人都称为“雕花草”的，而从事砖雕艺术的人员都是生活艰难的社会底层的。

新中国成立后，砖雕艺术一度受到冷落，沉寂，20 世纪 80 年代初再度复苏、弘扬，进入了振兴期。砖雕技艺作为古建筑装饰艺术，同木雕、彩绘等艺术在仿古建筑业界得到空前的发展。

如今临夏砖雕进入了全盛的时期。砖雕艺术人才辈出，砖雕作品如雨后春笋般地出现，在新建的寺院和富足人家的门庭影壁上，同时还出现了水泥雕等新形式。随着砖雕市场的不断开拓发展，在临夏，现在从事砖雕生产的专业人员在 2000 人左右，还不断有新人加入，以临夏县人为主。

东公馆的砖雕艺术

坐落在临夏市八坊三道桥东的东公馆，是临夏砖雕的荟萃之地。目前的砖雕艺术雕刻水平，还没有超过东公馆的，东公馆是临夏砖雕的一个标志。

东公馆原是国民党河西督办马步青的私人官邸。建于 20 世纪 30 年代末。在东公馆的照壁、廊檐、柱头等部位，装饰有大小不同的砖雕上百幅，其中独立成画的作品有《葡萄图》《牡丹图》《荷花图》《枫叶秋菊图》《芭蕉图》《竹月图》《松月图》等 10 多幅，其中最著名的是中心天庭正面影壁上的《江山图》，又名《山村小景》，由 24 块厚 7 厘米、宽 25 厘米的砖组成，共长 2.8 米，高 2 米，整个画面气势磅礴，意境深远，是难得的砖雕巨幅力作。

记者在东公馆过厅影壁上看到的《葡萄图》，图案上雕刻出的几枝葡萄牵绕于竹架之上，一串串沉甸甸的葡萄使之摇摇欲坠，为了防止葡萄滑落地面，雕刻技艺精湛的工匠还在图案上雕刻了一根细细的“麻绳”将其枝干绑在架上，这样一来，整个构图形象逼真生动，有着强烈的流线立体感，给人以强烈的视觉冲击效果。

东公馆的砖雕作品均出自著名临夏砖雕艺人绽成元之手。绽成元生于 1903 年，卒于 1980 年，回族，是临夏砖雕艺术“绽派”代表人物。他 19 岁拜砖雕大师马一努四为师，学砖雕技艺，并很快成名，被誉为“马门神匠”。曾在甘、青、宁各地承揽清真寺、拱北的建筑砖雕。其作品以细腻多姿、善于摄取生活瞬间为特点。“为东公馆雕刻砖雕，花费了 8 年的时间和心血。当时是父亲设计，我帮忙计算的。”已经 78 岁的砖雕传承人绽学仁说。当时年幼的绽学仁跟随父亲绽成元参与了东公馆的砖雕雕刻。绽学仁是临夏“绽派”代表人物的第二代传人。在临夏，有 80% 的砖雕雕刻者都是跟随绽学仁学习的。

与绽成元齐名的周声普是临夏砖雕艺术“周派”的代表人物。周声普，回族，出身于砖雕世家，到他已有五辈。周声普从小从父学艺，奔走四方。20 岁已闻名乡里。他承担过临夏 13 个清真寺和拱北的总体设计和砖雕的工艺制作。临夏的官邸公寓、大户庭院的砖雕多出自他的手笔。其足迹遍布甘肃、宁夏、青海各地。位于临夏市西郊的大拱北，寺内第一道门长廊坐东向西的影壁上，一幅直径为 1.4 米的《荷花图》上刻有周声普的落款，该图表现的是风叶露荷，摇曳多姿，惟妙惟肖，与整个影壁浑然为一体。周声普除了大拱北的雕刻作品外，修建红园时承接了红园的砖雕。红园里现存巨幅砖雕，都是周声普的代表作品。周声普的砖雕作品，不但继承了前人的砖雕技艺，还将书法、绘画与雕刻融为一体，形成了自己独特的风格。

特色鲜明价值巨大

临夏砖雕作为一种与建筑紧密结合的装饰艺术，主要广泛应用于寺庙、园林和民居建筑中，装饰部位有影壁、门楼、墀头、墙垣、脊饰和山花等处。

临夏砖雕体裁广泛，多以美好祝愿为内容，有苍松、翠柏、梅兰竹菊、奇草艳花；有松鹤、喜鹊、百鸟、松鼠、白鹿；更多的是仿木斗拱、雀替、檩椽以及卷草、花纹图案等。表现形式丰富多彩，有的气魄雄伟，有的素雅大方，画中有意，寓意很深，一幅画就有一个故事，具有很高的观赏价值和审美价值。“一幅葡萄图，在不同的地方就有不同的含义，既可以表示为根深蒂固，也可以表示为硕果累累，还可以表示为带子上朝、多子多福等。雕刻的牡丹用绳子束住，表示让富贵不要走掉，在牡丹前面刻一个石头，又表示为让富贵与石头一样永恒。有的图案还表示了原始的性崇拜。”成小娇说，临夏砖雕以穆斯林风格为主，主要雕刻花草树木，一般不要人物和动物。

事实上，临夏砖雕图案既有汉民族的艺术在里面，也有伊斯兰装饰艺术在里面，所表现出来的是民族文化的大融合。

经历上千年的发展，临夏砖雕将质朴与柔媚、强烈与恬淡、简洁与繁杂、夸张与写实、粗犷与细腻、雅拙与成熟、神秘与直白、诙谐与庄重等有机组合与方寸之间，并达到一种完美的和谐与统一。

记者在采访中了解到，临夏砖雕从制作工艺上讲，有捏活和刻活之分。捏活，先是把精心调和、配制而成的黏土泥巴，用手和模具捏成各种造型，而后入窑焙烧而成。这种作品大多独立成形，如龙、凤、麒麟等，多用于屋脊之上，俗称“脊兽”。刻活，即在精选烧好的青砖上用刻刀刻制成各种图案，其工艺要比捏活复杂得多，一个图案往往由十几块甚至几十块青砖拼接在一起，刻雕在土窑绵砖上用刀雕刻，建筑物中的墙饰、台阶等多用此法。刻雕的工艺包括打磨、构图、雕刻、细磨、过水、编号、拼接安装、修饰等八道程序，制作工具有折尺、锯子、刨子、铲、錾、刻刀等。

临夏砖雕的雕刻材料以传统制作的土窑绵砖为主。其原料为白黏土，将其晒碾碎、过筛、和泥、打胚后入窑焙烧。成品规格随砖雕制品大小又分多种。“砖雕对炼泥要求相当高，一般是生土挖出来风吹日晒两年时间，还要把牛拉上踏泥。土里面不能有沙子，有沙子就刻不动了。没有优质的砖就没有优质的砖雕，泥炼得好，砖烧出来的硬度与骨头一样。”绽学仁说，为了增加砖的硬度，还要加 20%~30% 的红土。但不能加得太多，太多了，砖太硬就会刻不动的。

从雕刻技法上来说，临夏砖雕，雕刻技法主要有阴线刻、凹面线刻、凸面线刻、浅浮雕、高浮雕、镂空式透雕等种类。一幅砖雕往往由三四层图案构成，重重叠叠，里呼外应，浑然一体，有极强的立体感。许多砖雕作品都是把高明的构思、精湛的雕工，把生动的画面和传神的意趣，淋漓尽致地再现在几块青砖之上，令人叫绝。

在发展过程中，临夏砖雕除了吸收木雕、石雕、玉雕等雕刻艺术的手法之外，还注重将传统国画、书法、印章、诗文的艺术表达形式与砖雕手法融会贯通起来，形成多元性的艺术特征。“有些作品中的构图还有波斯艺术的影子，有的还有江南的特色，说明其在发展过程中是兼容并蓄、博采众长而发展起来的地方特色艺术。”成小娇说。

砖雕艺术有待发扬

因为砖雕的画龙点睛，建筑才呈现出千姿百态。

随着时代的发展，临夏砖雕艺术也在不断地创新发展。体现了鲜明的时代特色。随着建筑材料种类的增多，砖雕的应用也在不断地发展，临夏的一些专业制作公司把砖雕的雕刻技艺用于了水泥上，由此延伸出了水泥雕，并取得专利发明，有力地促进了砖雕艺术的发展。

然而，让人遗憾的是目前缺少的是对砖雕艺术文化内涵的挖掘和研究，砖雕在某种程度上来说，仅仅只是一件商品，而不是一件艺术品。砖雕艺人存在着断层的现象。与其他艺术进入博物馆相比，砖雕面向的是市场，如何深入挖掘其文化内涵，展开对其开展学术上的研究，培养砖雕艺人，做强做大砖雕产业，在继承中创新发展砖雕已是一个亟须解决的问题。

如今，在临夏，砖雕已成为当地的一大产业，有着良好的发展前景和潜力。临夏县政府正积极争取，准备建设“临夏砖雕博物馆”，扶持生产砖雕的龙头企业发展，准备召开专门的研讨会，从各个方面推动砖雕产业的发展。

（本文在采写过程中参考了《民间艺术的奇葩——河州砖雕》一文，原载《甘肃经济日报·文化月刊》2009 年 1 月 28 日 A2 版）

陇原印记

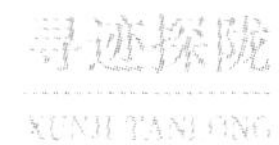

天马行空 耀武扬威

家喻户晓的国家顶级国宝铜奔马是中华民族的精神标识和中国旅游文化的重要象征。今年春节期间，热播的央视大型文博探索节目《国家宝藏 2》圆满收官，经过投票评选，以铜奔马为代表的 9 件国宝入驻《国家宝藏》特展。

这是自去年 12 月，中国旅游徽标交接仪式在“马踏飞燕”出土地甘肃武威举办后，与铜奔马有关的又一个引起各界关注的盛事。近期，随着《“马踏飞燕”，为何从不拍正面照？》一篇文章在网上刷屏，铜奔马又成了社会关注的热点。

铜奔马是 1969 年武威雷台出土的东汉时期的青铜器，高 34.5 厘米，长 45 厘米，重 7.15 公斤，三足腾空，右后足轻轻踏在一只飞鸟背上，表现了翅展飞鸟受惊回首的一瞬。铜奔马属于国家一级文物，1983 年被确定为我国旅游标志，是丝绸之路精神的象征，曾多次作为中国优秀文物的代表出国参展，因其设计构思巧妙新颖，艺术造型精致优美，铸造工艺卓越精湛，拥有“马踏飞燕”“天马”“马超龙雀”等美称，得到了高度赞誉。

“武威有雷台，天马出凉州。”武威雷台因铜奔马而闻名遐迩。近年来，依托铜奔马这一招牌，武威市大力推进文化旅游名市建设，随着武威雷台景区文化旅游综合体项目的开工建设，武威正把文化旅游资源优势转化为经济优势和竞争优势，让文化旅游产业成为当地绿色崛起发展的一大产业。

中国人最喜爱的一匹马

在中国，铜奔马是家喻户晓的顶级国宝，是甘肃省博物馆的镇馆之宝。

这匹人尽皆知的铜奔马，出土地武威雷台位于武威城区北关中路，占地面积12.4万平方米，距今已有1700多年的历史。

史料记载，雷台为前凉（301—375年）国王张茂所筑。《资治通鉴》中也记载：雷台为东晋元帝大兴四年（321年）始筑“周轮80余堵，基高9仞”。现雷台保存基本完好，长106米、宽60米、高8.5米。台上有明清时期的古建筑群10座，其建筑雄伟，规模宏大。

1969年，当地村民在挖防空洞时，在雷台下发现了一个墓室，经文物专家考证，这是一处东汉晚期（186—219年）的大型砖石墓葬，墓道长19.34米，墓室分前、中、后三室及左右耳室，出土有金、银、铜、铁、玉、骨、石、陶器等文物231件，出土文物中最突出的是铸造精致的99件铜车马仪仗俑，在这中间，艺术价值最高的是铜奔马。

作为我国东汉时期的青铜器，铜奔马通过受惊后鸟加速飞驰与马全速奔腾的对比，衬托出奔马远远超过飞鸟的奔驰速度，又巧借飞鸟的躯体以及展开的双翅，扩大了着地面积，稳定了重心，完全符合力学平衡的原理，给人一种动中有稳、静却似飞、一跃千里的感觉。而从正面看，这匹马的正脸高度还原了急速奔跑中的马形象，表情有点扭曲，充分展示了马奔驰起来的雄壮姿态。

在这匹马的胸前，还刻有“冀张君骑一匹，牵马奴一人”的文字。专家经过考证认为，马的主人应该是冀县（今甘肃天水）人。马肯定与墓主相关，或许是以死者生前坐骑为原型，或者专为死者定制的“天马”。原文中记载的“牵马奴一人”，由此可以推断出，与这匹马相配套的，还有一个人俑。

这匹姿态飘逸、风驰电掣的顶级国宝，展示了我国古代劳动人民立足现实、追求浪漫的审美情怀，体现了汉代能工巧匠精湛的青铜铸造技艺和汉代人勇武豪迈的气概、昂扬向上的精神面貌，反映了汉王朝的强大与富足。

由于铜奔马技艺双绝，1971年9月，著名史学家郭沫若先生在甘肃省博物馆参观时，赞叹不已。郭沫若的评价是，“天马行空，独往独来，就是拿到世界上去，都是一流的艺术珍品”。为此，他挥毫写下了“四海盛赞铜奔马，人人争夸金缕衣”的诗句。

1973年2月，在郭沫若、王治秋、夏鼐等同志的积极推荐下，被命名为“马踏飞燕”的铜奔马首次出国展览。先后在法国、英国、日本、罗马尼亚、奥地利、南斯拉夫、瑞典、墨西哥、加拿大、荷兰、比利时、美国等14个国家和地区展出，引起了巨大轰动。海内外人士纷纷发表文章，说“马踏飞燕”是“无价之宝”，称其为“中国的‘维纳斯女神’”，是“古典艺术作品的最高峰”，为中国人赢得了“天才的中国”的美誉。铜奔马也成为中国人最喜爱的一匹马。

臧克家的评价是，这只铜奔马是条神龙，以世界为场所，飞奔绝尘，引人注目，博得喝彩，它是中国灿烂文化的精品，它是优美的艺术杰作，它是中国人民的光荣，它为社会主义社会大放异彩。

值得一提的是，“马踏飞燕”还成功进入小学《语文》课本，让孩子们从小就了解这一国宝级的文物。1983年，“铜奔马”的形象被正式确定为我国的旅游标志，1996年被评定为国宝级文物，2002年1月被列入《首批禁止出国（境）展览文物目录》。

铜奔马命名争议

作为我国古代青铜艺术珍品，铜奔马的命名从20世纪80年代以来，便引起了学术界的研究，备受关注。前后有“马踏飞燕”“马超龙雀”“马踏飞隼”“飞马奔雀”“飞燕骝”“马神——天驷”等众多说法。

有关资料显示，1983年9月4日《光明日报》发表题为《兰大敦煌学研究室青年教师牛龙菲认为十年前出土的“铜奔马”应该正名为“天马”》的文章；10月25日，《旅游报》以《天马被定为中国旅游图形标志》为题，刊载了国家旅游局一份通知文件内容，正式公布铜奔马作为中国旅游图形标志；随后，12月5日，《人民日报》第二版刊载了记者李肇芬的一篇文章《“马超龙雀”被定为我国旅游图形标志》，至此，“天马”“马超龙雀”等名称逐渐进入公众视野，并引发了诸多专家学者的讨论。

最早，学术界一直称其为铜奔马，这一称谓是比较直观明了的，但有专家认为，称谓没有反映其精妙所在——马后蹄下所踏的飞鸟。如果仅以“奔马”命名，不足以表现这一国宝级艺术品的全貌。

“马踏飞燕”最早由原甘肃省文化局文物科科长王毅同志命名，并因郭沫若同志的认可而得到广泛使用，以表明奔马正在作凌空掠过燕背的飞驰状。学术界也有人提出了不同看法，认为这个铜马俑所踏的飞鸟，从造型看不像是燕子，而是龙雀，因此提出，应该命名为“马踏龙雀”或“马超龙雀”，但这一说法并没有得到学术界的广泛认同。

国内，还有学者提出了“飞燕骝”这个名字。无论从构词方式之严谨，还是切意之准确，无一不符合汉代的特点，认为这一命名比较贴切。

对于这匹马的命名，还有“天马”一说。这一说法是，龙雀是风神，即飞廉，这种神鸟，岂能是奔马所踏之物？东汉张衡的《东京赋》中有“铜雀蟠蜿，天马半汉”之句，是称皇宫内龙雀、天马两件对应的铜制陈列品。就此认为，这具铜马俑就是“天马”。而在《汉书·礼乐志》中《西极天马之歌》也曾记载，“天马”足踩浮云，身可腾空飞驰，奔马踏着飞燕，正是遨游空中的“天马”形象。

除此之外，还有“马神——天驷”一说。“天驷”指的是天上二十八星宿之东方苍龙七宿中的第四位星，名“房”，即“天驷”，亦称“马祖神”。秦汉以前，人们都尊崇“天驷”为“马神”。自商周以来，征战中都少不了骏马，因而就产生了对马祖神的崇拜与祭祀。“天驷”者犹言驷马行空，以足踏飞燕来说明“天驷”和象征其所处的空间位置。

面对众说纷纭的命名和争议，甘肃省政府新闻办举办的2018年“文化和自然遗产日”新闻发布会上，甘肃省文物局负责人的答复是：“文物部门及有关领域的专家一直坚持使用‘铜奔马’这一名称，我们认为是科学、准确和规范的。1996年，国家文物局文物鉴定确认小组在确认一级藏品时对此名也没有任何异议，因此我们提倡统一使用‘铜奔马’名称。”

甘肃省文物局认为，根据国家对于铜器类文物定名的统一标准，有铭文的以铭文为主，无铭文的以其制作特点、出土地点，或以纹饰为主，将这件文物命名为“铜奔马”，既涵盖了器物的质地、形制，又同时突出了其风驰电掣般飞奔的形态特征，是符合国家关于历史文物定名标准的。

时至今日，对铜奔马而言，命名只是一个学术问题，通过对其不断地探索和研究，有利于进一步深入挖掘揭示其文物价值内涵。

铜奔马背后的马文化

铜奔马备受社会各界关注、喜爱的背后，是强大的马文化，是其所具有的蓬勃的生命力，象征着中国人对力量的敬仰和对勇气的崇拜。

马是六畜之首，是中国古代社会的重要交通工具、军事装备和农业生产力。在丝绸之路沿线，遍布着许多马背上的民族，他们的生产生活与马息息相关，这些影响直到今天依然存在。

汉武帝时，张骞出使西域，引进了良马及苜蓿等，也将我国的丝织、炼铁等技艺传到了中亚，从此开创了“丝绸之路”，沟通了东西方经济文化的交流。这一时期，良马和苜蓿的引进，促进了中原地区和河西走廊农牧业的发展。

我国古代，有许多对从西域引进良马和苜蓿的诗词。其中有名的有汉武帝写的《天马歌》：“天马来兮从西极，经万里兮归有德。承灵威兮降外国，涉流沙兮四夷服。”王维写的“苜蓿随天马，葡萄逐汉臣。当令外国惧，不敢觅和亲。”杜甫写的“闻说真龙种，仍残老骕骦”等。

史料记载，汉武帝曾三次派人到西域求乌孙马，在汉代，马被广泛地用于交通驿站、长城防御、军事行动、民族和亲等方面。在开拓疆域，通西域，设河西四郡上，马发挥了独特的作用。汉代，政府给马立“口籍”，马在各种场合被神化和歌颂。汉代社会盛行车马明器随葬，视马为财富的象征。汉代，“车马出行仪仗队”和“出行图”在墓葬壁画和画像石、画像砖上是常见题材。

公元前 121 年，霍去病成功击败匈奴，汉武帝为了彰显大汉军队的“武功军威”，特地设立武威郡，武威因此得名。在武威，与马有关的元素是非常多的，铜奔马则是其中最有代表性的。闻名于世的西夏碑碑座四面均采用高浮雕技法表现了双狮舞绣球、缠枝莲花、带翅飞奔的天马、麒麟造型四副不同主题的画面。西夏碑碑座上的天马马尾高扬，马腹浑圆，背部长出两翼，图案呈现出了天马行空的意境。

在河西走廊，距离武威不远处，就有千年悠久历史的山丹马场，这是马文化最鲜活的见证。山丹马场是当前世界最大和历史最悠久的马场。公元前 121 年由西汉骠骑将军霍去病始创，距今 2130 多年。山丹马场面积 2195 平方公里，在苏联顿河马场解体后，山丹马场占据了世界第一的位置。

“在天莫如龙，在地莫如马。”从古到今，马不仅为社会大众喜闻乐见，而且还融入图腾龙的造型之中，成为中华民族的精神象征。

助推旅游发展的驱动力

铜奔马扬名四海，与其作为中国旅游标志有着莫大的关系。

1983 年 10 月，铜奔马被当时的国家旅游局确定为中国旅游标志，直接原因是在美国展出时，铜奔马跃上巨幅海报成为文物展宣传的标志图形，评选中国旅游标志时，在数以千计的珍贵文物中，它一举夺魁。

据悉，当时选用铜奔马作为中国旅游业的图形标志，含义有三：一是天马行空，逸兴腾飞，无所羁缚，象征前程似锦的中国旅游业；二是马是古今旅游的重要工具，是奋进的象征，旅游者可在中国尽兴旅游；三是铜奔马是青铜制品，象征着中国数千年光辉灿烂的文化历史，显示文明古国的伟大形象，吸引全世界的旅游者。

自铜奔马被确定为中国旅游标志以来，伴随着改革开放，中国旅游事业如天马行空、蹄疾步稳，为经济社会发展作出了不可替代的重要贡献。铜奔马也从顶级国宝成为家喻户晓的中华民族精神标识和中国旅游文化的重要象征。

1995 年以来，原国家旅游局向获得“中国优秀旅游城市”称号的城市都授予了以“马踏飞燕”为主图案的铜制奖杯。该奖杯底座是铭牌基座，上部为长城烽火台和镀金浮雕地球，铸铜“马踏飞燕”四部分重叠组合而成。其寓意为中华大地旅游资源丰富，各具特色，旅游业的发展犹如万里长城源远流长。凡是获得“中国优秀旅游城市”称号的城市，都可以看到按比例放大后的“马踏飞燕”铜制奖杯的马踏飞燕雕塑。

2018 年 12 月，经文化和旅游部同意，原国家旅游局办公大楼上悬挂的具有历史纪念意义的三面中国旅游标志铜奔马徽标和原中国国家旅游局徽标移交甘肃省，永久安置在铜奔马出土地——武威雷台，进一步提升武威雷台的文化内涵。

现在，铜奔马出土地武威雷台汉墓是全国重点文物保护单位，2018 年入围“神奇西北 100 景”，是国家 AAAA 级旅游景区，省级爱国主义教育基地，甘肃省“游客最满意的旅游景区”、甘肃省十二大王牌景区（点）、甘肃省 2013“十佳旅游景区”，景区现有全国重点文物保护单位雷台汉墓和省级文物保护单位雷台观，主要景点有汉式大门、音乐喷泉、汉代风格大型浮雕、四神图腾柱、整体放大 6 倍的 99 件铜车马仪仗俑阵列、汉墓、雷台观、汉文化展览馆、凉州词陈列馆等。

步入武威雷台景区，首先映入眼帘的是高高在上的铜奔马雕塑。进入里面，有被放大 6 倍的 99 件铜车马仪仗俑。头马的造型非常奇特，一只飞翔的马，单脚踏在一只小小的飞燕上。

为推进甘肃和武威旅游产业发展，去年 10 月，武威雷台文化旅游综合体项目开始建设，这也是我省第一单落地的文化旅游综合体 PPP 项目。这一项目将借助“马踏飞燕”驰名品牌，依托雷台丰厚的历史人文资源，利用公航旅的企业品牌，通过发掘汉历史文化、天马文化，提升改造雷台汉墓遗址公园及周边文旅设施，建设辐射汉风文化旅游、艺术创意体验的特色旅游综合体，打造集遗址保护、历史教育、旅游休闲、文创基地等配套公共服务设施于一体的综合型 5A 级城市中央文化观光景区，创建中国旅游标志之都主题景区公园，进而提升武威市和甘肃省文化旅游产业的品质。

作为中国旅游标志铜奔马的出土地，武威旅游产业进入了加速发展的阶段，正全力打响“天马行空自在武威”的旅游品牌，促进文化与旅游深度融合，努力把文化旅游资源优势转化为经济优势和竞争优势，让文化旅游产业真正成为武威绿色崛起发展的大产业。

（本文原载《甘肃经济日报》2019 年 3 月 26 日 8 版）

完颜村 金王朝皇室后裔的聚居地

用完颜命名的村，给人第一印象便是和历史上的金国有关。尽管兴起于东北白山黑水，叱咤风云辉煌一时的金王朝早已消失在了历史的烟云中，但在数千里之外的甘肃泾川泾河北岸，却有着一个 800 多年定居历史的完颜氏聚居村落，掩映着金王朝一段悲壮的历史。这里是金兀术长子完颜亨和金末帝完颜承麟的埋葬地，村子里居住的都是世代以完颜为姓的守陵人后代。这一特殊的身份，使得完颜村的守陵人后代在传承祖辈传统文化中声名在外。

守陵人的村落

坟墓是一个人最终的栖息地。在中国人的传统伦理思想中，坟墓事关忠孝，是人们寻根问祖、慎终追远的地方。守护这个人生最终栖息地的除了后世子孙之外，还有被称为守墓人的职业守护者，他们或是墓主人的族人，或是与墓主人有着千丝万缕关系的部属。

在甘肃泾川县，泾河北岸的王村镇完颜村居住的就是以完颜为姓的守陵人的后代。

完颜是满族、锡伯族最古老的姓氏之一，亦是部落名，来源于先秦肃慎汪谷截氏。凡姓完颜者，皆来自古老的完颜部，或为金朝皇族或赐姓家族。金王朝自完颜阿骨打在东北建立到金末帝完颜承麟灭国共存在 120 年。

泾河是渭河一级支流，也是黄河第一大支流渭河的第一大支流，即黄河二级支流。泾河是泾川古文化的摇篮，也是一条著名的河流，文学作品唐传奇《柳毅传书》和魏徵梦斩泾河龙王的故事就发生在这里。

泾河之水从泾川潺潺而过，河道两畔沟壑纵横，山包峁岭起伏连绵，完颜村就坐落在泾河北岸绿树掩映的山包之间。

一条山沟小溪将村庄分为东、西二沟，沟称“完颜沟”，沟壑中间坐落着“完颜小学”“完颜家族世代宗祠堂”“三圣宫”等建筑。沟内小溪清澈见底，沿着小溪追根溯源，不多时便可见一口山泉顺着山石缓缓流出。这就是金朝皇族后裔聚居地的完颜村，800 多年来守护着韩王完颜亨和金末帝完颜承麟的陵墓。两座陵墓的背后则是一段金王朝金戈铁马悲壮的历史。

完颜亨和完颜承麟

金朝，是中国历史上由女真族建立的封建王朝。公元 1123 年，金太祖病逝，其弟金太宗完颜晟继位，军事政治势力逐渐强盛，战略军事目标向北、向南转移，企图一统天下。

公元 1126 年，北宋靖康元年，以四太子金兀术为首的金兵攻入北宋京城汴梁，俘获了宋徽宗和宋钦宗，北宋灭亡。在征战中原的过程中，金兀术长子完颜亨随父征战多年，战功赫赫，被封为芮王。完颜亨德才兼备，性格耿直，被海陵王完颜亮视为大展宏图的心腹大患。完颜亮是女真族改革派完颜宗干的二儿子，是完颜阿骨打之孙。

据说，海陵王完颜亮曾赐良弓于亨，完颜亨当众称：“所赐弓，弱不可用！”还有一次，完颜亨与海陵王完颜亮“吉鞠”时竟忘乎所以，大显神威，使海陵王完颜亮当众出丑。

据《金史》记载，公元 1149 年，金兀术死后，海陵王完颜亮弑金熙宗篡位。其在位十二年，虽然为人残暴狂傲，淫恶不堪，杀人无数，但也励精图治，鼓励农业，整顿吏政，厉行革新，完善财制，并大力推广汉化，迁都燕京，极度加强中央集权，成就《续降制书》，进一步巩固奠定了金王朝本身的华夏正统性和在北方的统治。海陵王生前也是一位很有成就的大文学家，时赞："一吟一咏，冠绝当时"，论之诗词雄浑遒劲，气象恢宏高古，其不欲为人下的英武豪迈之势，已跃然纸上。

海陵王完颜亮篡位后，为保皇位，听信谗言，密杀"性耿直、才勇过人"的完颜亨，同时变本加厉迫害完颜亨妻子家人。其亲友近臣为了躲避迫害，便护送亨灵柩密迁至金兀术旧部营地，也是亨的王妃徒单氏家族统治下的安定郡，即今平凉泾川，将其葬于泾川完颜村。

公元 1161 年，海陵王完颜亮自辽东征调大批女真南下侵宋。从征的女真猛安（猛安，是女真人创建的一种社会组织，脱胎于原始氏族制下的集体狩猎组织）完颜福寿率万余人于中途叛乱，逃回东京（今辽阳），杀死东京副留守高存福，拥立留守的完颜雍继帝位（皇帝出巡或亲征时指定亲王或大臣留守京城，便宜行事，称"留守"），完颜雍是阿骨打的孙子，其父完颜宗辅是阿骨打的第五子。完颜亮在南下侵宋瓜州渡江作战时死于完颜元宜等人手中。完颜雍即位后下诏书废黜海陵王，复完颜亨芮王官位，并追封为韩王，同时下诏重葬亨及妻子。自此，完颜亨族人守陵定居于泾川。

公元 1234 年，金朝中都被蒙古军攻占，金哀宗完颜守绪由汴梁（河南开封）逃至蔡州（河南汝南），宋蒙联军攻入蔡州，金哀宗见蔡州不守，当夜传位给完颜承麟。次日，蔡州失陷，金哀宗自缢。危急关头，完颜承麟还不忘给退位的皇帝加封谥号，称完颜守绪为"哀宗"，并焚烧了他的尸体，率一小股金兵退守内城，最终惨死在南宋军和蒙古军的刀矛之下，金随之灭亡。完颜承麟从继位到被杀，仅当了一天的皇帝，后世称为金末帝。

当时，完颜承麟的臣子们护送着承麟遗体逃出蔡州城，一路西行，到达安定（泾川），见此处景色异常，加上已有完颜亨"芮王坟"和定居多年的同族守陵人，遂将末帝遗体安葬于泾河与汭河交汇处的"簸箕掌"，便定居于泾川。

事实上，在泾川定居的完颜族人有两批：一批是芮王的守陵人，多居于"芮王坟"附近的完颜村和完颜洼；第二批是护送金末帝完颜承麟遗体至此的臣子，居于城关"营门"街、纸坊湾、水泉寺一带。后来，两支守陵人在泾川繁衍生息，学汉族农耕技术与生存之道，并与当地汉族通婚，完成了从军到民、从守陵人到普通老百姓的转化。

作为金王朝的皇室和皇帝，完颜亨和完颜承麟一个被害，一个战死，为何都能葬在千里之外的甘肃泾川呢？据有关史料记载，当时金朝北有蒙古、西夏虎视眈眈，南与南宋仍有战争，唯独安定郡较为安定，并且这里还是金兀术父子旧部和完颜亨的母亲、妻子徒单氏部属地，此外，完颜承裔（完颜承麟之兄）统治平凉几十年，部属在此还有一定势力，所以此地无疑成了绝好去处。

2003 年，完颜族人将完颜承麟之墓迁回了完颜村，并按照祖孙关系葬于完颜亨墓之后。这样，相隔 80 多年，生前未曾谋面的祖孙二人，在去世 800 多年后却戏剧性地葬在了一处。

没有碑文的“芮王坟”

沿着完颜东沟一条陡峭的山路爬上山顶，展现在眼前的是泾河流域最宽阔、最平坦的一片坪地，坪地正北并肩矗立着九座形如馒头的小山包，称为九顶梅花山。据说，此处是完颜女真族西迁的落脚之地。山脚下就是完颜亨的陵墓“芮王坪”旧址。

在泾川，完颜亨的坟墓被称为“芮王坟”，并留下了很多和完颜亨有关的地名，如芮王嘴、芮王坪等。由于完颜亨后来被追封为韩王，因此，当地人也把“芮王坟”称为韩王墓。

据了解，20 世纪 40 年代，“芮王坟”规模还很宏伟，残垣断壁间石碑、石柱、石兽随处可见，让人疑惑的是，这些石碑上没有任何文字记载。

据有关史料分析，当年完颜亨虽被追封官位，但对内，朝廷内部仍然争权夺利；对外，和蒙古、西夏的战争连绵不断。在元灭金后，对女真人又实行“唯完颜一族不赦”的政策，这支守陵的女真人是败兵之将，皇室后裔，唯有采取极其隐匿的方式来守护。因而，碑子上面没有记录任何文字，长期以来，当地人习惯了把“芮王坟”称为“碑子坟”。

“芮王坟”向西一百米处是座“温家坟”，墓冢高大，墓地四角有石雕拴马桩、两尊石碑及石人石兽。据说这就是金朝大臣完颜承晖之皇娘娘——温氏娘娘墓。“芮王坟”向东一百米处有座“阊家坟”，每逢年节，上坟者络绎不绝。这两座坟墓的后人居住在泾川县水泉寺村。这一古墓的传说也与完颜家族供奉的祖先遗像影画完颜承晖旁边标注的“亲臣：温氏、阊氏”的字样如出一辙。

名副其实的“完颜部落”

金灭亡后，当时女真人一部分东归黑龙江，形成后来满族主体部分。一部分留居关内，多改名换姓，但保留着自己的民族特性。据史料记载，全国范围内，原金朝时的完颜氏随后更改为其他姓氏，生前为王、汪、李、赵等，死后才冠以完颜氏。

清代光绪年间的《泾川乡土志》记载：“泾州完颜氏，为女真后裔。完颜承麟为元所灭，其后裔遁于安定，遂为泾川土著。完颜氏以武功著称于州县。”清朝，泾川县城以泾河为界，泾河川南北为两大里（即24里），当时封完颜东沟世袭的乡土完颜治春为乡约，分管泾河川北一带地域，相当于现今的5个乡镇。

如今的完颜村人，多是当时守陵人的后裔，已是全国关内现存最大的完颜后裔聚居地。1976年，在完颜家族聚居的完颜洼出土目前发现的金朝唯一的官制金印，这是完颜家人在金亡时舍身保存下来的一件珍贵文物。

时至今日，完颜村人依旧保留着一些独特的传统习俗和信仰。每年农历三月十五是完颜族人公开祭祖的日子。在三天的祭祖活动中，完颜族人向世人展现了自己隐秘的传统。祭祀活动的内容有祭天、祭地、放仙鹤、放神马、祭黄绳、跑花城等。祭黄绳是完颜村最著名的祭祀仪式之一。祭祀开始以前，由村民将一根1000多米长的黄色绳子从山包上连到山下的完颜祠堂附近，然后将纸制的马、仙鹤和神鹰从山顶沿绳子一放而下。黄绳，是“皇神”的谐音，祭黄绳取的就是祭祀皇神，即祖先之意。这是完颜村人在隐姓埋名的时代形成的独具特色的祭祖形式，同时也体现了完颜村人萨满教的内涵。

完颜村人的图腾是海东青，他们把马、狗和喜鹊视若神灵，崇敬有加；他们恪守外姓人不准进完颜祠堂，同姓同族不通婚，不听不看与岳飞有关的戏曲、电影，不与岳姓通婚的习俗；他们性格率直，崇文尚武；当代人喜欢简化名字，为方便称呼，名取二字者多简化为完姓，名取一字者都保留了完颜姓。他们好酒，喝酒必划拳，划拳喜好本民族的“老疙瘩”拳，“老疙瘩”为满语，意为小兄弟。老疙瘩拳是营造饮酒气氛的一种猜拳游戏。完颜氏人划拳多以唱来对答。每当喜庆之时，两人或者多人盘腿席地而坐，斟几杯酒，大家共同高唱富有欢乐情调的酒歌，如“扬燕麦”“小放牛”等。

现在，完颜村依托自身的民俗文化和完颜承麟墓、芮王墓、完颜宗祠、完颜古井、皇甫圣母庙及明代韩王墓等文化遗址发展起了乡村旅游业。这几年，完颜村以创新发展新模式，打造乡村旅游景区，推动完颜村建设从“旅游点”向“旅游村”、“形态美”向“发展美”、“一时美”向“持久美”、“外表美”向“内在美”转变，大力推进美丽乡村建设。

2017年，通过招商引资2000万元，在完颜村西沟组实施完颜美丽乡村及乡村旅游建设项目，全力打造完颜民俗文化展区、休闲垂钓、商业综合、自然观光区为一体的民俗文化旅游基地，今后将会有更多的游客了解完颜村独特的民俗文化。

（本文原载《甘肃经济日报》2020年3月3日8版）

大云寺 千年之后的盛世蕃昌

隐世千年之后，佛祖舍利盛世再现。半个世纪里，泾川三次出土舍利，向世人展示了泾川佛教文化的久远和遗存的丰富。

学术界、宗教界、考古界一致认为，泾川能在同一地方三次出土舍利，这在全国绝无仅有，在世界上也是非常少见。

正因如此，泾川被誉为“华夏佛宝圣地”“世界佛舍利供养中心”，是仅次于敦煌的佛教艺术宝库，构成了“西有敦煌莫高窟，东有泾川大云寺”的佛教文化格局。

依托丰厚的佛教文化遗存，现在泾川县正大力实施国家 4A 级旅游景区大云寺—王母宫大景区建设，大云寺必将重现千年前的隋唐风采。大云寺—王母宫景区已被甘肃省列为全省 20 个大景区之一。以此为契机，泾川县按照全域旅游发展理念，通过打造“一心两核多结点”景观布局，强势带动全县旅游产业发展迈入新阶段。

岁月尘封的考古发现

半个世纪前甘肃省平凉市泾川县的一次意外发现，轰动了国内考古界，揭开了尘封已久的历史，让千年国宝重现盛世。

1964 年，泾川县城关公社水泉寺大队农民在整地时发现了唐塔地宫，并立即报告县文化馆。在县文化馆领导的指派下，兰州大学历史系毕业生、泾川县文化馆文博专干张映文参与了这一国宝级文物的出土清理工作，他写的报告中描写了出土时的情景：“地宫有门，门拱是石质半圆形的，正面线刻祥云围绕宝器，两飞天临空翱翔。门拱由两根四棱形石柱支撑在石门槛上。柱的正面和内侧面线刻护法神。地宫内存放有一具半米见方的石函，函盖是覆斗形，刻有‘大周泾州大云寺舍利之函总一十四粒’16 字。函身四周均刻有铭文。函内盛有四寸见方的铜匣，样子很像石函，匣上有锁，钥匙由一条细金练系在匣上，尚可开启。铜匣内是一具长方体银椁，比匣略小，盖为瓦形，周围还有一周低矮的小栏杆，椁身两侧各有一对并列的小环。匣、椁的表面都是细工雕刻的素文缠身忍冬花，银椁内才是金棺。金棺的样子与银椁相同，比椁稍小，周身是金页贴成的莲花图案，花中镶有各色宝石，正中与侧面均嵌有较大的白色珍珠。金棺内盛一很小的球形细颈琉璃瓶，内含白色晶体 14 粒，即佛祖‘舍利子’。”

泾川古称泾州，居丝绸古道要冲，为华夏文明腹地，自古以来是西出长安通往西域的第一重镇，是佛教传入中国最早的地区和佛教文化中心之一。仁寿元年（601 年），隋文帝下诏，在全国 30 个州建舍利塔。于是，泾州大兴国寺兴建，当时有 14 枚佛祖舍利由高僧送往泾州，在大兴国寺兴建舍利塔和地宫，置函、供养。

公元 690 年，武则天登基称帝。敕令诸州兴建大云寺，珍藏《大云经》。珍藏《大云经》是因为在男尊女卑的时代，武则天称帝受到各方面的反对和阻挠。基于此，武则天对以女性经变故事为主题的《大云经》很是崇敬，将其颁行天下，并总遣千名僧人，到各地讲解《大云经》。当时，作为长安门户的泾州大云寺的兴建就选在了隋朝大兴国寺遗址，在建塔立寺动工之际，发现了隋代供养的佛祖舍利。

武则天敕建大云寺恰与佛祖舍利相遇，被认为是大吉大利的兆头。于是，请金银器制作大师，选宝石珍珠，做成铜、银、金棺椁，以琉璃瓶盛装 14 粒佛祖舍利，配以石函，镌刻清楚朝代地点数量，于公元 694 年重新放入地宫，建塔供奉。

明洪武三年（1370 年），泾河暴发洪水，泾州古城及唐代修建的大云寺毁于洪水之中。至此，14 粒佛祖舍利随着地宫塔基埋没于荒野之中。

此后，直到 1964 年，泾川县城关公社水泉寺大队农民的发现，让这 14 粒佛祖舍利重新现世。当时由于历史原因，这一消息并没有公开。

为保护这个世所罕见的国宝级文物，在当时的条件下，省委决定将其收入甘肃省博物馆保管。大云寺佛祖舍利和金银棺椁的发现，是我国佛教考古界的一件盛事，也作为当年我国考古重大事件之一，载入了《中国大百科全书·考古学》一书。

《甘肃文物工作五十年》一书称，泾川大云寺舍利塔基反映了唐代在舍利安放制度上的划时代变革。大云寺佛舍利的文化价值在于最早将中国传统的棺椁葬制纳入佛教，开创了用棺椁瘗埋舍利的先河，是佛教汉化的重要标志之一。

舍利石函贵在石函

1971 年 9 月，郭沫若先生在兰州鉴定了泾川金银棺、佛舍利等珍宝，认定这是国宝级文物，要求按国宝级规格进行严格保护。

当时，郭沫若指示："舍利石函、贵在石函。"这是因为，石函上的铭文道清了这一国宝的出处和时间。

大云寺出土的石函是灰色大理石制成，顶部刻有"大周泾州大云寺舍利之函总十四粒"字样，函身四周刻有孟诜撰写的铭文。铭文计 89 行，1000 余字。但长期以来，《石函铭》并没有引起重视，研究不够。铭文的出现为研究孟诜的生平增添了新的重要史料。

2004 年冬，兰州大学教授、博导杜斗城先生对此《石函铭》作了进一步考察，考订出两唐书中记载的孟诜与《泾州大云寺舍利石函铭并序》的作者及敦煌本《食疗本草》作者为同一人。

孟诜，汝州人，进士及第，唐代著名医学家，著有《食疗本草》等专著。学者胡吉祥在撰写的《孟诜与泾川大云寺》一文中分析认为，孟诜之所以被邀撰写铭文，大致有三个原因：一是社会地位较高。孟诜进士及第后任长乐县尉，显庆二年(657 年)升任河南府司马，后调长安任职，武则天垂拱初年(685 年)升至凤阁舍人。两年后，降职外放台州(今浙江省台州市)司马，不久又迁任春官侍郎(礼部副职)。其写作水平之高也是显而易见的。

二是交游广泛，且多为当时社会名流。《旧唐书·方伎传·孙思邈传》载，孙思邈致仕后，“当时知名之士宋令文、孟诜、卢照邻等执师资之礼以事焉”。

三是孟诜对大云寺供奉佛祖舍利的情况有所了解。铭文第十一行“维那出法言于司马孟诜”等文说明孟诜曾经到过泾州大云寺。鉴于孟诜政治地位高、社会影响大、写作能力强，且对大云寺供奉舍利情况熟悉，受邀作铭文就是顺理成章的事情了。

胡吉祥在撰写的《孟诜与泾川大云寺》一文中还指出铭文透露出的历史信息：一是记载了孟诜当时的官职和年龄。铭文第一、二行记载“泾州大云寺舍利石函铭并序，朝散大夫行司马平昌孟诜撰”。这准确无误地说明，铭文为孟诜撰写，其官职为朝散大夫行司马。纵观孟诜平生经历，就在他迁任春官侍郎被太子召为侍读这个时期应邀写了这篇铭文，从铭文第四十九、五十行记载看，写于大周延载元年(694 年)，时年 73 岁。二是记载了古塔遗存舍利的情况，证实了隋文帝分舍利于泾州的历史。三是铭文中恭维武则天的句子，见证了武则天以周代唐、敕建大云寺的历史。四是铭文中有“妙善”一词，证明当时就盛传妙善故事。

让人遗憾的是，受当时的历史条件限制，半个世纪以来，大云寺出土的佛舍利只出现在考古界和学术界的一些文章记载里，并没有走进大众视野。直到 2004 年 10 月 20 日，《甘肃日报》高级编辑许维发表了长篇通讯《拂去岁月的尘封》，详细报道了 40 年前泾川出土的唐代大云寺舍利石函和金银棺椁的发现，以及 40 年来的保护研究现状。这段被岁月尘封的历史才真正浮现出来。

同闻名海内外的陕西扶风法门寺佛舍利相比，泾川大云寺遗址发现的佛舍利比法门寺整整早发现了 23 年。

2004 年，大云寺佛舍利套函参加国家文物局主办的 3 至 8 世纪中国艺术和中外文化交流展览“走向盛唐展”，在纽约大都会博物馆等各地展出达半年之久，轰动世界。

2005 年 4 月 26 日至 6 月 15 日，在北京“中国的文明——世纪国宝展Ⅱ”展览会上，泾川大云寺佛舍利首次在国内公开展示，每人参观限时 30 秒。

至此，泾川大云寺的佛舍利才广为世人所知。

一地三次出土舍利

一个地方能三次出土舍利，这在全国绝无仅有，在世界上也是非常少见的。这个地方就是泾川的大云寺遗址。

1964 年 10 月，在泾州大云寺遗址发现的隋代大兴国寺、唐代大云寺供养佛祖舍利地宫出土了 14 枚佛祖舍利、金棺银椁、鎏金铜匣、石函石门。

1969 年，泾川县修建泾河大桥时，在桥北端西侧城关公社水泉寺大队的耕地内，发现了“北周天和二年慧明造舍利石函”文物一套，套函由石函、大铜函、小铜函、琉璃瓶组成，琉璃瓶内有舍利数十粒。经专家考证，这是北周比丘慧明舍利石函，铭文纪年为北周天和二年（567 年），比大云寺塔基早 123 年，比隋文帝分舍利早 34 年。2005 年 3 月 19 日，泾川当地人在修建良种苗木繁育基地时，在出土了比丘慧明瘗埋舍利石函的原址，又出土了 1.8 米高的北周早期石雕佛像一尊。

2012 年 12 月 31 日，泾川县城关镇水泉寺村民在唐代大云寺遗址东侧抢修道路时意外发现了一个沉睡千年的佛教造像窖藏坑两处。在约 4 平方米的区域内，佛头、佛身、基座等，密集摆放，共出土了北魏、西魏、北周、隋、唐、宋等各个时期的石造像以及少量陶造像、泥塑造像、经幢等各类单体造像和造像碑（塔）等两百余件（组），出土造像多残损，造像题材有立佛、立菩萨、弟子、天王、二佛并坐、维摩文殊等，大型立佛像高度多在 1.4 米至 1.7 米之间，小型造像高度多在 0.2 米至 0.5 米之间。而且，大多数造像有彩绘，颜色以红、绿、白三色为主。更有真金贴面的佛头造像，通体贴金的小佛像。这些造像雕刻刀法精细，造型优美，艺术价值极高。这对研究北魏至隋唐佛像风格的发展变化有重要意义。

2013 年 1 月，又在佛像窖藏旁发现宋代龙兴寺地宫，地宫砖刻裸露的可辨识文字有“维大宋大中祥符六……”等内容。通过碑文可知，这座地宫遗址是宋大中祥符年间龙兴寺地宫遗址，距今已有一千余年，地宫遗址里出土了一具长 0.45 米的陶棺，陶棺里面还有一个木匣。根据陶棺东侧出土的铭文砖记载，木匣中存有两千余颗舍利。由此，被认为是“古丝绸之路上的重大考古发现”。

从铭文中的“宋大中祥符六年（1013 年），龙兴寺曼殊院僧人云江、智明同收诸佛舍利二千余粒并佛牙佛骨，于本院文殊殿内葬之”可知，" 大中祥符六年 " 应是这批造像的埋藏时间。这一发现进一步丰富了大云寺佛教文化内涵。

泾川大云寺遗址三次出土舍利的背后，是甘肃在中国佛教发展史上占据非常重要地位的具体体现。

有史料记载，甘肃的武威、天水等地的佛教传入时间要比一般认为佛教传入内地的时间早 300 多年。自汉朝以后，甘肃成为中西文化交流的必经之地，东来西往的高僧在甘肃传播佛教，佛教文化与中国传统文化相互交融，然后又向内地传播。南北朝到唐宋时期，从甘肃的河西走廊到陇东地区，佛教石窟和寺庙大量建造，镶嵌在“丝绸之路”甘肃黄金段的每一个节点上，真正展示了当时甘肃境内佛教文化的辉煌。这也正是造就泾川大云寺光辉岁月的根源所在。

佛宝圣地繁华再现

半个世纪里能三次出土舍利，让泾川大云寺成了享誉海内外的佛舍利供养圣地。

据当地老人介绍，出土舍利的 1964 年是龙年，出土北朝、隋、唐佛像窖藏、疑似地宫又是龙年，太巧了。出土的宋代舍利地宫题记为“大宋大中祥符六年（1013 年）”，至 2013 年，整 1000 年，这中间不仅仅是时间上的巧合。

为了切实保护历史文化遗产，弘扬中华优秀传统文化，加快旅游产业开发步伐，重现大云寺遗产昔日的盛况和风采，泾川县按照“政府引导、多元投资、分期实施、分步推进”的思路，严格按照“修旧如旧”的原则，规划分三期推进大云寺建设。

按照规划，泾川大云寺博物馆总占地 364 亩，分为中心区、服务区和景区广场三部分。中心区占地 60 亩，总建筑面积 11600 平方米，主要建设主展馆、舍利塔、附展厅、大门、钟楼、鼓楼、东西碑亭；服务区主要建设接待中心、管理中心、服务中心；景区广场主要建设迎宾广场、佛文化街、商业街、景区道路等。

2007 年 8 月，大云寺博物馆在古泾州大云寺原址开工建设。作为安放佛舍利的大云寺舍利塔建设采用钢结构，建筑面积 5489.34 平方米，建筑高度为 95 米，仿唐建筑，采用四角方塔的建筑形式，分为地上明七暗七共 14 层，地下 3 层地宫，实现了钢结构与古建筑的完美结合。

经过多年的建设，泾川县已在古泾州大云寺原址先后建成了中心区藏经楼、舍利塔、卧佛殿、大雄宝殿、天王殿、山门、钟楼、鼓楼、东西碑亭及接待、管理、服务三个中心和前区广场、影壁等主体工程，配套实施了内部装修、中心区安防及给排水、输配电、绿化亮化等附属工程。

2013 年农历五月十二日，借助佛舍利千年一现的重大历史机遇，泾川县成功举办了大云寺佛舍利安奉法会，大云寺正式对外开放。

自 2014 年以来，大云寺相继建成大雄宝殿、藏经楼、天王殿、山门等重点工程，形成了完整的寺院布局。

2015 年 8 月 28 日，甘肃省博物馆向平凉市泾川县移交的 4 粒馆藏佛祖舍利子被顺利安奉入泾川县大云寺地宫。这 4 粒佛祖舍利是 1964 年从泾川县出土的 14 粒佛祖舍利中的一部分。

如今，仿唐式建筑的大云寺博物馆，规模宏大，布局严整，举架平缓，出檐深远，用材硕大，色调古朴，庄重典雅。

近年来，依托大云寺博物馆，泾川县大力实施大云寺景区旅游基础设施建设，逐步完成大云广场、游客接待中心、游客服务中心、综合管理中心、旅游厕所、景区道路等配套项目建设，景区规模进一步扩大，景区配套服务设施日趋完善。目前，泾川正全力打造大云寺—王母宫大景区。

毋庸置疑，随着大云寺一王母宫大景区的全面建设，将进一步擦亮泾川县文化名片，促进文化旅游产业深度融合，全面提升旅游发展水平，让大云寺再现千年前的繁华景象，成为国内外游客向往的知名旅游目的地和佛舍利供养胜地。

（本文原载《甘肃经济日报》2018年10月25日4版）

灵台 沉寂在黄土塬上的商周文化

沟壑纵横，梁峁起伏的黄土地上，黍、稷、小麦恣意生长，让灵台在古代成为中华农耕文明和农耕技术的发祥地之一，成为中华文明的发祥地之一。黄帝后裔密须国，神州祭天第一台灵台，西周的重要封邑密国，“三女丧国”……不管是一个个久远的历史故事，还是吟唱数千年的《诗经》，还是出土的一尊尊精美绝伦的青铜器，在源远流长的历史长河中，因周文王伐密所筑“灵台”为县名的灵台县，处处蕴含着灿烂辉煌的商周文化，尘封着一段段金戈铁马的沧桑历史。

文王伐密

“周虽旧邦，其命维新。”《诗经·大雅·文王》中的这八个字，道出了周王朝韬光养晦，顺势而为，从弱变强，不断变革，问鼎天下的发展之路。

在周王朝壮大发展的过程中，发生在灵台的文王伐密无疑是一个重大的历史事件。《诗经·大雅·皇矣》这样描述了文王伐密事件：“密人不恭，敢距大邦，侵阮徂共。王赫斯怒，爰整其旅，以按徂旅。”

文王伐密所指的密须国故城位于灵台县百里镇境内，这里北依十字大塬，南为山丘，群峰叠翠，东西是宽广平坦的达溪河川，土地肥沃，适合农耕。密须故城位于达溪河和南川河交汇的西边三角台地内，台地西依吴山，坐西向东，广约千亩。东、西、南三川，易守易退，古为兵家必争之要地。

五千年前的黄土高原上，轩辕黄帝的后裔姞姓密须氏在泾水支流的达溪流域繁衍生息，商朝时期成为氏族方国——密须国。但密须国具体何时立国，现有的文献不足证明。大约在公元前 1500 年，密须国听命于商王，代表殷商号令周围虞、芮、卢、共、阮等方国或部落，成为部落方国的首领，还拥有商王授予的“密须之鼓”以及大路，是镇国重器，代表商王朝管理周围方国，镇守商朝的西北地区，势力很强大。鼓乃礼乐之器，且用于战争，指挥进退，是一种强权政治和权力的体现，大路则是密须君王豪华的马车。

这个时候作为泾渭流域方国的周也逐步壮大发展了起来。商朝为了征服周，先是文丁杀了周太王季历，一度引起了周人攻商。周文王姬昌时，韬光养晦，谦恭忍让，被商王殷纣囚禁于羑里，后采取联姻在内的一系列亲商政策，缓解了商王殷纣的猜忌，封爵为“西伯侯”，代周行使对泾渭流域的管辖，掌有斧钺征讨的特权。

两个相邻的方国，都拥有实力和野心，其争斗是不可避免的。随着自身实力的壮大，周文王姬昌也在为讨伐商王朝做准备。为了试探商王朝，壮大实力建立灭商联盟，解决讨伐商王朝后方巩固的问题，伐灭拥有野心和自己争夺主宰权的密须国成为周文王姬昌成就大业的首要选择。

在密须国侵夺周边小国阮的土地和人口，抢劫走共国送给周文王姬昌的贡品的事件发生后，周文王姬昌终于等来了攻伐密须国的机会。攻伐密须国之前，周文王姬昌与属下进行了慎重的讨论研究，统一了意见，在姜子牙等大臣的支持下，决定出兵伐密。

公元前 1057 年，周文王姬昌以援助弱小的国家、征伐不讲道义的国家为名，亲自率大军，联合共国和阮国的军队，一举灭掉了实力强大负隅顽抗的密须国。《吕氏春秋·用民》说，“密须之民，自缚其主，而与文王。”皇甫谧在《帝王世纪》中亦说，“密人自缚其君而归文王。”就是说，周人攻入密须国后，密须人倒戈归顺将君王捆绑给了周文王姬昌。

伐密中，周文王姬昌还获得了两件战利品，一是密须之鼓，一是大路，密须君王的马车。《左传昭公十五年》载：“密须之鼓与其大路，文所以大蒐也。”大蒐是当时天子举行田猎时检阅部众之礼，周文王姬昌将其二物用于大蒐之礼。

伐密成功之后，周文王姬昌建立稳固后方的战略意图实现了，把密须之地及其邻边广阔区域掌控在了自己手中。控制了密须国所在及其周边的地域意味着完全控制了泾渭流域，成为制约联络西戎诸部的枢纽和依托。

对西周来说，其发展和灭亡都和密须有着一定的关联。文王伐密后，为了保障西周王朝西北边境的安全，周武王十三年（前 1122 年）在原密须国的故地，分封同姓密国。公元前 945 年，密国国君密康公陪同周共王到泾水边巡游，有三个美丽的女子偷偷投奔了密康公，作了他的姬妾。

周共王离开密国后，密康公的母亲隗氏听说此事后，特意劝说密康公："你既然得到了三个漂亮的女子，就应当献给共王。俗话说，'三'是最大的数字，三只野兽就成了群，三个人就成众，三个漂亮的女子就灿烂无比了。共王外出打猎从不敢取'群'，生怕被人指责贪婪无度。三个漂亮女子连共王也受用不起，你有什么功勋，怎么敢独自享受？你这样不计后果，只怕亡国不远了。"

密康公最终没有听母亲的劝告。后来，"三女投奔"的事情被周共王知道了。共王非常恼怒，认为这是"藐视天子，违背周礼，图谋不轨"，于是灭了密国，史称"三女丧国"。

密国被灭亡，削弱了西周以西的边政和防务，打开了西周西边的门户，加速了西周王朝的败亡。共王之后，西周多种社会矛盾聚集和激化，周厉王时，发生了"国人"暴动，后来，虽然出现了周宣王中兴，但到周幽王继位后，又出现了"烽火戏诸侯"，犬戎由西向东攻入关中，周幽王被杀，西周灭亡了。

筑台祭天

为庆祝成功伐密，周文王姬昌在回西岐的路上，途经荆山之麓（今天灵台县城）时，决定打破只有天子才能祭天的规定，在这里修筑"灵台"，与民同乐，举行隆重的祭天仪式。

周文王姬昌选定了祭天的日期后，一方面用密须之鼓召集老百姓修筑"灵台"，一方面派使臣前往各诸侯国通知，邀请各诸侯国前来参加祭天活动。

在“灵台”修成之后，按照周文王姬昌的要求，各诸侯都从封国赶来“灵台”参加祭天活动，接受姬昌的领导。通过这次祭天活动，周文王姬昌宣布了自己的政治主张，知道了天下诸侯的人心向背，为自己在诸侯中树立了威信，号召诸侯参与自己将要进行的讨伐商朝的战争。

《诗经·大雅·灵台》篇写道：“经始灵台，经之营之。庶民攻之，不日成之。经始勿亟，庶民子来。王在灵囿，麀鹿攸伏。麀鹿濯濯，白鸟翯翯。王在灵沼，于牣鱼跃。虡业维枞，贲鼓维镛。于论鼓钟，于乐辟雍。于论鼓钟，于乐辟雍。鼍鼓逢逢。蒙瞍奏公。”这首诗写了周文王姬昌营造灵台和游赏奏乐的过程。

周文王祭天的“灵台”是我国历史上最早的“灵台”，距今有3000多年的历史，被誉为神州祭天第一台，这也是灵台县名的由来之处。大明《一统志》记载：“隋析灵台县，取文王伐密作灵台义。”隋大业元年，炀帝析鹑觚县置灵台县，作为地名距今已有一千四百多年的历史了。

文王伐密的“灵台”故址在现在的“灵台”上院内，为土筑高台。据1935年《重修灵台县志·灵台专集》记载：文王所筑“灵台”，位于县城南关，面河而背山，全身土筑，苍桑兴衰，仅余废址，高约两丈，底宽一丈五尺，顶方仅容一席，台上旧植柏树一棵，于清光绪二十七年天旱枯死。民国十七年（1928年），县南城塌陷，无土夯筑，加之驻军占地修营房，当局计掘“灵台”故址，遂被铲平，台下掘出周之祭器数件，惜尽遗失。近三千年的历史故址就这样被毁了。

1933年，国民党陇东绥靖司令，中央陆军新编第五师师长、灵台上良人杨渠统（字子恒）倡导，灵台县县长张东野征发民工组织重修“灵台”。民国的“灵台”台基用土、板夯筑，周身用青砖包裹，白灰抹缝，与周文王初建之“灵台”尺寸相符。两侧辟台阶迂回通顶，外加砖砌扶栏。台之顶建立八卦亭，内供文王神像。亭顶中间是屋脊形状，屋脊的中央有一小塔，塔顶插有高约七尺的柱状铁质的装饰物。整个亭子呈正方形，南面为正门，北面有拱洞相通。整个建筑结构严谨，造诣精湛，斗拱飞檐，台亭玲珑，别致美观，宏伟壮丽。

1934年底“灵台”竣工，当时林森、孙科、于右任、傅作义、杨虎城、李宗仁、水梓等国民政府要员和地方名士题词，使名人墨宝与古台相映生辉。民国时期的“灵台”在文革初期被拆毁。

现在的“灵台”系1985年在原处复修的，以灵台民间建筑特色与唐宋古建筑艺术风格相结合，又借鉴了南北朝纪念建筑的格式，以宫厅、楼台、庙殿融于一体的构架，通高36米，基围96米，上供文王塑像，两边墙壁上绘有大型壁画，再现了当年周文王讨伐密须国的壮阔场面。在两侧建有碑廊，内镶民国时期原碑石及当代有关领导、名人题词碑200余方。台体有三个层次，底层是围着栏杆的白色台基和画栋雕窗、绿色琉璃瓦接檐的楼厅；中层是橘黄色挺拔笔直的四层楼体，楼体高处雕有“灵台”两个繁体鎏金大字；顶层依照原灵台式样是黄瓦红柱、斗拱飞檐的亭阁，中层楼体内两侧设计盘转曲折的室内楼梯，既可从台体起沿梯登临至上，也可从上院直接登上台顶。

时至今日，“灵台”已是人文历史演绎的象征，是灵台旅游文化的标志。

青铜王国

辉煌灿烂的商周文化让灵台成为以商周文化遗存为主体的“文物大县”，被甘肃省命名为“历史文化名城”，也被称为青铜王国。

20世纪60年代后期到70年代中期，甘肃省考古工作者在灵台县洞山、姚家河、白草坡、西岭、寺沟、郑家洼等地，清理、发掘了许多西周贵族墓葬，出土了潶伯、㬪伯、光父、乖叔、吕姜、并伯等一大批西周贵族的重要器物，出土文物数量达2000余件，青铜器有食器、酒器、兵器、车马器、饰件等，为研究灵台早期历史和西周社会提供了很重要的文物依据。

特别是灵台县西屯镇白草坡墓群，引起学术界广泛关注。1967年，白草坡村在东岭平田整地中挖出一批青铜器，此后经过考古发掘的白草坡西周墓共清理潶伯、㬪伯等中小墓葬9座及车马坑一座，出土的西周铜鬲鼎、西周潶伯铜卣、西周㬪伯铜卣、西周㬪伯铜方鼎等一批精美的青铜器和其他文物，不仅数量众多、种类繁盛，而且品位高雅、纹饰华美、铸作规整，有铭器物达20余件，属国家一级文物的就达27件之多。墓主潶伯、㬪伯，是周初被封于该地负责守卫王畿的军事贵族。

1972年以后，灵台县相继在洞山出土46公斤重的甘肃最大西周青铜鼎，郑家洼出土西周早期“光作父戊”铜鼎，姚家河出土了“乖叔作”铜鼎，吊街西岭出土了“吕姜作殷”铜簋，寺沟和红崖沟出土了西周中期回首夔纹铜鼎，新集崖湾出土了“并伯作宝尊彝”铜甗等西周青铜器。

鼎为中国古代饮食器。早在7000多年前就出现了陶制的鼎。铜鼎则是商周时期最为重要的礼器，行使统治权力、祭祀天神、先祖的礼器和祭器，是神权、王权的代表物，也被视为立国的重器，政权的象征。《左传》有载：“桀有昏德，鼎迁于商；商纣暴虐，鼎迁于周。”西周时期，对墓葬用品规定严格，“天子九鼎，诸侯七鼎，大夫五鼎，元士三鼎或一鼎。”器物的尺寸也随身份不同而大小有别，鼎大多为三足圆形，但也有四足的方鼎。

灵台出土的西周文物和墓葬，上限是西周早期，下限约在西周中期晚段，即周共王时期。这些西周时期的墓葬和一大批西周文物的发现，揭示了周文化在灵台域内的深厚积淀和历史底蕴。这些均和周文王筑“灵台”是密不可分的。

现在，走进位于灵台县城荆山森林公园内的灵台县博物馆可以看到灵台出土的大量西周青铜文物，珍贵文物数量位居甘肃省基层博物馆前列，尤其以西周、秦汉青铜器比较著名。

在灵台旅游，参观灵台县博物馆成为游客了解当地灿烂的商周文化必去之地。

商周文化可以说是灵台现代文明的源头。时至今日，灵台的饮食中酸汤长面是周饮食文化的传承，灵台民间现行的葬礼“三献礼”堪称周礼葬仪的活化石。

（本文原载《甘肃经济日报》2019年9月3日8版）

华亭莲花台 寻奇探胜的祭天第一坛

夺天地之造化，显自然之神工。地处关山林海深处的华亭关山莲花台，群山巍峨，森林茂密，物种繁多，草原如画，湖泊澄澈……大自然的鬼斧神工在这里造就了一个个亘古与美丽融合的大美景观，留下了一个个不朽和神奇交相辉映的历史故事和传说。

这里揭开了秦始皇 2000 多年前西行祭天的千古之谜，传承着中华文明源远流长的祭祀文化，留下了多少文人墨客寻奇览胜的足迹。

“西岩地镇山川壮，祠祀天开礼秩崇。主检封泥连华岳，云车访道亚空同（崆峒）。”明朝“嘉靖八才子”之一的赵时春游览华亭莲花台后写下了这样的慨叹。

自然风光质朴优美，历史文化底蕴深厚。声名在外的华亭关山莲花台如今已是平凉市八大人文生态景区之一，是甘肃东部人文生态旅游重要潜力景区，更是国务院批准的国家级风景名胜区。

古老的文明遗产

“国之大事，在祀与戎”；“礼有五经，莫重于祭”。

从古到今，“敬天法祖”的信仰，让祭祀成为文明的核心价值理念之一。与国外其他文明的祭祀相比，中华文明的祭祀文化更突出天的理念，祭天即是祭地、祭人，期盼天、地、人能和谐共生。

祭祀作为华夏民族文化的重要载体之一，是最为古老的文明遗产，主要表达人们对于天地滋润、哺育万物的感恩之情，希望得到天地的庇佑。从古代的商周到当代，祭祀文化都是源远流长。中国古代祭祀有严格的等级，天神地只由天子祭，诸侯大夫祭山川，士庶只能祭祖先和灶神。

对此，我们可以从熟知的中国传统婚礼仪式中窥见一斑。“一拜天地，二拜高堂，夫妻对拜……”自古到今，无数男女通过这样的婚礼仪式开枝散叶，传承延续着一个又一个的家族。

家国一理，站在国家的层面来看，当一个地方成为祭祀之地时，注定了其中掩映着厚重的历史印记。华亭市关山莲花台就是一个因祭祀而具有厚重人文历史、备受学术界关注的地方。

莲花台距华亭市区 35 公里，景区范围 118.8 平方公里，自然景观以奇、险、峻、秀、妙为世人所称颂。

有关史料记载，黄帝曾祭天于莲花台。远古时期，华亭是西部两大氏族集团炎帝和黄帝共治的属地。黄帝曾在莲花台作下畤祭祀炎帝，炎帝神农氏是农耕的发明者。当时，黄帝的祭祀其实是对农神的祭祀，是对农业文明的祭祀。正是黄帝的祭祀掀开了莲花台祭天的开端。

史书记载，秦人先祖非子是周孝王的马官，因在汧渭间牧马有功（汧水由今华亭西南部五台山南麓发源），周孝王便将这块牧马地封给他，称“秦地”。这块封地大致的范围在今天的张家川回族自治县及清水县北部、华亭市西南部、庄浪县东南部和秦安县东部。

春秋时期，华亭成为秦人的居住地。有了封地的秦人，依托这一水草肥美的地方，励精图治，在秦襄公、秦文公、秦惠文王、秦昭襄王的带领下，逐渐发展强盛了起来，称雄诸侯，不断向东发展。日益强大的秦人认为，秦国的发展离不开上天的庇佑，于是，仿效黄帝祭祀炎帝的先例，将一度废掉的华亭莲花台“上下畤”恢复了起来，开始祭祀华夏始祖“炎黄二帝”，使“上下畤”成为我国西部第一座祭祀“炎黄二帝”的祭坛。

莲花台上下畤是秦灵公三年（前422年）年建立的。《史书·封禅书》载："秦灵公作吴承上畤，祭炎帝；作下畤，祭黄帝。"吴即吴山，今华亭市关山主峰五台山。吴阳即今五台山之阳的莲花台。

天造地设的"上下畤"

在关山莲花台，最富有特色的人文景观是上畤和下畤。

何为畤？畤是中国古代帝王专门用来祭祀天地和祖先的地方，指神到此止之意。既然是帝王祭祀天地和祖先的地方，那建畤的选址一定是非常讲究的。"当建在大山之下，小山之上，于泽之中园丘上。"用现在的话说，就是要建在四面高山环绕的高爽之丘，并且要溪环水润。

莲花台的上畤在关山南麓一个两边环抱如箕的山弯里，山湾右侧有一座陡壁石质孤峰兀立于深壑之中，秀峰陡插云天，看上去如刀削斧凿，上面立着两米多高的小石柱，一块重达数吨的石块神奇地偏躺在石柱顶端，石柱边有两棵挺拔的苍松，周边奇特的地形，在葱郁的苍松翠柏的簇拥下形似一朵莲花盛开，莲花台由此得名。

沿着陡峭的山路攀爬而上，只见远山葱茏，阵阵松涛耳边回响，潺潺溪流激荡谷底。放眼望去，让人心旷神怡，流连忘返。在左手边的山崖上，有着一座座相连的庙宇。这中间最有名的莫过于残存的"千佛洞"。洞内雕塑历经岁月的沧桑，已经残缺不全，四周的遗迹依旧可见残存的雕像。"千佛洞"的边上，还有一眼被当地人称为"神泉"的清澈的泉水，据说饮用后有祛病延寿的功效。

从这里转过一个山弯，沿着陡峭的石阶走下山梁，也有一个石柱，如一根挺拔雄伟的通天柱，高架在万丈悬崖之上，撑云托月，与其下方的八仙台一高一低构成"双塔竞秀"的奇观，这就是下畤。下畤北崖石窟中原有一多臂佛，原像为北魏孝文帝时期所造，宋、元、明、清各代几经伪造，现仅存残身。这里还有著名的"佛爷头""八仙台"等景观。继续前行还有众多的小石窟，以及仙人桥、藏虎崖等景观。

莲花台四面高耸的山峦形成一个凹地，潺潺溪水万丈悬崖下蜿蜒流去，正好将山包围在水中，完全符合古代帝王四周山高、中间山低，大泽之中的建畤条件。

秦皇祭天第一台

作为中国帝王的杰出代表，秦皇汉武亲自出巡祭祀上天，祈求福祉的行为在历史上产生了深远的影响。

当时，秦国建“五畤”，分别是鄜畤、密畤、上畤、下畤、畦畤。公元前220年，秦始皇统一中国的第二年，首先幸雍祀“五畤”以告谢五帝神灵，保佑他统一中国的大业。

《史记·始皇本纪》记载：秦始皇于二十七年巡逻陇西北地，出鸡头过回中。秦始皇这次西巡祭祀，是经北地西至陇山后，再沿陇山东麓下入朝那县（今宁夏隆德东南部及泾源全境，华亭市西南部），踏入历史上有名的“鸡头道”，进入古汧县境（今华亭市山寨乡红崖山），沿汭水到今马峡乡车场沟（古遗址），登陇山主峰“吴山”（今华亭五台山），翻山至西侧沿南麓下至莲花台“上下畤”祭祀炎黄二帝及其先祖的。

畤在秦汉时由奉常统管。奉常之下在雍地管理机构专设雍太宰、太祝令丞。上、下畤各有一武官负责畤的日常管理和安全事宜，而太宰负责畤内祭祀用的熟食，太祝负责主持祭典。

祭天文化是中国古代沿袭时间最长、发展变化最丰富、礼制最严、规模最大的宫廷祭祀。秦始皇祭天的规模之大、规格之高、阵势之威、影响之远是以前宫廷祭祀活动所无法比拟的，堪称宫殿祭祀活动第一。

秦始皇祭祀炎、黄二帝之举深入人心，影响深远。此后，汉高祖、汉武帝等帝王均仿效秦始皇在莲花台进行祭祀活动，祈求炎黄保佑当地风调雨顺，五谷丰登，民安国泰。

关山莲花台“上、下畤”作为秦始皇及其先祖的祭天之处，已是表征秦始皇及其祖先奋发图强、呕心沥血、开疆拓土、统一六国的实物象征以及秦始皇一统山河、宣扬威福的一种标志。

莲花台成帝王祭祀之地

当地著名学者王学礼经过考证撰文指出，关山莲花台的“上下畤”在西汉时，祭祀活动进入鼎盛时期。

当时，汉高祖刘邦认为，秦在雍所建的“五畤”只祠青、白、赤、黄四帝，且“上下畤”在一地，就称秦只有四畤，他在北郡又增建了个“北畤”，以祀所缺的黑帝。可北畤与原秦五畤相距甚远，无法连接祭祀活动，于是仍以秦的原“五畤”为祭祀地。

汉武帝把在“畤”举行的祭祀活动推向高峰。从元光三年（前 132 年）开始祭祀。元狩元年，汉武帝在祭祀活动中得了一个怪兽，改年号为“元狩”以示庆贺。从这年以后，改祭祀活动为一年一次。为了方便庞大的祭祀队伍的住行，于元封四年（前 107 年）在秦御道的基础上又扩修成了“回中道”，又在元封六年（前 105 年）修了“首山宫”，恢复了文帝十四年被匈奴烧掉的秦回中宫，以做行宫。

到西汉后期，一些朝臣提出，秦建畤时身份为诸侯，诸侯建的祭坛，天子是不适合去祭祀的。这样“畤”的祭祀活动才逐渐冷落下来。东汉因迁都，距“畤”途远，再加上连年的战争，“畤”的祭祀活动基本停止。

前秦苻坚及北魏孝文帝一度恢复过“畤”的祭祀。到了隋代祭祀虽然恢复，但帝王不亲临，并因为秦始皇个人的原因，祭祀地不用秦“畤”的名称，而恢复周以前的“吴山”。隋文帝在开皇十四年（594 年）、十六年（596 年）两次下诏“准西镇吴山造神庙”，“吴山取侧近巫一人主洒扫”。

唐王朝建立后，李渊不仅恢复祭祀，而且恢复了封禅。到武则天时期，达到了登峰造极的程度。唐玄宗于天宝五年（746 年）又封西镇吴山为“得成公”，并派大理少卿李稹代他去祭祀。安史之乱平息后，唐肃宗李亨未等回到长安就在凤翔行宫加封吴山为“吴岳”。

广德元年（763 年）吐蕃大肆入侵，战火延及陇山周围，使这一带变成了人烟稀少的战区，耕地荒芜，城、村成为废墟，“西镇吴山”的祭祀终止，从那时往后的史籍再也没有“吴山”及“畤”的记载。再加上元和初又将“吴山”作为山名东移到今宝鸡西境，造成“西镇吴山”和“上下畤”的失踪之谜。

根据历史典籍，经过王学礼等学者的考证，确定今关山的五台山即古“吴山”后，再从五台山的南面（即其阳）寻找“畤”的遗迹。在山南麓10公里左右处有一个今称“莲花台”的古遗址，在距这里5公里的一个山沟中，又发现了废墟中完整地隐藏着从唐到清末历时千年的多块石碑。

“莲花台”现存石碑21块，其中字迹清晰较完整的最早的为唐元和十二年（817年）石碑，其他多数为清康熙、雍正、乾隆之石碑。唐元和十二年石碑为宪宗李纯敕封碑，他封其山为“西陇名山之主山，群山要朝主山。主山居中为黄帝仙山”。这与《封禅书》“上畤”祀黄帝吻合。碑文又曰：“其山一山连二水”，与《朱诗》吴山出汧水吻合。从唐代碑文中证实了今华亭五台山即古吴山，今莲花台即古上、下畤。

梳理历史的脉络可以看出，华亭市关山莲花台始建于秦汉，兴盛于唐代，衰落于元朝，沉寂于明清。

国家级风景名胜区

源远流长的祭天文化让山清水秀、风景绮丽的华亭关山莲花台具有厚重的历史文化底蕴，已成为华亭县全力打造的旅游风景区。

莲花台在不同季节呈现出的是多姿多彩的变化。春天，这里山花烂漫，林海波动，置身其中让人感叹生机勃勃的自然百态。夏天，这里林荫如盖，蝶飞鸟鸣，是难得的避暑休闲胜地。深秋，这里又是层林尽染，移步换景，犹如一幅绝世的丹青画卷，让人流连忘返。隆冬，这里枯叶遍地，松柏苍翠，玉树琼花，一个奇特的冰雪世界款款而来。

1995年，关山莲花台被省政府批准为省级森林公园，以大自然原始景观为主，兼容道教人文景观的风景名胜区，有观赏保护区域118.8平方公里。区内峰峦竞秀、岩壑幽深、百鸟和鸣、风光秀丽，动植物资源丰富，有9个系列400多个品种，被称为黄土高原上叹为观止的“动物园”和“植物园”，西北地区不可多得的生物资源基因库。

2004 年，关山莲花台被批准为省级风景名胜区。华亭市从 2012 年 10 月启动了关山莲花台国家风景名胜区创建工作，编制完成了《关山莲花台风景名胜区总体规划纲要及近期建设项目详细规划》，在莲花台风景区二级和三级保护区范围内新建观景亭台、祭天广场、七雄驿站、凤凰谷、凤舞九天、百鸟朝凤等景观节点和游客中心等配套工程，建成了玄凤山景区和秦皇文化广场两个核心景区。

2014 年 12 月，莲花台被评为国家 4A 级旅游景区，2017 年 3 月被国务院批准为国家级风景名胜区，成为我省继崆峒山、麦积山、敦煌鸣沙山月牙泉风景名胜区后，第四家获此殊荣的旅游景区。

为发展旅游产业，华亭市全力推进体育与文化旅游的深度融合发展，以此来提升关山莲花台旅游景区的知名度和影响力。2019 年 4 月 28 日，第四届甘肃·华亭“关山大景区杯”山地自行车比赛在华亭市举办，吸引了来自全国 16 个省市的 350 名专业或非专业运动员参加了比赛。

近年来，华亭市委、市政府抢抓丝绸之路经济带和大景区建设的重大机遇，认真贯彻落实中央、省、市《关于促进文化旅游产业融合发展的意见》《关于加快旅游业改革发展实施意见》，牢固树立“大融合、大发展”理念，用文化包装旅游，用旅游承载文化，已成功举办了以“关山大景区”为主题的山地自行车、越野摩托车、休闲垂钓比赛等系列活动，使旅游与文化、体育相得益彰，各展风采，实现了体育与文化旅游的无缝对接和深度融合发展，正探索走出一条集观光、文化、运动、休闲、探险、养生等于一体的现代山地旅游发展新路，努力把关山莲花台风景名胜区打造成西北有影响的旅游休闲养生福地。

（本文原载《甘肃经济日报》2019 年 5 月 29 日 8 版）

平川　千年窑火　煅烧西部陶都

这里的土，躺着就叫土地，延伸就叫路；

这里的土，站着就叫山，奔走就叫风；

这里的土从瓷窑里出来，就叫作陶瓷了……

甘肃省作家协会副主席、著名诗人牛庆国这样描述平川最为古老的陶瓷产业。

“方方窨子滤澄泥，古语儿童莫坏坯；炼到极稠捶极熟，一归模范即佳瓷。”走进地处甘肃中部传承千年磁窑文化的西北陶瓷重镇平川，抓一把土就能感知它的厚重；捡一个陶片就能触摸感受千年前的气息；站在残存的窑址前，就能遥想当年烈火熊熊的制陶场景。

现在，平川这个拥有深厚历史文化积淀和丰富陶瓷艺术资源的热土，经过千年演绎的传统陶瓷产业，正搭乘着“一带一路”建设的大好机遇，焕发出新的活力。

黄土地上的远古艺术

陶器是人类在长期的生活实践中发明的，制作已有近万年的历史。人类自从开始制作陶器以来，各个方面都发生了深刻的变化，陶器这一“土与火”的艺术也不断丰富、成熟、推陈出新。

从现有的考古资料看，在中国，原始陶器开始于距今八千年左右。最早的彩陶发源地在黄河流域，甘肃东部大地湾一期文化，不仅在器形上比较规整，而且绘有简单的纹饰，是世界上较早出现的彩陶文化之一。

从距今 8000 年的大地湾文化开始，中间经过距今 5000 年的马家窑文化的辉煌之后，又有齐家、辛店、卡约、火烧沟等距今 3000 年的文化，在甘肃形成了一个彩陶大观园。

在这个大观园里，声名远播的当数马家窑彩陶——出土数量是世界之最，带来的远古信息也是世界之最。精美绝伦的马家窑彩陶，不管是从数量上、绚丽的纹饰上，还是在文化内涵上，都达到了世界彩陶文化的巅峰，反映了当时制陶业的专业化和水平之高。

远古时期制陶业的发展为甘肃陶瓷业的传承发展奠定了一定的基础。平川地处甘肃仰韶文化的马家窑文化核心地带，在平川黄茅沟发现的古先民陶窑遗迹，表明早在公元前 3000 多年，就开始烧制陶器。平川出土的齐家文化陶罐，印证了在距今 4000 年的时候，烧制陶器就已经不是简单的小范围生产了。

随着制陶技术的不断发展和提高，中国人发明了陶瓷。众所周知，英语“china”首字母大写就是“中国”，小写就是“瓷器”。在漫长的历史长河中，通过闻名于世的丝绸之路，中国的丝绸、陶瓷等物品走向了欧亚大陆及北非和东非。

有关史料记载，平川地处丝绸之路上中原文明和西域文明、陇山之西与祁连山之东的缓冲地带上，是这两种文明交会的地方，两种文明既滋养了平川陶瓷产业的烧制工艺，也提供了平川陶瓷东进西出的大市场。

与两种文明交融共存的，是一个个古遗址，平川地区的鹯阴城是秦灭六国、北击胡人，以黄河为边界建筑的四十四座临河县城之一，有“千里黄河第一县”之称。平川区已发现有鹯阴古渡口、鹯阴城遗址、黄湾汉墓群、老庄汉墓群、杨崖湾古城遗址，共和、黄峤、种田汉墓以及迭烈逊堡、陡城堡、柳州城遗址、水泉堡、打拉池堡、王进宝家族墓、明长城、烽火台等文化遗存。

在这些文化遗存中，出土的夹砂黑粗陶排水管，汉墓陶灶、陶瓷筒等陶制品，都是平川本地烧制的，其制作工艺达到较高水平。

一个个精美的陶器，展现的是一段尘封的历史，一段久远的文化，一个精湛的远古艺术品。这些陶器不仅是工业文明、农业文明的源头，更是文化艺术的起源与发展。

璀璨夺目的磁窑沟

久远的历史，让陶瓷已成为平川历史文化中一个绚丽的篇章，在这个绚丽的篇章中，最为引人瞩目的当属磁窑沟。

磁窑沟位于平川区宝积镇小川村境内，距离平川城区直线距离约 15 公里，地处北嶂山北麓，东头狭窄，西头渐宽，这里四周山脉均有优质陶土，红色的是富含铁的陶土，黄白色的是优质的高岭土，紫色的是紫砂土，更兼有丰富的煤炭和随处便有的泉水。煤炭、陶土和水资源，是陶瓷生产的三大要素。

走进群山环抱的磁窑沟，到处是一片荒芜，沿沟而上，随处可见古窑址的遗迹和四处散落的瓷器片。磁窑沟西起大水沟，东至黑石岘，面积约 15 平方公里的范围内，有着宋、元、明、清以至 20 世纪 80 年代的窑址 100 余座，成为让人叹为观止的露天博物馆。

分布在山头上的窑址，窑口较小，窑炉和烟囱都是直接在土层中挖成的，是元代的窑址；分布在半山腰的则是明朝时期的窑址，沿着沟沿分布，绵延近四公里。在磁窑沟里，最深的地方是黑石岘遗存，从出土的瓷器判断，粗犷、简练的黑陶，展现的是西夏民族的狂野，这里是磁窑沟内历史最为悠久的磁窑遗存。

专家考证，磁窑沟里当时生产废弃的陶瓷碎片堆积而成的堆积带，最下层是宋瓷，上面是元瓷，最上面是明清时期的瓷器。近期出土的景祐元宝，直接是对唐宋“会州瓷”历史地位的直接肯定。同时，也证明磁窑沟最迟在北宋早期已开始掘崖成窑。

熟谙平川文化，曾是平川西征胜利纪念馆馆长的张克诚在他的有关论述文章里写道：“陶工们日益积累的智慧和永不停息的探索，他们通过数百年的反复实践，在这时探索出了在平地建造陶窑和烟囱的办法，突破了宋代窑工只能在山坡高处建造半地坑式陶窑，元代陶工只能掏山建窑的困扰，使陶窑从高坡走向平地，窑体大小不再受山坡制约，可以建造出更高的烟囱，更大的陶窑，烧制需要更高温度的陶瓷品种，生产出更多的陶瓷产品。”

磁窑沟里，宋代主要采用套烧方式，在大型器具里套装小型器具，器物的足底和腹底都有明显的沙圈，釉色以黑釉为主，还有青釉。元代生产工艺和技术改进，窑炉的温度提高了，促生出了高温釉瓷器。明朝是磁窑陶瓷器物制作技艺的高潮期，器形大气稳重，釉色品类增多，质地细密坚固，纹饰绘画自然娴熟。而明代的器物一般以红釉为贵为美。传说，明朝为火命，崇尚红色，红釉瓷器广为流传。明代中期，磁窑开始烧制青花瓷，清代日渐成熟。清中期后，磁窑成功烧制出了五彩瓷器和粉彩瓷器。

明朝是磁窑沟的鼎盛时期，产能较大，交易繁荣，烧制的器物也多样化，有杯、花瓶、盏、碟等艺术品。张克诚在文章中写道：“明代磁窑沟里最具革命性的大事，就是‘街’和‘市’的分设，若以有元代窑址的山头为界，则北侧为‘街’，南侧为‘市’，破天荒般有了专业的陶瓷交易市场，而且‘市’的建筑规格远远高于‘街’的建设规格。”

通过遗址中的“街”和“市”分设等信息，专家推断，那时的磁窑沟，是一个由官方统一管理、生产民用陶瓷的区域中心。

当然，这一地区当时的繁华，与明朝移民屯边政策的实施有着莫大的关联。正是移民屯边，让平川区及其周边境内人口大幅增长，使得这里从事陶瓷业的人越来越多，陶瓷产业更是名扬西北，传有吉林、云南、江苏、安徽、河北、青海、山东、河南、四川、陕西等十八省人来此谋生。

清代到民国时期，磁窑沟的生产能力有所下降，主要以坛、缸、罐、盆、瓶、碗和碟为主，陶瓷生产日益生活化。通过不断地发展整合，逐步形成了任氏、张氏、徐氏和薛氏为主的四大陶瓷世家，这种生产持续到 20 世纪 80 年代。

千年发展中，磁窑沟没有武威窑的皇家官窑气派，也没有安口窑那样跻身全国六大陶土生产基地的辉煌，更没有身为西夏最靠近都城的窑址而成为皇家陶器供应地的重要角色，但这里依旧璀璨夺目。

磁窑沟炉火千年不熄，是陇原陶瓷工业的鼻祖和重镇。千年来，制陶工艺的不断成熟和交通条件的改善，让磁窑沟的瓷器走向了宁夏、青海、新疆、内蒙古等省区，成了名副其实的西部陶都。

直到今天，磁窑沟遗址仍然可以烧陶。在 20 世纪 80 年代，随着窑厂的搬迁，这里繁华落尽，寂寥如初。

辉煌一时的陶瓷厂

在历史久远、盛极一时的磁窑沟里，还诞生了名噪一时的靖远陶瓷厂。

靖远陶瓷厂的前身是 20 世纪 50 年代至 60 年代成立壮大的靖远磁窑陶器厂。解放初期，磁窑沟依然是窑厂林立，热闹非凡。1952 年，靖远县政府派工作组到磁窑帮助成立互助组。

1956 年，磁窑沟成立了“靖远磁窑陶瓷生产合作社”，私人的瓷窑都集中归入合作社统一生产、统一销售，所有的工人一律实行计件工资。以手工作坊为代表的民间陶瓷烧制，逐步退出磁窑沟历史舞台。

1958 年，磁窑陶瓷生产合作社改名为“靖远磁窑陶瓷厂”，实现了由集体企业转为地方国营的全民所有制企业。磁窑成立陶瓷厂后，逐步从纯手工畜力向半机械化过渡，并改造旧式直烟窑，新建了倒烟窑，从只生产黑釉到逐步试生产白釉产品，生产量和工艺进一步提升。后来，又新建了隧道窑，大大提高了产品质量，使磁窑沟的陶瓷产业迈上了一个新台阶。

1972 年，靖远磁窑陶瓷厂迁出磁窑沟，在刀楞山下新建厂房，厂名由靖远磁窑陶瓷厂改为靖远陶瓷厂。新建的陶瓷厂，把罐形窑改建为隧道窑、隔烟窑。陶瓷生产从运输、原料加工、制坯、烘干到上釉、装烧，大部分实现了工艺流程的机械化，陶瓷产业发展步入了一个新时代。

在 20 世纪 80 年代以前，平川区还是靖远县的一部分。1985 年，白银市成立，平川从靖远县划出设区，平川区成为以煤炭、电力、陶瓷等产业为主的工业区，陶瓷产业迎来了新的发展机遇。

到 20 世纪 90 年代，靖远陶瓷厂发展成为西北地区最大的陶瓷生产企业，产品发展到建筑陶瓷、卫生陶瓷、日用陶瓷、耐用材料、包装纸箱、陶瓷熔块等六大系列 100 多个品种，产品销往四川、宁夏、吉林等 18 个省、自治区、直辖市，鼎盛时期有 8 个分厂，3000 多名职工，总资产达 1.5 亿元。

当时，陶瓷企业生产的“格威”牌产品畅销西北五省区，设计生产的汉马镂金酒具、茶具、文具荣获全国旅游纪念品、内销工艺品优秀设计奖，反弹琵琶茶具荣获甘肃轻工产品百花奖设计二等奖。其中，仿古彩陶出口日本、东南亚等地。

世界级民间艺术大师阮文辉曾在平川陶瓷企业体验生活，设计的铁锈红陶瓷葫芦艺术价值极高。平川区内的陶瓷产业长足发展，陶瓷市场空前活跃，享有“西北陶瓷工业城”的美誉。

此后，由于市场竞争激烈、经营不善等种种原因，到 21 世纪初，靖远陶瓷厂日渐没落。2005 年，靖远陶瓷厂改制成白银陇烨陶瓷有限公司，进入了创新扩张发展的新时期，通过抓技术创新，开发出纯手工绘画、高档礼品瓷、数码陶瓷、文化刻瓷、仿古彩陶五大类高档文化艺术瓷系列产品，特别研发的陇瓷窑变釉系列高档艺术陶瓷填补了甘肃空白。

坚守传承的陶瓷世家

精美的瓷器离不开陶艺工匠的精心制作。平川陶瓷产业发展中，涌现出了一批杰出的坚守传承的工匠大师级人物。

在磁窑沟陶瓷世家里，目前有张氏家族在坚守传承这一产业。张氏家族明朝初年来到平川，到清代同治年间，张氏的祖上以全手匠人和善于经营闻名于当地，家族开始兴盛并世代从事制陶业，至今已传承六代，历时约 150 年。

作为平川区陶艺传承人的张克华，是家族中的杰出代表。1943 年出生的张克华，10 岁时就在磁窑沟自家窑里干一些搅轮、晒坯等力所能及的活儿，并开始跟着师傅学习烧制陶瓷。他从最简单的装坯开始学起，到满窑，封窑门，烧窑，到观火测温，止火冷却，十三四岁时张克华便成为一名全手艺陶瓷工人。

1961 年，张克华一家下放到靖远县东升乡柴新村务农，一干就是近 20 年。

1980 年，改革开放后，张克华带领家人义无反顾地回到了磁窑沟，重燃窑火，由于技术过硬，他的窑里生产的产品得到了市场的认可。当时，磁窑沟只有他一家瓷窑生产陶瓷。在他的带动下，到 20 世纪 80 年代末，小瓷窑遍地开花，从磁窑沟一直建到了周家地，建到了周边地区，当时平川有瓷窑近五十家。

1991 年，为了企业发展，张克华把厂子从磁窑沟搬至平川区所在地七泵房后面，把制陶的技艺传承到了儿子和孙子一辈。目前，张氏家族还经营着陇烨、泰瑞、昱恒、盈胜、盈耀等陶瓷企业，是平川制陶业的主要力量。子侄孙辈有 20 多人从事陶瓷产业，在这些企业务工的人员有近千人。

作为国家级美术师、工艺师的张成仁，从临时工成长为靖远陶瓷厂副厂长。他在陶瓷彩绘产品设计、制作方面作出了突出贡献，在挖掘利用继承甘肃黑釉陶瓷方面成绩突出，其作品黑釉 8 头雕金“汉马酒具”1984 年获“全国旅游产品内销工艺品展销会”优秀设计奖，黑釉釉彩“梅花文具”等获甘肃省轻工产品设计三等奖，镨黄釉“六头振兴茶具”1985 年获甘肃省“百花奖”创作设计二等奖。1985 年，他和张永如共同完成了陶瓷釉面砖科技课题，正是这一成果的不断改进，才有了 1994 年格威牌釉面砖被评为甘肃省名牌产品的荣耀。

张永如是白银市本土陶瓷专业首席专家，是白银市平川陶瓷研究中心总工程师，也是靖远陶瓷厂第一个陶瓷专业大学生。20 世纪 70 年代以来，他担任陶瓷厂技术员，1985 年，主持制定《靖远陶瓷厂生产工艺流程标准》。滑石质瓷的试制研究，填补了甘肃省的空白。2013 年 9 月，退休后的张永如被平川区陶瓷研究中心聘为总工程师，潜心研究结晶釉。在无数次试验后，2015 年烧制出了窑变珊瑚釉福禄瓶，成为平川独有的珍品瓷釉。

出自陶瓷世家的张明国现在是白银陇烨陶瓷有限公司董事长。他既是一名企业管理者，也是甘肃省工艺美术大师、白银市非物质文化遗产传承人、白银市民间艺术大师。他在技术创新上不断取得突破，2011 年成功使用还原焰研发出“陇瓷”高档系列产品，填补了甘肃空白，丰富了陶瓷品种。2014 年，成功研发出宋代极其流行的油滴天目名贵釉，使深藏在历史深处的珍瓷名种再现光芒。2018 年 1 月，成功研制出宋代曜变铁红金圈结晶釉，又一次实现了技术的重大突破。

除此之外，还有为平川陶瓷穿上美丽嫁衣的、四十多年来一直做陶瓷设计与绘画的甘肃省工艺美术大师车亚彬。车亚彬擅长陶瓷粉彩画，凡打底、平填、洗染等法无不悉心体会，反复揣摩，先后设计出灯罩、茶盏、瓶、壶等系列，山水、人物、花卉的瓷上表现无不得心应手，有极高的观赏价值。

在推动平川陶瓷发展方面，有让靖远陶瓷厂扭亏为盈的陈虎，在他的改革管理下，靖远陶瓷厂 1993 年成为甘肃省陶瓷行业效益最好的企业。还有张明太、张秀芳、张华、陈玉桥、张永盛等行业里的佼佼者。

开启陶瓷产业新时代

窑火熊熊，正烧出这一古老产业的新天地。

平川境内陶土资源丰富，各类陶土测算储量在 40 亿吨以上，能够满足建筑陶瓷、卫生陶瓷、日用陶瓷和工艺美术陶瓷等多种陶瓷产品类型的生产需求。

近年来，平川区进一步强化政府引导力，着力构建陶瓷产业承载、行业管理、技术创新、企业融资、信息服务、人力资源、项目招商、市场物流等八大支撑体系，着力推动陶瓷产业集群化、园区化发展，全面提升承接陶瓷产业转移能力，积极引进一批资源节约型、产业带动型、规模效益型的重大陶瓷项目入驻园区。

目前，平川区先后建成内墙砖、抛光砖、艺术瓷、仿古瓷等陶瓷生产企业 15 家，总投资规模达 11.8 亿元，年产值近 8.4 亿元，从业人员 3300 多人，产品已覆盖甘肃、宁夏、青海、陕西、内蒙古、新疆等省区的部分市场。

平川区 2011 年被中国陶瓷工业协会授予“中国陶瓷产业转移示范基地”，平川陶瓷在全国陶瓷产业布局中占据了一席之地。2012 年成立平川陶瓷研究中心，依托省内工艺美术大师和色釉料工程师成立了制陶工作室，搭建技术合作与交流的平台。

白银市平川陶瓷研究中心主任孙守南介绍，近年来，平川制陶工艺传承人开拓创新，推动艺术陶瓷再攀发展高峰。陇烨陶瓷利用当地原料烧制的油滴釉瓷器，“复活”了失传700多年的油滴天目釉烧制技艺；创作的仿古彩陶作品荣获首届中国历史名瓷烧制技艺大赛银奖；工艺美术陶瓷作品“黄山云起”荣获首届中国（国际）汝瓷文化节优秀奖；高档文化艺术创意陶瓷作品《如日中天》在2012年中国工艺美术精品博览会暨国艺杯评选大赛中荣获金奖。平川陶瓷研究中心在艺术紫砂、结晶釉烧制技法上取得突破，创作的窑变珊瑚釉福禄瓶获得“丝绸之路”陶瓷艺术创意设计大赛一等奖。

为适应经济发展新常态，白银陇烨陶瓷有限公司更是大力推动转型升级，以陶瓷为载体，以文化为基础，以创意为灵魂，公司将老厂区打造成兼具产学研、旅游、休闲、娱乐、文化创意、人才培训等于一体的平川区陶瓷小镇核心区。平川区陶瓷小镇定位为西部陶都文化重镇。2018年5月3日，平川区陶瓷小镇正式开园，陶瓷院士专家工作站正式启动。

现在，步入平川区陶瓷小镇，展现在眼前的是一个靓丽的陶瓷世界：高高的大烟囱耸立在半空，街道两旁、墙面上装点着精美别致的陶瓷产品，陶瓷陈列馆内的展品精妙绝伦、巧夺天工，馒头窑址展现的是曾经的辉煌，隧道窑墙壁上沉淀下来的层层瓷釉是陶瓷产业的厚重历史的再现。

陶瓷小镇占地约1800亩，总投资约25亿元。分近中远三期进行建设。2018年计划投资1.2亿元，目前已基本完成核心区、西部陶都及品牌形象、道路等建设。其中核心区包括陈列馆、博物馆、工业遗址博物馆、创客空间及展览空间、非遗传承中心、院士工作站、大师园、陶吧、陶瓷客栈及圆窑遗址、咖啡馆、现代工业旅游、主题广场等12个分项目。

瓷韵悠悠，窑火熊熊；薪火相传，千年不息；西部陶都，神韵再现。今后，平川区陶瓷小镇将成为白银市重要的陶瓷工业旅游目的地，一个全新的“工业+旅游”生态旅游链条正在平川区形成。

（本文原载《甘肃经济日报》2018年6月5日8版）

平凉纸织画

绘一方天地经纬间

创作，破坏，再创作。在2009年6月中旬举办的甘肃第四届文博会上，准备申请国家级非物质文化遗产的平凉纸织画受到了与会者的广泛关注，成为本届文博会的一大亮点。平凉纸织画与杭州丝织画、苏州刺绣、四川竹帘画并称为"四大家织"。平凉纸织画在制作上以适宜编织的中国画原作进行托裱，裁切为等宽的竖条作为经线，同规格的白条作为纬线进行手工编织。编织后的画作如浮云轻纱，烟笼雾锁，观之似隔帘赏月，高雅深邃，意境深远，妙不可言，其独特的艺术风格是一般绘画、刺绣品都无法表现的。对于纸织画，我国诗人也有"是真非真画非画，经纬即见分纵横"这样的描述。

历史久远风格独特

平凉纸织画是我国古老而特有的工艺美术品，早在隋唐时期就已产生，距今有1300多年的历史，其融中国画与编织工艺为一体，在素雅、和谐、静穆、朦胧的艺术气韵中，更突出了中国画的深邃意境。

资料显示，在平凉宋代就开始了纸织画的制作。其工艺是先在宣纸上画好画，用特制的裁纸小刀把画裁剪成一定规格的纸条作为经线，然后用同等规格的宣纸白条作为纬线进行编织，织后根据画面着上颜色。其规格与现装裱的中国画大同小异。纸织画的题材极为广泛，有山水、花卉、动物、人物等。

事实上，纸织画就是把已经画好的国画进行裁剪破坏后，进行艺术上的再加工。虽然纸织画是国画的一种独特表现形式，但为了在编织后仍保持作品的色泽，绘画通常要比国画的颜色浓重些。一幅好的纸织画与裁画工序水平高低有着直接的关系。在裁剪上，一般都是经验丰富的人负责。裁出的经线尺寸要保持一致，且画的一边不能裁透，以便于将裁好的画固定在支架上。

纸织画制作工艺精巧复杂，名家巧手也需累以时日方能完成。一般规格的一幅画，至少需要半个月的时间才能完成。要编织出一幅好画不是件容易的事情，必须经过师傅传、帮、带两三年时间，才能织出像样的画来。另外，气候的变化也对纸织画制作质量和速度有着直接的影响，织画时一般选择春、秋季为宜。

纸织画的特点在于冲淡原画稿的色泽浓度，突出纸织画网点的立体艺术效果，画面如浮云轻纱、烟笼雾锁，观之似隔帘赏月，高雅深邃，意境深远，妙不可言，其独特的艺术风格是一般绘画、刺绣品都无法表现的。

“我国的纸织画最早出现在福建永春，明代在甘肃平凉就有作坊生产。”长期从事平凉纸织画生产的平凉市正道文化艺术发展有限公司柳育武说，纸织画的由来无法查找，凭借着裁剪编织的独特性可以推断是妇女发明的。

据史料记载，平凉泾河沿岸的柳湖，就是当时纸织画的制作作坊和发源地，平凉纸织画发展鼎盛时期为明代，曾与杭州丝织画、苏州刺绣、四川竹帘画并称为中国四大家织，古诗赞为“似真非真画非画，经纬既见分纵横……”

明朝历代韩王——这些平凉历史上最显赫的藩王们，对平凉纸织画情有独钟。嘉靖年间，韩藩昭王在柳湖别苑（即现在的柳湖公园）专门开设了纸织画作坊，从南方请来民间工艺大师传授纸织画制作工艺，并将纸织画作为皇家贡品敬献皇族，同时也受到历代文人的喜爱。

“纸织画的用料是中国的四大发明之一，精巧复杂的工艺让其他三家是无法比拟的，把中国画和编织有机地结合起来了，突出了纸织网点。”柳育武说。

事实上，由于战乱及其他原因，平凉纸织画在历史上文字记载不多，仅能从古诗词中了解。清末民初，至中华人民共和国成立前后，纸织画制作工艺一度失传。

失传工艺重放光彩

把失传已久的工艺恢复起来并不是一件易事。著名工艺美术师王天波老人就是凭借着明代的一幅藏品和不多的文字记载，让这一失传已久的工艺重放异彩。

20 世纪 80 年代初，王天波先生根据家中收藏的一幅平凉明代的纸织画，经反复研究、探索和创新，在继承传统工艺的基础上，试制出了代表平凉地域特色的产品，并成立了纸织画社。但在当时，由于受诸多因素的制约，纸织画社几乎濒临倒闭。

1994 年随着国家政策调整，平凉市文化局从保护和抢救民间工艺、促进文化产业发展的角度出发，采取果断措施，选派具有经营头脑、有胆识的文化局职工柳育武进行管理经营后，在用人机制、经营理念、营销方式和技术革新等方面进行大胆开拓创新，在一无资金，二无技术，三无场地的情况下，先后筹措近百万元进行工艺改造和技术培训，从纸织画的独特工艺风格入手，进行深度挖掘。经过不断地研究，柳育武还让纯手工编织的纸织画步入了半机器编织的阶段。

在纸织画制作上，柳育武取长补短，在全国各地征稿，扩大画种；从规格上逐步扩大了三、四、六尺对开，三、四尺中堂和框装小品作品，绫绢作品，使纸织画这个地方特色产品在激烈的竞争中创出了平凉纸织画品牌。2003 年应邀赴京参展期间，在全国一千多位参展商、三千多个展品中独树一帜，受到了专家的高度赞扬，被中国文物学会授予“2003 中国首届文物仿制品暨民间工艺品展”金奖。

柳育武告诉记者，最初，自己接触平凉纸织画“只是玩玩”，并没有想着将其作为一番事业来干。慢慢地，随着发展，纸织画的市场逐步开拓了，并得到了社会上的认可。柳育武对纸织画的认知也发生了根本性的变化，开始全身心地投入平凉纸织画文化艺术产业的发展中去。

自此，平凉纸织画也成为平凉文化产业的一道亮丽风景线。纸织画是名副其实的“工于内而秀于外”的工艺产品。

平凉文化的支柱产业

在平凉，柳育武是第一个成立公司将纸织画推向市场的人。

2004年以来，甘肃省委、省政府、省人大、省政协和省文化厅及平凉市委、市政府领导多次到纸织画社检查指导工作，深入调研，使纸织画产品在殷切期望中不断发展壮大，近年来一直保持着强劲的生命力、竞争力，成为当地文化产业经济增长的一个亮点。纸织画成了平凉人民骄傲的文化品牌形象代表，和国家5A级旅游胜地崆峒山齐名，在甘肃盛传“西有武威铜奔马，东有平凉纸织画”的佳话。

目前，平凉纸织画制作工艺已被列入“甘肃省级非物质文化遗产”保护项目。平凉的纸织画企业已从1家增加到近20家。在柳育武看来，平凉纸织画目前迫切需要建设品牌、扩大规模、丰富品种。他的企业在3年后产量将达到3万幅以上，产值达千万元以上。

毫无疑问，平凉纸织画立足改革，面向市场，打造品牌，在继承传统的基础上，尊古而不复古，经过多年不断的探索和技术革新，重新面世的纸织画以其工内秀外的清香异彩，创出了自己独特的艺术风格，已成为当地文化产业的拳头产品和地方特色文化品牌。

在2008年的全国两会上，我省全国人大代表毕红珍在温家宝总理参加甘肃代表团讨论时，向温家宝总理送了一幅平凉崆峒山的纸织画。温家宝总理也让毕红珍代表他向平凉的乡亲们问声好。

现在，平凉纸织画作为地方政府重点扶持的文化产品，在促进平凉文化旅游事业发展、拉动地方经济方面发挥的作用已日渐明显。纸织画产品已远销海内外，深受广大消费者的喜爱。平凉纸织画已发展成为平凉文化产业的支柱产业和全国最大的纸织画生产销售基地。

（本文原载《甘肃经济日报·文化月刊》2009年9月28日A3版）

崆峒武术威峙西陲

——崆峒武术真相探访

从《尔雅》和《史记》都有“崆峒之人武”的记载，到当代武侠小说名家金庸题写的“崆峒武术、威峙西陲”；从远古的广成子和开创崆峒派的飞虹子，到燕飞霞和第十一代掌派人花舞影，千百年来一个又一个的武学大师不断地传承和发扬崆峒武术。

在中国，诞生于甘肃的崆峒武术发端早于其他武术门派，但却一直沉寂于江湖，在少林、武当等其他武术门派声名远播广为流传的时候，崆峒武术为何却是踪迹难觅，不为人知呢？流传至今的崆峒武术都流传了些什么，是不是武侠小说中所描述的那样呢？从渐行渐远再到渐行渐近，作为全国五大武术门派之一的崆峒派武术在逐步走进社会公众的视野，受到了世人的关注，去伪存真，一个真实的崆峒派武术的江湖世界越来越清晰了。

“不为千金增意气，只因崆峒一诺重。”

“十步杀一人，千里不留行。事了拂衣去，深藏崆峒名。”

当武侠小说中对崆峒派剑侠的侠义行径的描述与现实中的崆峒派相遇时，更多的人会探求真实存在的崆峒武术的真相。现在，每年有 20 万中外游客慕名前往平凉寻访崆峒武术。平凉市政府从 2003 年开始，每年举办与武术有关的赛事、论坛和活动，以此来宣扬和传播崆峒武术，作为中国传统先古文化和非物质文化遗产的一个瑰宝，崆峒武术越来越受到关注和重视。

威峙西陲留佳名

以“黄帝问道”而载入史册的平凉崆峒山，也以释、道、佛三教合一而称奇天下。自古以来就有“神州西来第一山”和“西镇奇观”之说，集北雄和南秀于一身，融自然美和人文美于一体。

就在崆峒山成为海内外皆知的道源胜地时，与崆峒山有关的还有时隐时现的中华传统文化瑰宝——崆峒武术。

崆峒武术是随着崆峒文化的发展而发展，始于广成子的道源思想，成于飞虹子的一派武学，其中囊括了释道儒三家的思想精髓，有道家的“混元太极功”，拂尘（器械）；儒家的“笑傲乾坤风流扇”，扇子（器械）；释家的“先天十八罗汉拳”，禅杖（器械）等。

依据广成子的养生学说，伏羲创立太极八卦之机理，在崆峒山上修炼的赤松子创立了飞龙门，伍符创立了追魂门，宋披云创立了夺命门，朱有创立了醉门，许半仙创立了神拳门。至唐初，在崆峒山上带发修行的飞虹子在学艺大成后，下山游历敦煌的时候观天空飞天舞姿，曼妙绝伦，但暗藏杀机，遂依据飞天舞姿创立了花架门。飞虹子在总结前人基础上，又创立了奇兵门和玄空门。至此，崆峒武术才自成一派，飞虹子也成为崆峒武术第一代开派宗师，崆峒派武术开始在武林中流传。

崆峒仙子飞虹子成为第一代掌派人后，第二代掌派人为飞绥子，第三代为云离子，第四代为飞云子，第五代是眉姑，她是崆峒派第一位女掌门。崆峒派中的铁扇、拂尘等均始传于她。第六代为飞尘子，第七代为陆尘子，第八代是袁一飞，第九代是胡惠民，第十代是燕飞霞，第十一代为花舞影。

崆峒武术共有八大门内容，从初级到高级程度分为：飞龙门、追魂门、夺命门、醉门、神拳门、花架门、奇兵门和玄空门，每门都有十五套。其中，以玄空门为最高境界，能够练成者是少之又少。历史上的汉飞将李广、抗金名将吴磷、吴阶、抗击西夏高僧法淳等都是练崆峒武术的杰出代表。“追根溯源，崆峒派武术比少林、武当、峨眉、昆仑四大武术流派足足早了五百多年。因此，可以毫不夸张地说，崆峒派武术是中华大地诞生最早的第一大武术流派。”崆峒派弟子尹腾剑说。

史料记载，崆峒武术发源于崆峒山，经过长期的演化，渐趋成熟。崆峒武术内容包括崆峒山上道家流传下来的武术套路和民间武术套路，各类拳术、器械、对练套路 200 多套，其中较为流行的有 50 多套。在明末清初，崆峒派发展最为兴盛，派内弟子曾达到 88000 余人。

记者了解到，崆峒武术大体分为三个门派传承：一为佛家功法，二为道家功法，三为民间功法。三家各有传承，又相互取长补短不囿于门派之见。道家功法以武当和张三丰所传为依据，又有山中道士自己创编拳术，至今犹有习练者。民间功法有南塬功法、北塬功法、东川功法、西川功法等，清代时，朝廷还特许平凉开设讲武堂，每年还设武坛选拔人才，俗称打擂台。佛家武功传承，从唐朝仁智禅师就有了护山武僧，到北宋庆历年间，夏军围掠平凉，进逼崆峒山，明慧禅院住持僧法淳大师，率山中僧众下山与西夏军大战。由于僧众武艺高强，以一当十，终于将西夏兵击溃。

“崆峒武学，不是民间一般意义上的武术，而是一个集道教思想、古印度佛教思想和中国儒家文化为一体的武术运动体系，早于中国昆仑、峨眉、武当、少林各派，它通过运动，将人身体内的精、气、神与宇宙自然能量相融通，达到天人合一的修身、养性的最高境界。”崆峒派第十一代掌派人花舞影说。

豪杰辈出的崆峒派

在武林中，不少武林人士对一座五岳中排不上名号的崆峒山，一个在武林中时隐时现的崆峒派，何以能在豪杰辈出的江湖享有如此之高的地位这一现象迷惑不解。

明代编写的《平凉府志》中有这样的记载：明朝成化年间，名道张三丰由武当山来崆峒山，在崆峒山游居五年。此后，在武林中，崆峒派与武当派有着扯不清剪不断的关联。武当的太极拳与崆峒派的神拳门有着功法上的巧合。而随着中华武术“北崇少林、南尊武当”的发展格局形成，出于与武当派有着这种关联，崆峒派在武林中也是声名远播。

在崆峒派叫响武林之后，许多武林人士也是纷至沓来，有挑战的，有学习的，有交流的。一时间，崆峒山上云集了大江南北的高手，尤其以清朝中末期最为兴盛。代表人物有道光年间的王覆盛，同治年间的拳师郭金华、王耀东等，这些武林人士精通洪拳、炮拳、棍术，兼收崆峒武术精华，成了享誉八方的著名拳师，并且留居平凉，开门授徒，对外以崆峒武术传人自诩。

到了近现代，崆峒武术传人更是群英荟萃，人才辈出。著名武术家有童天祥、马恒福、居室安、燕飞霞等人，他们武艺精湛，拳法出众，在国内外或平凉积极从事崆峒武术传授活动，授徒众多，桃李遍布华夏大地。“小罗成”童世英在平凉是个家喻户晓的练家子。曾多次代表平凉参加甘肃省武术运动会，1965年9月，童世英作为甘肃省武术运动会代表成员之一，参加了在北京举行的第二届全运会。多年来，他先后获得省级武术运动会国家竞赛规定项目刀术第一名、拳术第二名以及短兵冠军的优异成绩。如今，童世英已是国家武术段位六段、国家武术一级裁判员、平凉市武术协会名誉主席、崆峒武术馆总教练。

1956年，崆峒派第十代掌派人燕飞霞下山勇夺全国第一届武术桂冠，称雄中华武坛。1957年中国率队参加缅甸国际武术大赛，全国五大武术流派最年轻的掌派人燕飞霞独得5项冠军，威震世界武坛。尔后，燕飞霞先生教武于广东、上海等地。1981年，燕飞霞打入日本，力战东洋武士，在日本创立崆峒武馆，将崆峒武术大旗插在日本东京。

2001年5月8日，为期八天的中国武林六大门派高段位群英会在南京珍珠泉度假区结束，本次“武林大会”共吸引了世界各地十万游客前来“观武”。据史书记载，这是自宋代以来八百年间，中国武林几大门派首次召开武林大会。在这次群英会上，嵩山少林寺、西岳华山派、四川峨眉派、甘肃崆峒派、藏传佛教拉卜楞寺喇嘛和仙山武当派都表演了各自的绝技。崆峒派在大会上受到了各方面的关注和重视，抢占不少风头。2006年7月，崆峒派武术代表团赴阿尔及利亚，参加了举行的“世界环境日”庆祝活动，向世人展示了崆峒武术的神奇魅力。

斗转星移，世事变迁，时至今日，由于历史的原因，崆峒武术几近灭绝，目前仅有传于日本东京的崆峒武术燕飞霞完整保存了这一绝世武功，后归根于崆峒山下。自燕飞霞 2005 年 6 月去世以后，现在，作为崆峒派第十一代掌派人的花舞影传承此功发扬于日本，释妙林、王镖、尹腾剑等弟子传承于平凉崆峒山。

在岁月的更迭和时光的变迁中，现在，崆峒武术不仅包括崆峒山道家流传下来的武术套路，还包括近百年来传入平凉的通背、劈挂、翻子、八极、八卦掌、形意拳和回族的十路弹腿。其中，深受群众喜爱、较为流行的套路有 60 多个。在农村还流行陇东绝门功夫鞭杆、大连枷、小连枷，崆峒武术的内容是越来越丰富了。

崆峒武术缘何若隐若现

崆峒派有关史料记载，崆峒派武术自成派之后，从唐初至今的唐、宋、元、明、清时代跨越中，已有千年的历史，但其掌派人却只有十一代。

花舞影告诉记者，崆峒派的传承与其他各地的武术门派不同，因为崆峒派武术是一个巨系统，派下八门，共计 118 种套路，如果不是武术天才是难以全部继承的，因而只能等“奇才”的出现，担任掌派人。在掌派传承期间，崆峒派弟子按各自的根性和喜好择门修炼，分散继承着全部内容，直到一位弟子掌握了本派八大门全部武学，便成为新的掌派人，依次传承，有的时候几十年上百年也没有掌派人，所以虽然有了上千年的历史，但只传了十一代。

与武林中其他门派显赫的武林声望和地位相比，最早成派的崆峒派缘何在声望和地位上不及其他门派，却是时隐时现呢?

对此，花舞影解释为，崆峒派自开派以来，比较保守，和历朝统治者基本上少有往来，导致在发展中，武林地位和声望都不及其他门派。实际上，崆峒武术很有特点，有刚有柔，刚柔并济，发展是很全面的，集强身健体、观赏性、艺术性于一体。正因如此，近年来，崆峒武术在发展上备受社会各界的关注和重视。

“1995 年，我第一次来崆峒山时，练崆峒武术的人不多，2007 年 8 月，我第八次来平凉崆峒山的时候，学习和研究崆峒武术的人是越来越多。”花舞影说。

有史以来，崆峒派第十代掌派人燕飞霞将崆峒武术传承到了大江南北，并远渡日本，广授弟子，发扬光大崆峒武学。

目前，崆峒武术在我国广东、上海等地习练者较多，国外以日本的大阪、神户、名古屋、北海道等城市较多，英国、美国也有习练者。“在日本习练崆峒武术的人已经有 1000 多人了，崆峒武术在日本很受欢迎影响也很大，学习者也很多。”花舞影说。

虽然崆峒派武术在美国，日本、英国及东南亚得到了很好的发扬，但由于诸多因素，在崆峒武术发祥地的平凉崆峒山，发展却处于低谷，以至于许多人认为道源胜地崆峒山从来就没有崆峒派。武林中也有着“世传崆峒勇，梅花墙外红”的说法。

为了发扬和传承崆峒武术，随着平凉崆峒文武学校的创办，各类赛事的举办，崆峒武术研究会的成立，在地方政府的重视和社会各界的关注下，崆峒武术墙内开花墙外香的局面正在被改变着。

更谁倚剑向崆峒

发根于崆峒山，崛起于平民江湖的崆峒武术，以独特的魅力折服了武林同道。

“崆峒派武术除了具有极强的对抗性和观赏性之外，还具有其他流派无法比拟的、独特的养生健身功能。”燕飞霞的关门弟子、国际崆峒武术协会中国分会会长王镖说，包涵中华先古文化、绝学的针灸、气功、中草药、周易等内容的“易通疗法”，是崆峒派武术疗病的法宝，也在世界堪称一绝。

现在练习崆峒派武术的人不少，但会研究的人极少，成立专门机构挖掘和整理崆峒派武术已是大势所趋，也是崆峒派弟子的一个共识。

2006 年 10 月 22 日，平凉崆峒武术学院正式挂牌成立。在武林人士看来，这标志着崆峒派武术开始由“游民江湖”转入“文化江湖”。平凉市已把崆峒武术评定为市级非物质文化遗产。“目前，崆峒武术正在申报全省非物质文化遗产，以后还要申报全国非物质文化遗产和世界非物质文化遗产。”尹滕剑说，与少林功夫、武当武术均被列入世界非物质文化遗产，在促进当地旅游经济发展上发挥着巨大的重大作用相比，崆峒武术的发展却是比较迟缓。

为了进一步保护崆峒武术，2007 年 3 月 19 日，平凉市崆峒文武学校向国家工商总局提出正式申请，注册崆峒武术的商标，“崆峒山武术”商标成功注册。国际崆峒武术协会中国分会会长王镖认为，崆峒武术如果中国人不注册，外国人也会注册。

同年 8 月 9 日，崆峒武术研究会在平凉崆峒山挂牌成立。“研究会的成立，不仅是对崆峒武术的研修和传承，在弘扬崆峒武术，传播崆峒文化方面将发挥积极的作用，为进一步推动崆峒武术走向全国，走向世界，奠定了坚实的基础。”崆峒武术研究会会长王镖说。

一系列的保护行动，让崆峒武术开始焕发新的活力。

崆峒武术是中华先古文化的典型代表之一，应当受到重视和挖掘。尹滕剑认为，对于发展全面、博大精深的崆峒武术来说，演练者居多，研究者很少，目前，对崆峒武术的研究只是在其表面，并没有深入，由于崆峒武术是口传心授，不立文字，有的功夫传，有的功夫不传，有些功夫只传给少数人或极个别人，挖掘整理有困难。振兴崆峒武术，已是迫不及待的事情。

崆峒派的一些仁人志士认为，平凉市应以武术为对外交流的平台，发挥宣传效应，搞好旅游促销，成立中国·平凉崆峒功夫艺术团，在国内外巡回表演崆峒派武术，通过举办国内外重大武术赛事，普及崆峒武术，让蕴藏了数千年的崆峒武术文化闪烁在海内外，带动平凉旅游经济的发展，平凉应创造性地走出一条以武术文化兴旅游，以旅游促开放、促建设、促经济社会快速发展的新路子。

（本文原载《甘肃经济日报·阅读周刊》2007 年 8 月 25 日 A16 版，刊发时有删改）

洮砚 千年产业在困惑中前行

从一件普通的磨墨写字的文房用具升华成蜚声国内外的艺斋瑰宝，作为中国三大名砚之一的洮砚，用上千年的流传发展历史证明了自身所蕴含的巨大价值。千百年来，在其产地卓尼县，洮砚产业也是一路磕磕碰碰地走来。今天，当其艺术收藏价值大于使用价值时，作为国家级非物质文化遗产，在原料萎缩，人才缺乏，家庭式小作坊的生产现实面前，卓尼洮砚产业的发展面临着新的挑战和机遇。

作为中华三大名砚之一的卓尼洮砚，将在9月11日至9月15日举行的上海世博会“甘肃活动周”期间与庆阳香包、甘南唐卡等甘肃非物质文化遗产一起亮相。卓尼洮砚展出是甘肃工艺美术大师卢锁忠的作品《三龙戏水》《佛心祥云》《宋代抄手砚》等。

卓尼洮砚亮相世博会是向中外游客展现推介宣传洮砚的绝好机会，也将为卓尼洮砚带来一个新的发展契机，但并不能解决卓尼洮砚发展中存在的危机和困惑。

洮砚之乡名副其实

直到今天，还有许多人并不知道，中国三大名砚之一的洮砚其石料产地在甘南的卓尼县。

洮砚，全称洮河石砚，与广东端砚、安徽歙砚齐名，是中国三大名砚之一。洮砚所用石料主要产于洮河流域的卓尼县洮砚乡境内的喇嘛崖底，因此在历史上属洮州管辖，石料又濒临洮河，因此得名。

在历史上，关于洮砚的产地曾流传着产陇西之说、陕西之说、狄道之说、岷州之说、河州之说、洮州（临潭）之说等说法。这是因为这一地区在历代由于行政建制、废制无常，区域划分变更频繁，使洮砚产地的辖属众说纷纭，各持己见，均亦在情理之中。其中，产于临潭（古洮州）之说，则更近乎史实，卓尼虽然久为土司统领，但行政建制仍以洮州（临潭）为冠之。整个明清时期，卓尼统归洮州辖领；在 1958 年两县合并，统称临潭县，于 1962 年初分县建制至今。现今，临潭与卓尼两县疆域环接，产地隔河相望，仅有几公里之遥。除此之外，还有其他不同言论的历史记载与说法都在情理之中。

在现今的记载里，洮砚石料就出产于甘肃卓尼县境内。从卓尼县洮河东岸的喇嘛崖起，到藏巴哇乡，贮藏着举世闻名的洮砚石料矿带。这条矿带呈东西走向横布在卓尼县东部的洮砚乡、藏巴哇乡和柏林乡的接壤地段，面积约为 40 平方公里。现开采的矿点和已经勘察的矿体露头有：喇嘛崖、水泉湾、纳儿、卡古直沟、青岭山砚瓦石嘴、圈滩沟等处。

“卓尼县洮砚乡的喇嘛崖是洮砚石料唯一正宗出产地，喇嘛崖的‘窝子石’为石料的上品，由于九甸峡水库的建成蓄水，采掘了千年的喇嘛崖的‘老坑’被水淹没，这一石料已成为洮砚中的绝品石料。”卓尼县从事洮砚加工的一位人士说，现在市场上销售的真正的洮砚石材大部分来自水泉湾，水泉湾石料的品质与老坑石不相上下。

1997 年，《九九归一》巨砚作为甘肃各族人民的庆贺礼品赠予香港特区政府，使洮砚名声大噪。2006 年 5 月，在卓尼县洮砚乡喇嘛崖先后发现了 13 块长约 3 米、宽约 2.5 米、厚约 0.5 米的巨型洮砚石，这是自洮砚石开采近千年来少有的砚石珍品，堪称“砚石王”。卓尼县洮砚乡被文化部命名为“中国民间艺术（民间雕刻）之乡”。

物因地名，地因物扬。近年来，洮砚让卓尼也声名在外。“藏王故里，洮砚之乡”已成为卓尼对外宣传的招牌。这八个字同时也体现了卓尼深厚的文化底蕴和历史渊源。

艺斋瑰宝流传千年

根据有关记载，产于卓尼的洮砚始于唐宋时期，距今已有1300多年的历史了。

千百年来，洮砚之所以受到文人喜爱收藏和名贵，主要是在于其石质和雕刻。一些文人墨客都为其吟诗作词，给予高度评价。但在历史上，由于产地在西北偏远山区，征战频繁，使洮砚得之不易，许多文人墨客是只闻其名，而未见其貌，其名声远不及端砚和歙砚。

洮砚石结构细密，滋润滑腻，硬度适中，色泽典雅，堪称地下宝藏。用以制砚，则贮水不耗，历寒不冰，涩不留笔，滑不拒墨，具有发墨快、研墨细、不损笔、挥洒自如、浓淡相宜，用之得心应手，风雅尽赋等特点。

洮砚雕刻是因石施艺，量石成砚，小者微厘，大者盈尺，不拘方圆，浑然天成。呈现出一种多层次、集文化素质及艺术修养为一体的艺术佳作，使之具有很高的欣赏和收藏价值。

使用和观赏是砚的两大功能。现如今，洮砚已不是单纯的磨墨写字的工具了，砚的观赏收藏功能已经超越了使用功能。一方砚台就是一个工艺品，就是一个艺术品。正因如此，在毛笔不再作为主要书写工具的今天，洮砚产业的发展依旧有着巨大的空间，在国内外的知名度不断提高。

传承中的困惑与危机

尽管声名在外，洮砚作为一个延续了上千年的产业，随着时代的变迁，在传承中也暴露出来了其发展的软肋和不足。

卓尼县洮砚乡是因出产洮砚而命名的乡，靠山吃山，在这里90%的家庭从事洮砚雕刻及开发，刻砚的有上千人，但大多数年龄偏大，文化程度低，雕刻的砚台比较呆板，使其艺术价值大打折扣。因九甸峡水利工程建设，卓尼县生产洮砚的部分砚工迁移到了河西，使当地洮砚雕刻技艺的传承也受到了一定的影响。现在，卓尼县有省级工艺美术大师 5 人，省工艺美术优秀工作者 1 人。

卓尼县鼎元艺术品开发有限责任公司牛玉合经理担心的是，直到现在，卓尼洮砚石材的开采还是无序开采，石材的浪费大。在洮砚乡现在专门从事洮砚石材开采的有 100 多人，再这样下去，用不了几年，洮砚将处于无石开采的境地。

记者在卓尼县内的一些洮砚加工销售店里看到，许多店里销售的洮砚的雕刻粗糙，价格在几百元至数万元不等；好砚台价格都在七八千到数万元之间，体积也大不便携带。几百元的砚台就是稍微加工处理的一块石头，让洮砚的观赏收藏艺术无从谈起。一些生产者更是热衷生产大砚台，要价在几十万甚至上百万元，走高端精品收藏路线，几年才销售一方砚台。

一名从外地到卓尼的游客告诉记者，到卓尼后本想买几方洮砚送人，选来选去，就是没有合适的。自己看上的砚台一方都卖到几千元太贵了，从一百多元到几百元的小砚台加工制作太粗糙缺少文化内涵，缺乏观赏收藏的价值。

在许多人看来，现在作为艺斋瑰宝的卓尼洮砚，缺少的就是小而精的洮砚旅游工艺产品，这与拥有众多人文生态旅游资源的卓尼和洮砚作为一个产业来发展是不相匹配的。

保护开发要有章可循

与卓尼县不到两千万元的财政收入相比，年产值达到 7000 万元的洮砚产业应该称得上是卓尼县的一个大产业。

为了保护洮砚产业的发展，卓尼县成立了洮砚协会，对洮砚文化历史资料进行了全面的收集整理出版和宣传推介，在当地大力扶持洮砚企业的发展。甘肃省卓尼县洮砚协会有关负责人说，为了推动卓尼洮砚产业的发展，下一步协会将组织开展洮砚雕刻方面的人才培训，通过对现有砚工的专业培训，提升砚工的素质，推动洮砚雕刻艺术再上一个新的台阶，充分体现出洮砚的观赏艺术性。同时，还将进一步扩大再生产，生产小而精的产品，满足多元化的市场需求。

卓尼县鼎元艺术品开发有限责任公司牛玉合经理认为，卓尼应制定洮砚产业发展的总体规划，要加强资源管理，对洮砚石材要有计划有目的地开采，要进行地域名、商标名的注册，加强宣传，从生产到市场各个环节进行保护。政府更应大力支持当地一些洮砚生产企业做大做强，发挥龙头企业示范作用，引领洮砚产业发展。

需要注意的是，卓尼洮砚在产业化面前，同其他商品一样，在产品开发上应有相应的行业标准，有利于推动产业的健康发展。但直到今天，卓尼洮砚的生产雕刻还是凭借个人的经验在做。制定相应的行业标准，保护雕刻工艺已成为卓尼洮砚产业必须逾越的一道门槛。

卓尼洮砚，作为一个有着上千年发展历史的传统产业，虽然已经实现了从文房用具到收藏艺术品的华丽转身，但其在创新发展上还有很长的路要走。

（本文原载《甘肃经济日报》2010 年 9 月 6 日 1 版）

敦煌文化深度挖掘正当时

——敦煌文化产业发展调查（上）

从舞台剧到动漫，从博物馆到纪录片，从文化产业到旅游业，从工艺品到敦煌画派，经过三十多年的发展积累沉淀，敦煌作为具有世界影响力的文化品牌，传承创新又站在了一个新的高度和起点上。借着甘肃华夏文明传承创新区的东风，彰显品牌魅力，寻找深度利用资源的多种途径，努力把资源优势转化为产品优势和产业优势，做大做强文化产业，已成为敦煌的现实选择。

从《敦煌传奇》到《敦煌伎乐天》

“我们推出的产品和招商项目取得的洽谈成果都不错。”南特数码科技集团董事长南振岐参加完第九届中国（深圳）国际文化产业博览交易会这样说。

5 月 17 日至 20 日在深圳举行的第九届中国（深圳）国际文化产业博览交易会上，南特数码科技集团旗下的甘肃本土动漫公司制作的敦煌题材系列动漫片《敦煌传奇》和动漫书以及有关的儿童家具等衍生产品在会上亮相，对敦煌文化创意产业园进行了招商推介。

南振岐告诉记者，文博会期间，由兰州南特数码科技股份有限公司应用高科技制作取材于敦煌佛教故事的系列动漫片《敦煌传奇》的版权发行和有关的儿童家具等衍生产品，在全国的分销代理达成合作协议，在敦煌文化创意产业园招商上也达成一定的意向。

“瞄准敦煌，进军文化产业，就是一个好的开端和选择。”南振岐说，在文化与科技、旅游融合方面，南特数码科技集团是兰州国家级科技与文化融合示范基地核心骨干企业。目标是构建全省的文化创意产业矩阵，打造本土文化的创意产业。

“五一”期间，由中央电视台全额投资、酒泉广播电视台拍摄制作的高清纪录片《敦煌伎乐天》在央视纪录频道黄金强档正式首播，使敦煌文化再次走向全国。“这是纪录频道与地方台签约委托制作项目中最大的一个。”央视纪录频道总监刘文说，甘肃是华夏文明的发祥地之一，博大精深的敦煌文化，以其独特性、丰富性、多元性和国际性，为当代纪录片提供了取之不尽的创作源泉。这也是纪录频道在众多申报选题中看重敦煌题材的原因。

以此为契机，甘肃正式提出打造国家纪录片大省。这是因为依托敦煌文化题材，从拍摄追溯敦煌文化源头的开山之作《大河西流》到《敦煌书法》，再到《敦煌伎乐天》，酒泉电视台 8 年时间在央视播出了 8 部 33 集大型电视纪录片，创造了被称为西部地区纪录片的“酒泉现象”。

记者了解到，酒泉电视台今后还将推出纪录片《敦煌海外寻宝记》《从敦煌到长安》等与敦煌有关的大型纪录片。不论是《敦煌传奇》还是《敦煌伎乐天》，都是甘肃对敦煌文化挖掘创新的一个缩影，都是培育多种文化业态的具体实践。

世界级文化品牌有待升级

从敦煌莫高窟藏经洞被发现以来，敦煌学便风靡全球，敦煌热是长盛不衰。敦煌作为古丝绸之路支撑点、中西方文明结合点、世界四大文化体系交汇点和中国乃至世界文化坐标的地位得到了广泛认同，被誉为“人类的敦煌”。

正因如此，取材于莫高窟壁画的《丝路花雨》《大梦敦煌》《千手观音》等文化业态及产品风靡全球，让敦煌文化成为滋养文化产业的肥沃土壤，从而掀起了敦煌从文化到旅游的一个又一个的热潮，最终使敦煌文化成长为一个具有世界影响力的品牌。

“甘肃依托资源优势通过几代人的不懈努力，才打造出敦煌这一享誉世界的文化品牌。”甘肃省文化艺术研究所研究员郝相礼说，正是随着敦煌学的研究和传播，才使敦煌在保护、研究、旅游、舞蹈、影视、出版、艺术品等方面形成了一系列成果和产品，创造了显著的社会效益和经济效益。

记者多次在敦煌采访时看到，经过多年发展，敦煌已形成独特文化艺术特色的艺术品，雕塑、丝毯、染画、木玉石雕、丝织产品、陶艺、珐琅铜器等旅游产品深受游客欢迎，并形成生产、销售的一个完整的产业链。

凭借着敦煌文化这个世界级的品牌效应，敦煌市不断丰富和培育文化业态，围绕文化旅游、文化会展、文化演艺等新兴业态，着力打造学术敦煌、出版敦煌、舞蹈敦煌、影视敦煌、美术敦煌、音乐敦煌、书法敦煌、旅游敦煌、服饰敦煌、饮食敦煌、数字敦煌等系列品牌，举办了 2012“音乐敦煌”演出季等大型文化活动，新拍摄了《丝路》《千年莫高》等影视作品，实施文化创意产业园、文化雕塑博览园、雷音寺扩建等文化旅游项目。

然而，在当地政府和一些业内人士看来，目前敦煌文化挖掘开发的深度和广度远远不够。敦煌文化这个金字招牌并没有充分利用起来。据不完全统计，现在全国范围内利用敦煌文化或冠以敦煌名称的文化企业超过 1000 家。

文化与旅游要深度融合

敦煌因文化而扬名，因旅游而兴起。

2012 年，敦煌接待游客 312 万人次，增长 49.3%，旅游总收入 26.9 亿元，增长 50.8%。

截至 2013 年 4 月底，敦煌今年接待旅游人数达 74.92 万人次，同比增长 58.63%；实现旅游收入 6.95 亿元，同比增长 71.43%。

这一成绩放在省内辉煌夺目，但与同类历史文化名城安徽省黄山市、山东省曲阜市等城市相比，差距依然较大。敦煌去年文化产业增加值占 GDP 的比重为 3.2%，而黄山和曲阜文化产业占 GDP 的比重在 2010 年就分别达到了 8% 和 10%。

敦煌市委市政府也强烈意识到，敦煌旅游与文化融合不够，“白天看庙、晚上睡觉”的状况没有改变，得天独厚的文化资源没有得到很好的挖掘、开发、转化，进而形成文化产业。这使得敦煌旅游存在的文化真空和敦煌文化存在的旅游落差成为经济转型跨越的巨大潜力和空间，让文化产业成为敦煌支柱产业的首选。文化是旅游的灵魂，没有文化的旅游是没有生命力的旅游，旅游的过程实际是体验文化、感知文化的过程。旅游是文化的重要载体，没有旅游的文化是没有活力的文化，旅游的发展必然带动文化的繁荣发展。

于是，敦煌提出敦煌旅游要“二次创业”。在文化旅游融合发展过程中大力发展文化产业，提升敦煌旅游的文化含量，把文化产业培育成为敦煌国民经济的支柱性产业。2012 年，“龙行天下”敦煌国际文化度假城项目和天赐一秀文化博览园等 12 个投资过亿元的文化产业项目落户敦煌，当年文化产业项目完成投资 20 亿元，是前 10 年的总和。

敦煌的设想是走文化旅游融合发展之路，重新包装“莫高窟—鸣沙山月牙泉”和“阳关—玉门关—雅丹地质公园”两大景区，打响敦煌“老八景”，包装打造以雷音宝刹、夜市星光等敦煌“新八景”，依托敦煌这一民族文化展示窗口引进中医养生文化，培育朝佛礼佛、养生敦煌等更多文化旅游品牌，拓展旅游发展空间，提高旅游的文化含量和功能，把敦煌打造成为丝绸之路国际黄金旅游线的重要支点和国际旅游目的地。

敦煌已形成共识，打敦煌文化品牌，就是要“创建敦煌文化产业园，构建以敦煌为枢纽，以丝绸之路为纽带的大敦煌文化旅游经济圈”。

（本文原载《甘肃经济日报》2013 年 6 月 3 日 1 版）

做强产业 敦煌文化待扬帆

——敦煌文化产业发展调查（下）

文化产业是以创意为核心的产业。随着产业链的延伸，敦煌文化的产业效应正在被放大。作为建设华夏文明传承创新区龙头的敦煌文化既要做到有中生辉，又要做到无中生有，在华夏文明传承创新区建设中，敦煌文化承担着新的使命，具有一定的样板作用，对全省各地文化产业的发展有着一定的启示和借鉴意义。

文化产业花开朵朵

从保护到开发，在华夏文明传承创新区获批后，敦煌文化产业的发展节奏明显加快。

5月15日，“敦煌守护神”段文杰之子、被誉为“敦煌绘画开拓者”的我省著名画家段兼善，在甘肃画院拉开了个人画展的帷幕。此次展览既是段兼善近30年来学习借鉴敦煌传统并进行创新探索的成果展示，同时也是甘肃画院积极打造“敦煌画派”和“朝圣敦煌”美术创作工程的具体实践。

在这之前，甘肃专门召开“敦煌画派工作会议”，启动“敦煌画派”文化工程，提出建设美术特色强省，打造“中国西部文化”。

通过市场化运作、品牌化经营，敦煌今年将重点办好世界旅游组织第六届丝绸之路国际大会暨第三届敦煌行·丝绸之路国际旅游节、“朝圣敦煌——全国美术大展”、中国敦煌国际艺术节、世界三国十地区书画名家中华艺术巡回大展、敦煌（国际）葡萄文化节、全运会沙滩排球资格赛、“敦煌杯”全国桥牌名人赛等 14 项大型文化体育赛事活动。

为将文化产业培育成国民经济的战略支柱产业，敦煌市将围绕文化敦煌、旅游敦煌、生态敦煌三大战略定位，强化产业核心区、辐射拓展区和战略协作区“三大空间层次”，在敦煌本市范围内规划形成综合服务区、文化商贸区、文化产业园区、文化旅游区、城乡一体化示范区和生态保育区等“六大功能区”，培育文化旅游业、文化生产业、文化会展业、文化娱乐业、文化创意业、文化体育业、影视传媒业、文化培训业等“八大文化产业”。

敦煌市提出，今年将争取省委、省政府就敦煌国家级文化产业示范园区建设发展规划面向全球招标，明年跻身全国第五批国家级文化产业示范园区行列。进一步加快“龙行天下”国际旅游度假城、“天赐一秀”文博产业园、动漫基地等一批在建项目建设步伐，确保世界佛教文化园、中医养生园、敦煌美术馆等一批新建项目顺利开工，还将促使方特欢乐世界主题公园、敦煌国际会展中心、沙漠生态公园等一批招商项目达成意向。

今年，敦煌确定了文化旅游产业发展“三个倍增”目标，即项目总量增长 1 倍达到 100 个，实际完成投资增长 1 倍达到 40 亿元，文化产业增加值增速提高 1 倍，占全市生产总值比重达到 5%。

敦煌文化的新使命

2013 年 7 月，联合国教科文组织国际专家组就要对“丝绸之路跨国申报世界遗产”项目进行考察评估。

记者了解到，目前，敦煌玉门关河仓城遗址、悬泉置遗址两个申遗点的申遗测绘、考古、文本编写、规划论证、方案设计报批等各项基础工作已全面完成，与申遗有关的一些建设工作正在紧张有序地开展着。

除此之外，敦煌市着眼正确处理文物保护与利用的关系，在敦煌国家级文化产业示范园区规划纲要编制过程中，提出将佛爷庙古墓群与莫高窟保护区包装建设，积极申报国家考古遗址公园。

华夏文明传承创新区建设的“1313”工程，在一条丝绸之路文化发展带中，敦煌是龙头；在“三区”建设中的河西走廊文化生态区，敦煌是核心；在十三个任务板块中，敦煌承担大遗址保护、文物保护、非物质文化遗产保护传承、文化与旅游深度融合等七项任务。

为此，敦煌市积极抢抓这一宝贵契机和重要战略机遇，提出要加快创建敦煌国家级文化产业示范园区，充分发挥敦煌在甘肃华夏文明传承创新区中的龙头带动和核心示范作用，在全省率先将文化产业培育成为国民经济的战略支柱产业。

按照敦煌的规划，创建敦煌国家级文化产业示范园区将分三个阶段进行。第一阶段为2013年至2014年，达到国家级文化产业园区申请标准。启动建设一批重大基础设施项目，空间发展框架初步形成，历史文化遗产得到全面保护，文化产业发展政策环境基本配套，新兴文化产业形态初具规模。第二阶段为2015年至2020年，产业园区进入发展壮大阶段，建成全国独具特色的文化产业基地和文化创新发展高地，创建成为全国文明城、卫生城、园林城、环保模范城，经济转型发展与城市品质提升相得益彰。第三阶段为2021年至2030年，国家级文化产业示范园区全面建成。至此，世界级历史文化名城目标基本实现，敦煌成为全国文化产业典范城市和全球文化旅游地标城市，成为中华文化走出去的重要窗口和国际文化大融合的重要平台。

创意文化带动跨越发展

时下，创业已不仅仅只是一个理念，而是一个有着巨大经济效益的产业。

对文化产业来说，其核心就是创意。对敦煌文化及甘肃文化产业发展来说，目前缺少的就是好的创意。这种创意需要的是先人一步，高人一筹，这恰恰是甘肃文化产业目前发展的短板所在。

甘肃省文化艺术研究所研究员郝相礼直言，文化产业发展，甘肃缺少的是人才，缺少的是好的创意，没有外界新生力量的加入，文化产业要提升水平，发挥品牌效应还是比较难的。

从全国来看，文化创意产业正处于起步阶段，对有着华夏文明传承创新区招牌和丰富文化资源的甘肃来说，则是不可多得的机遇。据有关部门统计，甘肃文化资源大概占到全国的第五位，华夏文明传承创新区是我国唯一的国家级文化发展战略平台。

正因如此，在发展文化创意产业上，甘肃已经明确提出，要放眼全国，放眼世界来发展。人才是第一位的，即便不能为我所有，也可以为我所用，要聘请国内外专家为甘肃出谋划策。要将文化企业做大做强，借助外部力量，把敦煌文化和甘肃特色挖掘出来，通过创作进行展示，先做“有中生辉”的事情，再做“无中生有”的文章。要用甘肃特色去开拓市场。

有专家指出，甘肃目前急需的是借助内外的力量，用创意撬动以敦煌为龙头的博大精深的甘肃文化资源，让丰厚的文化资源活起来，形成文化的生产力，进而推动经济结构的战略性调整，这是华夏文明传承创新区建设发展的关键所在。通过对敦煌文化产业的深度挖掘包装，发挥其品牌在文化产业发展中的示范引领作用，对推动华夏文明传承创新区建设意义重大。

（本文原载《甘肃经济日报》2013年6月3日2版）

平堡古镇 历史烟云中竞风流

这里的山，见证了金戈铁马的历史，掩埋着千年的祖厉故城；这里的水，孕育了丝绸之路的重镇，传承着灿烂的历史文化。

在平堡，风萧马鸣驼队迤逦的古丝绸之路盛景已成久远的历史，新石器时代的堡子山遗址，汉代的祖厉故城遗址，元代的蜂窝亭，明代平滩堡古城遗址，清代的城隍庙建筑群、贞节牌坊以及灯山楼等一个个遗址和古建筑，烙印着厚重的历史和民俗文化。

大河流珠，平堡毓秀。近现代以来，秉承耕读传家、诗书济世的四十八门军户的后代在平堡这个人杰地灵的地方，兴建复兴渠，修建中国农民第一桥，让这个汉唐丝绸之路上的重镇和“边防要路”成为安居乐业的沃土和闻名陇上的文化古镇。2018 年 12 月 10 日，住建部公布的《关于第五批拟列入中国传统村落名录的村落基本情况公示》中，白银市靖远县平堡镇平堡村位列其中，将掀开平堡古镇文化保护传承和发展的新篇章。

故城遗址有考证

滔滔黄河水，九曲十八弯。

浊浪翻滚的黄河水从乌金峡奔涌而出，在素有“秦陇枢机”“金城锁钥”之称的靖远最西南端的黄河南岸冲击形成了一块山环水抱的肥沃之地，孕育了一个古丝绸之路上的重镇——平堡。

平堡地处靖远县西南，历史上属边塞重地，为历来兵家所争之地。位于平堡古镇中心的堡子山上有“平滩堡城”，是平堡文明的发祥地。

20 世纪 80 年代，“平滩堡城”遗址中出土的新石器晚期的文化遗存证实早在距今四千余年前，平堡境内已经有先民在繁衍生息。

从远古至先秦，平堡境内为羌戎游牧地。秦汉以来，滔滔河水成为防御胡羌的天然屏障，滨河南岸一线成为“边防要路”。当时，士兵在这里因山筑寨，垒石为城，平时屯耕河谷，战时坚守堡子山城。

由当地老师杨国材先生主编的《平堡乡志》里面记载，秦始皇三十三年（前 214 年），大将军蒙恬率数十万精兵北击匈奴，收复失地，在金城（兰州）至河套的“河水”南岸一线筑城 44 座，临河为塞，堡子山城为其中之一。

同很多众说纷纭的古镇一样，和平堡古镇有关的史学界争论最多的话题就是汉代祖厉故城所在地。近年来，史学界个别学者对祖厉故城在平堡有异议，认为祖厉故城应在会宁或者靖远的其他地方。

民国十七年（1928 年）的《甘肃通志稿》494 页上载：“汉祖厉县，在县西南 130 里。”631 页上载：“金山寺，在县治平滩堡西 5 里黄河北岸上。”又载：“平滩堡渡，在县西南平滩堡。”

1981 年，靖远县志办公室副主任刘衷在《祖厉故城考》中，率先对讹传已久的“祖厉”旧说考证质疑。

1990 年，《中国西北文献丛书》（第一辑第 28 册）《甘肃通志稿》载：“汉祖厉县，在今甘肃省靖远县西南。汉置县，属安定郡；后汉属武威郡。晋废。”

2000 年版《甘肃大辞典》4 页“祖厉县”条目载：“祖厉县城就在今靖远城西边的黄河南岸。”

兰州大学的刘满教授在《河陇历史地理研究》一书中认为：祖厉故城作为邻近黄河的县城，位于交通要道和渡口上，当时只能在乌金峡下峡口以东至靖远县城关镇之间的黄河南岸求之，而在这一段黄河南岸的村镇中，只有平堡具备这一条件。

2008 年 3 月出版的《兰州教育学院学报》刊登的韦宝畏、许文芳撰写的《关于汉代祖厉县的几个问题》一文也认为，“汉武帝在祖厉河两侧之地设置祖厉县，县治在今甘肃省靖远县西南的平滩堡。”

明长城资源调查、第三次全国文物普查时，将平滩堡认定为明代长城沿线 5 个关堡之一，是靖远境内汉代及明代历史军事防边重地。

在“平滩堡城”遗址中曾发现有大量的汉代瓦片，并出土一枚王莽天凤年间铸造的“货布”。毋庸置疑，西汉“祖厉县治”设在今甘肃省靖远县西南的“平滩堡”。

元代地图上就有“平滩站”标记。让“平滩”之名最早见于史册。此后，又有宁夏大边路线“经平滩”至兰州的相关资料，这表明，在明清以前，平滩堡就是重要的通衢驿站。

明初，黄河以北仍为蒙古鞑靼的游牧之地，黄河以南滨河一线成为明朝的边防要路。为防控边患，明朝遂在战国秦长城旧迹之上修筑烽燧等防御工事，自此在平堡乌金峡口至堡子山城之间有了“边墙”的称谓。明英宗二年（1437 年），置靖虏卫军民府，下属九堡，平滩堡即为其一，属陕西行都司。史称“平滩堡城”，成为明长城的重要关隘之一。

走进平堡，登上堡子山，一座残缺的堡城映入眼帘，东墙早已破坏，现存部分西墙及北墙，南面是数十米深的壕沟。据说，城内有地道直通黄河，战时可入内取水。现在，堡城内是果园和农田。

古镇上的城隍府

古镇与其传承的文化民俗是密不可分的。

平堡也有独特的民俗文化。作为乡镇，平堡能有城隍，与其作为汉代祖厉故城有着密切的关联。

资料显示，城隍，起源于古代的水（隍）庸（城）的祭祀，为儒教《周宫》八神之一。“城”原指挖土筑的高墙，“隍”原指没有水的护城壕。古人造城是为了保护城内百姓的安全，所以修了高大的城墙、城楼、城门以及壕城、护城河。他们认为与人们的生活、生产安全密切相关的事物，都有神在，于是城和隍被神化为城市的保护神。

汉代，纪信救刘邦的故事在《史记·项羽本纪》和《汉书·高帝纪第一上》及地方相关资料上均有叙述。刘邦得天下称帝后，厚赏、追封纪信，择上林苑自己打猎休息之地（今王曲镇），修建大型庙堂并祭祀。据传“文景”二帝时期，为顺应民心、强化统治，遂将供奉的纪信封为城隍神，成为长安城的保护神。

唐朝，信仰城隍神已相当普遍，百姓对为民做好事的官员非常敬重，在其死后便作为城隍神供奉。

明洪武二年（1369 年），朱元璋下诏加封天下城隍神。并严格规定了城隍的等级，共分为都、府、州、县四级。朱元璋立城隍神目的使人知畏，人有所畏，则不敢妄为。

平堡的城隍神名为郭斌，在西夏时，郭斌驻防平堡一带，战败后自焚于家。明太祖朱元璋封其为显佑伯城隍。所管辖区域为东至独石头；西至糜地沟岘；南至哈岘；北至砂坡岗、刘川。平堡的城隍庙最初在堡子山城内，清康熙初年移至平堡中街，建有城隍庙建筑群，院子里有一棵柏树，是康熙二年所植。

元宵排灯过佳节

“小年大十五”，平堡人历来注重闹元宵。元宵节，平堡的灯火活动场面蔚为壮观，热闹非凡。

平堡闹元宵最热闹的莫过于观赏平堡排灯。每年元宵节期间，一里多长的中街上，从西到东悬挂着长方体的排灯，每架灯都是主次搭配，上面绘画六幅图画，内容以《封神演义》《西游记》《水浒传》《三国演义》《杨家将》等传统小说为主。

平堡排灯自明代嘉靖年间（1592 年）张纱幔悬灯至今，已有 400 多年的历史了。平堡排灯原在堡子山城内，明清为纱绢排灯，明万历年间，元宵悬灯时，设有灯棚，清康熙年间移至平堡街头。

现在，每到元宵佳节，平堡排灯高悬街头，灯火通明，引得周边十里八乡的群众扶老携幼，观灯闹元宵。

1986年，因平堡中街菩萨楼失火，使得原绘画大师潭正荣为主所画的《封神演义》三十架排灯一并焚毁。同年秋，在地方文物保护小组的倡导下，募捐资金，由兰州画院韦博文先生邀请甘肃省内绘画名家李宝峰等八人重新绘制纱绢排灯40架。在1998年秋，由平堡灯火会倡议并募捐资金，制作纱绢排灯58架，进一步丰富了平堡排灯的民俗文化。

在平堡中街上，清康熙三十年兴建的灯山楼至今保存完好，为平堡的元宵节更是增色添彩不少。元宵节期间，平堡灯山楼挂彩画纱帐，楼内设灯架，摆成“天下太平”“五谷丰登”等灯字。同时，在堡子山上及沿街悬挂彩灯，登高远望，依次排开，形成一条蔚为壮观的灯火巨龙。

平堡元宵节期间，还有燃旺火、烧秦桧的习俗。街道上，有用煤块垒高炉生火，各家亦要生旺炉火。在位于中街的城隍庙门前，则用泥塑“秦桧夫妇”被缚下跪之像，腹腔内生火，七窍生烟，教化乡民忠奸有别，爱憎分明，形成了鲜明对比。

水利枢纽复兴渠

开田种地、引黄灌溉是平堡兴旺发展的根基。黄河在平堡过境段为15.4公里，占流经靖远县境的10%。临河而居，让勤劳智慧的平堡人民在兴水利发展农业上写下了浓墨重彩的一笔。

自明代以来，靖远沿黄河两岸修建了8条引黄河水的农业灌溉渠道，平堡复兴渠就是其中之一，当地人曾称其为平堡的都江堰。

复兴渠，原名中和渠，明万历四十七年（1619年）创修，民国三年（1914年）改为复兴渠。从乌金峡下峡口引入黄河水，渠口海拔高度1416.17米，灌区南北宽2公里，东西长20公里，现在总灌溉面积10364亩，让平堡镇1万多人受益。

清代以来，复兴渠经历了多次重修。《靖远县民国志》记载，清康熙时，黄河沿平滩堡、下蒋家滩南山麓东流，复兴渠渠口在青崖下。道光年间，因黄河河床逐渐北移，原渠口被废弃，另行选址开渠引水。同治七年（1868 年），黄河水位暴涨，灌区内大片土地被淹没。光绪年间及民国初期，复兴渠更是屡修屡毁，灌溉面积不断减少。

1945 年，平堡地方开明人士刘子元、苏景三等联合奏请当时的甘肃省政府拨款重新开渠，在甘肃国际救济会美国援华委员会史米特的帮助下，经水利工程技术人员勘测后决定再次开挖修建，整体方案由郝西庚设计，将引水渠口上移，延长渠道，扩大灌溉面积。1947 年竣工通水，干渠长 11.1 公里，灌溉面积 6400 亩，定名为“复兴新渠”。

新渠修成后，时任国民党甘肃省政府主席谷正伦亲笔题写“复兴新渠”4 个大字，镌刻在过堤洞口上，至今犹存。

中华人民共和国成立以后，复兴渠经过历经多次修建，开挖支渠，沿渠绿树成荫，灌溉面积达万亩以上，让平堡也成为农业发达、瓜果飘香、产业兴旺的一方沃土。

黄河农民第一桥

黄河出乌金峡后，自南向北顺流而下，将整个平堡包围起来。村民们住在南岸，一些土地在北岸，渡河种地极为不便。当地群众出行长期以羊皮筏子、小木船摆渡，直到 20 世纪 50 年代后改为钢丝绳扯船。

自明清以来，在平堡摆渡过河翻船的事故屡见不鲜。清代乾隆年间，群众到北岸的剪金山赶庙会，由于争先上船过河，人多超重，船行河中时翻覆，致使 150 多人溺水而亡。据粗略统计，建桥前的十七年中，仅在汛期因生产渡河而发生的翻船事故就达 18 起，死亡 14 人，平均每年发生一次。

平堡农民建桥，缘于当地一位农民的突发奇想。1965 年，在白银公司露天矿为生产队积肥的平堡农民冉旭，看见堆积很多的废旧钢丝绳，他突然想要是将这些钢丝绳连接起来，两端固定在黄河岸边，铺上木板，可以建一座供行人和架子车行走的吊桥。冉旭的这一想法得到了乡亲们的认可，也得到矿山负责人的支持。

就这样，平堡人开始了自己建桥。村民从兰州请来了专家苏钰，实地勘查设计方案，还派出代表和技术人员，前往天水等地参观学习，索要建桥图纸，成立建桥委员会和铁工、木工、石工、土建、点焊等施工组，实施建桥计划。

1967 年 4 月 25 日，平堡农民的建桥工程正式动工。面对资金不足、材料缺乏等实际问题，除了省上计划拨付的部分外，当地群众还组织人员分赴兰州、白银、靖远等地，四处求援，先后得到 40 多家厂矿企业的帮助和支持，从工厂的下脚料堆中东拣西凑，解决了不足部分。

苏钰在他写的《平堡吊桥史料》一文中提到，平堡吊桥建设是在干中学、学中干，是集思广益，群策群力。

开挖东岸主墩，需要在深达两米七的黄河边用砂土、麦草、块石加筑围堰时，每个班 400 余人，不分昼夜，连续 7 天 6 夜，始将河水阻断。面对河水暴涨，围堰决口的关键时刻，动员全平堡青壮年劳动力 4000 多人，流水式作业，保住了基坑。

1968 年 5 月，东岸主墩已出水面，西岸桥墩基本完成。这时，省交通厅有关部门的负责人专程前来视察进展情况，当即作出决定，对该桥以单车道重新设计，将建桥工程申请列入国家计划项目，省计委下拨 23 吨新钢丝绳以及三材指标，从而使平堡吊桥的建造工程获得新的生命。

由于没有机械设备，施工中，群众用木槽搅磨代替起吊机，用自制的木架代替脚手架，用土办法自制铆钉模具，在土锻炉上用大锤打制大小铆钉 2.4 万多个，在钢件上钻孔共 6 万多个，加工连接铁件 3 千多片。

平堡黄河吊桥建设工程，充分体现了“民办公助”“民工建勤”的原则，国家投资总共 27.5 万元，其中地、县拨款 4 万元，省交通厅投资 23.5 万元。共用钢材 163 吨，木材 350 立方米，水泥 330 吨，钢丝绳 23 吨，石料 120 立方米，砂石 3000 立方米，移动土石方 10 万立方米，当地群众投入了 18 万个劳动工日。当地群众流传着“平堡黄河吊桥是用炒面加大锤修建起来的”这样的说法。

最终，修建的平堡黄河吊桥为单链加劲钢桁架载重汽车桥。吊桥两端由高 15 米的索塔拖起粗壮的钢绳形成弧形，主桥一孔跨度 130 米，另有引桥 3 孔，主桥墩河床底面距离桥面 8.04 米。桥身全长 192.4 米，桥面净宽 4 米，两边是 0.8 米宽的人行道，成为黄河上游修建的第一座吊桥。

1970 年 4 月 27 日，大桥全部完工，实现了平堡人“中国农民修大桥”的愿望。5 月 1 日，举行了隆重的通车典礼，参加祝贺的群众共达 3.35 万人。通车后，先后有 11 个省市和地区的人来到这里参观索要图纸，仿照建桥。此后，有了建桥经验的平堡人还参与了皋兰什川黄河吊桥的建设。

平堡黄河吊桥的建成，实现了当地老百姓多年的梦想，更创下了中国农民建桥的奇迹，当时还被国外媒体关注报道。

依托丰富的历史文化遗迹，今天的平堡已将保护传统村落、发展乡村旅游提上了日程。

（本文原载《甘肃经济日报》2019 年 1 月 31 日 8 版）

恐龙足印化石群遭遇管护难题

——刘家峡恐龙足印地质遗址保护现状调查

作为全国唯一的一个因恐龙足印而设立的国家地质公园——甘肃刘家峡恐龙国家地质公园已发现恐龙足印化石共 10 类 172 组 1831 个，这些足印化石群距今有一亿多年，具有世界级的科研价值和展览价值，是举世罕见的“东方瑰宝”。永靖县也由此被誉为中国古生物的“伊甸园”。然而，受资金之困，这些世界上独一无二的地质遗迹的保护、开发、产业延伸等面临一系列难题。

全国唯一因恐龙足印设立的地质公园

永靖县盐锅峡水库北岸有一个叫恐龙湾的小山坳，举世闻名的刘家峡恐龙足印化石群就在这里被发现。“当时这个地方叫‘老虎口’，因为发现恐龙而被改名‘恐龙湾’。”刘家峡恐龙地质公园的一名工作人员说。

刘家峡恐龙足印化石群地质遗迹由甘肃省地质局第三地质矿产勘查院兰州古生物研究开发中心于 1999 年 8 月首次发现并进行了初步揭露和研究，到 2002 年底，已揭露面积达 2800 平方米，有 10 类 172 组 1831 个足印。在此处，还发现了其他多处古生物化石。

为了保护发掘恐龙足印化石群，甘肃省政府以“科教兴省”省长基金资助项目来支持大规模的挖掘清理工作，永靖县也及时成立了刘家峡恐龙管理局，甘肃省国土资源厅投入 60 多万元资金，共同进行了为期两年的保护性开发，并在发掘地建立了 15 平方公里的省级古生物足印化石保护区，同时禁止破坏周边地带的植被。

在省、州、县各级部门的大力支持和努力下，2001 年 11 月 27 日，甘肃刘家峡恐龙国家地质公园通过国土资源部评审。2001 年 12 月 4 日，国土资源部正式批准建立“甘肃刘家峡恐龙国家地质公园”，这也是全国唯一一个因恐龙足印化石群而设立的国家地质公园。

刘家峡恐龙国家地质公园是由世界罕见的白垩纪恐龙足印化石群、恐龙卧迹、尾部拖痕、粪迹以及白垩纪晚期地层剖面、第三级夷平面、古生物化石点、泥裂和波痕等沉积构造、正断层和褶皱构造等构成的自然地质遗迹景观，具有极高的科研、科普和旅游观赏价值。

恐龙足印可以引导找石油

由于恐龙统治地球长达 1.7 亿年，又在距今 6500 万年前突然神秘消失，其从产生到繁盛、从衰落到绝灭的整个过程，充满传奇和神秘色彩。

恐龙足印形成的环境条件比较特殊，而恐龙足印化石的形态、排列方式和组合特征能够真实地反映恐龙的相当一部分生理特征和生活习性。根据刘家峡恐龙足印化石群遗迹，专家认为，当时的环境应该是裸露于湖面之上的含有一定泥沙的湖滩，由于其裸露于地表，逐渐脱水，处于一种半湿半干的状态，当恐龙行走时，留下的脚印能够成形。根据足印化石群，专家们发现了“兰州龙”和“刘家峡黄河巨龙”，为揭示早白垩纪兰州——民和盆地恐龙动物群面貌提供了宝贵材料。

专家们一致认为，刘家峡恐龙足印化石群不仅为研究恐龙生活环境和古生物类别提供了重要的依据，也为研究我国古生物学、古生态学、古地理学、古气象学等学科，提供了弥足珍贵的实物资料。

刘家峡恐龙足印化石群地质遗迹可以为探索地球上生物的大批死亡、灭绝事件研究，提供罕见的实体及实地。除此之外，恐龙足印可以指导找石油。远古时代的甘肃曾是个恐龙王国，除了在刘家峡发现有恐龙足印化石群之外，还在海石湾、肃北、通渭、庆阳等地发现有马门溪龙、鹦鹉嘴龙、原巴克龙、鸭嘴龙、巨齿龙、蜥脚类恐龙、翼龙等恐龙的化石。

据地质工作者对刘家峡恐龙足印化石的推断，这一带的地层可能属于有重要成油层的侏罗纪地层。早在 1947 年，我国著名地质学家孙健初先生曾在海石湾地区进行过石油地质调查工作，以后国内著名的地质学家曾在 1948 年、1955 年、1956 年间做过石油地质调查，甘肃省地勘局也曾在民和盆地一带做过石油天然气的初步勘查工作。几次勘查发现，在临夏双林盆地、民和盆地都有比较好的油气层，有油气的迹象，有油气显示。

“刘家峡恐龙足印化石群的发现，不仅对研究当时的古地层、古地理、古构造、古气候有着重要的意义，而且对寻找石油也具有重要的指导意义。”刘家峡恐龙国家地质公园管理局局长孔得来说。

保护开发现状不容乐观

如何保护开发利用恐龙足印化石遗址是永靖县政府和社会各界都在关注的一个问题。

孔得来说，甘肃刘家峡恐龙国家地质公园分为核心区和试验区两大部分。在六年多时间里，投入包括地质遗迹保护资金 700 多万元，相继修建了 1 号保护棚及其附属工程，有效地对 1 号点足印群进行了重点保护；对 2 公里以内的核心区用铁栅栏进行了圈围；对 2、4、6 号点足印揭露后及时用砂土进行了填埋，防止了风吹雨淋造成的风化。

刘家峡恐龙国家地质公园在六年多时间的开发建设中，取得了一定的成效，但由于资金匮乏，地质公园内 2、4、6 号点的大量恐龙足印遗迹在发掘后只能用沙土填埋方式进行保护，从而使这一珍贵的自然遗迹仍然面临着风化、侵蚀和黄土塌方掩埋等多种威胁，一些自然裸露在外的其他古生物化石，至今仍遭受着风吹日晒、雨淋雪蚀，风化十分严重。“刚出土时恐龙足印化石要比现在清晰鲜艳得多，现在都有些风化了。”地质公园的一名工作人员说。

专家指出，在刘家峡恐龙足印化石群地质遗迹 1 号点 400 余平方米的范围内，10 组足印中有 6 组是非常清晰连续的，足印的布局表明，当时恐龙主要是沿湖岸或由水边向陆地方向行走。有关专家还推测，如果继续挖掘，肯定会有新的发现，但因为没有经费，挖掘也无法进行。

刘家峡恐龙国家地质公园由于地处盐锅峡水库北岸，交通十分不便，只能走水路，遇到大风天气很是危险。为了方便游客，便于管理，永靖县于 2006 年 8 月开工建设了全长 23 公里、总投资 950 万元的太极镇孔寺村至刘家峡恐龙国家地质公园公路。因资金不到位，工程进度十分缓慢。目前，这条公路已建成通车。

“公园的门票每张 40 元钱，现在从刘家峡经水路到公园一个来回，一条船的费用要 600 元钱。交通上的不便，严重制约着公园的发展。”孔得来说，去年地质公园接待游客 2 万人，但真正买门票的游客却是少之又少，许多都是官方接待的。

“古生物地质遗迹是不可再生的自然资源和遗产，作为一种罕见的地质遗迹，古生物化石及其产地所展示的远古时期的动物界面貌对人们具有极大的吸引力，具有极高的科普和旅游观赏价值。国家应当尽快出台一部专门的法律进行保护，解决现在无法可依的现状。”在今年的全国两会上，全国人大代表马晓琴建议，我国应尽快制定《古生物化石管理条例》。

发掘是地质工作者的义务，保护是全人类的责任。加强对这一世界罕见的恐龙足印群古生物地质遗迹的保护已是迫在眉睫的一件大事。

（本文原载《甘肃经济日报》2008 年 03 月 26 日 1 版）

探访神秘的百年藏寨

旌幡猎猎，茂林深处藏古寨老房；经筒悠悠，百岁老人诵长寿秘经。

与逐水草而居的游牧生活相比，尼巴藏寨是一个有300多户藏族人家定居的村落，用其独特的建筑风貌和宗教信仰一直传承沿袭着藏区古朴的传统文化。游客称赞尼巴藏寨是甘肃的“凤凰古城”。然而今天，在尼巴藏寨，有着百年历史的藏族村落正遭受着现代化建设的撞击，民族文化人士忧心，若不加以抢救性保护，几年以后，具有浓厚藏文化独特建筑风貌的藏寨将岌岌可危。

独特建筑造就安多第一村

走进甘南州卓尼县，顺洮河逆流而上，跋涉60多公里的崎岖山路，具有神秘传奇色彩的百年藏寨渐行渐近。尼巴在藏语里意思是“面向阳光的山坡”。

整个村落依山而建，坐北朝南，清澈的车巴河穿村而过，奔洮河而去。

村子周边的山上，森林茂密，旷地里分布着大小不均的草滩，悠闲的牦牛在草地上自由觅食。天蓝，山峻，水清，森林茂密，草滩碧透——令人怦然心动的高原农牧风光似壮锦一般徐徐呈现在我们面前，而更让人赞叹不已的是体现浓郁藏族文化风情的百年古寨——尼巴藏寨。

站在这座经历了百年岁月洗礼的寨子前，展现在我们眼前的是错落有致的民居，风中呼呼抖动的经幡，几个老人在村头的佛塔下转动着手中的转经筒，寨子左边坡上的嘛呢房中也传来“咯吱，咯吱，咯吱”转动经筒的声音，奔流不息的车巴河水，走近，又远去，犬吠声不时地从村里传来。放眼望去，依山势起伏而建造的民居，层层叠叠地镶嵌在山坡上。屋外是厚厚的土墙，房顶上也用厚厚的泥土覆盖，整个藏寨和山坡浑然成为一体，在整个藏区，这样的建筑也少见。

“村民们修建住宅的土墙厚度大约在 1.5 米左右，这样的土木结构房子既保温又透气。”尼巴村村主任贡巧东珠说，按照藏族的建房习俗，一般是“外不见木，内不见土”。

走进寨子里的村民家里，我们看到，与房子外面厚厚的黄土墙相比，屋子里面却是松木板墙，有着上百年历史的房子四边没有窗户，房子的采光依靠房顶正中间开有两至三个小天窗，堂屋正面是嵌有唐卡和佛像的经堂，侧面是供食宿并用的连锅炕。正午的强光从天窗中洒落下来，屋内愈显得肃穆、安详、古朴。

主人是 70 岁的村民才巴热丹，他家的房子有近两百年的历史了，是他爷爷建的，到现在已经住了五代人了。在尼巴藏寨，像才巴热丹老人家里这样的房子有 5 到 6 户，村子里更多的民居都在 70 年以上。

在才巴热丹家的院子里，用整根木头凿出的独木梯斜支着放在房檐上。沿独木梯上攀上屋顶，屋顶上还是独木梯。由于是依山而筑的屋子，顺着每家的独木梯，上一个屋顶，再上一个屋顶，可以一直上到半山坡上最高处的人家。家家都是相互连通的，寨子的规模和气势相当壮观。整个建筑体现着当地居民的风俗习惯，厚厚的土墙可以阻挡住任何强弓硬弩的劲射，甚至子弹都不能奈何它，户户相连贯通的建筑布局昭示着寨子的建筑与军事防御有着一定的关系。

经历了百年沧桑的尼巴藏寨，由于其建筑上的特色，在历史上也曾多次遭遇火灾，但往往是过不了几年，新的房子又会建了起来，寨子的规模也在逐渐扩大。在当地，关于尼巴寨的来历有着两种说法，一种说法是将士戍边定居说。吐蕃赞普后裔戍边的将士，在战争结束后，成为庶民的一部分与当地的牧民融合，定居于此，先牧后农，逐步形成了今天的尼巴藏寨；另一种说法是三兄弟漂木说，以前，有一个王侯的三个王子，为了选择新的寨子，分别在车巴河里放半截木头顺水漂流，结果大王子的木头漂流到了现在尼巴寨的章杰桥下停泊，于是形成了今天的尼巴寨。

尼巴藏寨现有 300 多户人家，2500 多口人，全部是藏族。在寨子里，七八十岁的老人随处可见，这里的老人最大的活到了 114 岁，还有尼巴姑娘远嫁法国。作为有着上百年历史的藏文化古寨，其建筑独特，且保存完整，村民长寿，宗教气氛浓厚，种种迹象在整个藏区也实属罕见。

尼巴藏寨，因偏远而闭塞，因闭塞而神秘，因神秘而愈发令人向往。

文化底蕴深厚的百年藏寨

“煨桑辟邪，摇转经筒，虔诚叩拜，祈祷许愿。”在尼巴藏寨，村民们是在信仰中生活，在生活中信仰。

一排排高高的经幡随风不停地抖动，村口的风转嘛呢，嘛呢房里不时有人转动经筒祈福，在村子中间的佛塔旁，在自家门口的门洞下，院子里的树荫下，都有人转动手中的经筒不停地祈福。在这里，信仰深深地根植于每一位村民的心中，并体现在生活的方方面面。

已经 96 岁的老人丹智草自幼生活在尼巴藏寨，每天都来嘛呢房转经筒，为家人和自己祈福。快到中午时，记者在嘛呢房前看到，几名刚从地里干活回来的妇女，在回家前，先来嘛呢房转经筒。与其他地方用手拨动直接转经筒方式不同的是，转经筒的人不停地拽一根拴在经筒底部曲轴上的绳子，通过巧妙地拉绳子，转动经筒。这些被每天反复拽着的绳子上面，拴着长长短短的牛羊毛绳子。白的是羊毛绳，黑的是牛毛绳，都是转经筒的人带来的，人们转完经筒后，就将绳子系在上面。在他们看来，任何一个人在转动经筒时，已经是为所有的人在祈福。正午的阳光穿过窗棂照射进来，随着转动的经筒不时发出的咯吱声响，更是增添了嘛呢房的肃穆、庄严和神秘，也折射出了村民们对信仰的纯真、朴实之情。

在嘛呢房转经是村民每天的必修功课。一些失去劳动能力的老人每天的工作就是转经筒祈福。这里的人们每天早晨第一件事就是为佛祖敬献没有被饮用过的甜洌的车巴河河水，为表虔诚，他们总是很早就起床去打水，他们的信仰和车巴河水一样至纯至真。或许正是由于每日这样的运动，饮用着相当于国家二级矿泉水的车巴河水，长年的辛勤劳作，这里长寿的老人特别多，现在村里九十岁以上的老人就有十多位。

尼巴藏寨嘛呢房外面的廊檐下悬挂许多牛羊的头骨，大大小小的头骨上写满了经文，没人能说出这些头骨被悬挂的确切年代。一些牛羊的头骨经过岁月的侵蚀，仿佛人们不经意间地吹口气，一阵风吹过就能立刻让其飘散消失，返璞归真，回归自然。“只有为家里作过特殊贡献的牛羊的头骨才可以写上经文挂在嘛呢房外，供人祈福，比如曾经产过许多羊羔的羊，在家里干过重活的牛。”尼巴村村主任贡巧东珠说。

尼巴藏寨右边嘛呢房是村民们举行嘛呢大会的场所，可以容纳上千人，嘛呢会是一种诵经的法会，在尼巴藏寨每年大大小小的法会有几十次，一般为祭祀、祈愿，或为超度亡灵而举行，寨子里谁家有人过世或者许了大愿，都会到这里念嘛呢，附近村寨的人也会前来参加这一宗教活动。村民们认为通过念嘛呢能够让病患早日康复，可以以慈爱来感化怨恨，以善良来感化邪恶，以施舍来感化吝啬，以真诚来感化谎言。

事实上，历经沧桑的百年尼巴藏寨在今天，已经成为名副其实的文化遗产了。

建设性破坏吞噬藏寨

然而，就在到过尼巴藏寨的人对其独特的建筑风格赞不绝口的时候，尼巴藏寨却面临的是建设性的破坏。

随着农村经济的繁荣，尼巴藏寨的村民在生活富裕后，纷纷营造新房或旧房翻新，改善自己的生活居住条件。记者在寨子里看到，不少村民在以前土木结构的房子里安装了铝合金门窗，在外墙面上贴了各式的瓷砖，虽然屋内依然是全木结构，但现代化元素却是越来越多，这个建筑独特的村落正在逐步抛弃自己独特的原生态的建筑风格，与现代都市文明一步步地接近。

“铝合金窗户好看，用起来也方便，就是缺少了一些传统的建筑特色。”看着自家刚刚新建房上的铝合金门窗和贴着的漂亮瓷砖，今年刚从合作师专毕业的多吉才让对家里建的新房既感到高兴又有些担忧。

记者在寨子里走了一圈发现，有个别生活条件相当好的村民，已经修建了完全现代化钢筋水泥的二层楼了。新修的二层楼与周边村民的住宅形成了鲜明的对比，破坏了整个寨子的传统的结构风貌。还有一些村民在新址上建了新房子，把原址上上百年的老房子也拆了。

“这两年到外面上学打工的人多了，受到外面的影响，村民的生活方式有了改变，房屋在改建或重建中被加入越来越多的现代化元素，村上也没有整体的发展规划，在这一方面的管理上明显滞后。”尼巴村村主任贡巧东珠说。而随着村民收入的进一步提高，改建房子的村民会越来越多，对现在藏寨的建设性破坏也会越来越严重。保护百年藏寨已是刻不容缓。

“在保护藏寨上，当地政府现在是心有余而力不足。”尼巴乡人大主席安思远无奈地说，房子是村民个人的，要重建、翻新住房，政府没理由阻止，只能给予简单的指导和倡导，呼吁上百年的老房子都是文化遗产要进行保护。“要是再这样发展下去，用不了几年，藏寨就会面目全非，人们只能在记忆中找寻这个传承了藏文化的百年藏寨了。”

到过尼巴百年藏寨的一些摄影家在看了尼巴的百年藏寨以后，认为尼巴藏寨的住宅建筑可以和郎木寺的塌板房相比，是藏文化流传过程中产生的非常有价值的文化遗产，非常有必要进行保护。

“与其他地方相比，我们这里的建筑、服饰、风俗独特，有保护的价值，村民们现在认识不到，保护意识淡薄。”多吉才让说，正因如此，现在尼巴藏寨这种独特的传统文化的载体正在被吞噬。

百年藏寨应如何保护？

作为有着百年历史的藏寨，只是近两年才被一些人士发现和关注，并逐渐认识到其蕴含的巨大价值。

记者在采访中了解到，在卓尼本地，许多人都不知道尼巴百年藏寨，仍然把其当作一个普通的村落。直到现在，百年藏寨还是少有人知，更不要说其价值所在，百年藏寨还在沉睡中。

现在尼巴百年藏寨面临的困惑不仅是养在深闺人不知，而且她正在经历着一场发展中的洗礼。“既要保护百年藏寨的原貌基本不变，又要改善村民的生活居住环境，时下，在保护工作才刚刚要开展，地方政府资金极度困难的局面下，不论从哪一个方面来说，都是个存在巨大矛盾的艰难选择。”兰州市作家协会副主席岳逢春在卓尼写作采风时感慨地说。

百年藏寨是独一无二的资源，从目前的情况来看，要保护尼巴的百年藏寨必须依靠政府的投入。作为一个有着百年历史的藏文化古寨，首先应得到文化遗产保护；其次充分利用游牧民定居工程投入资金，改善村民的居住条件，引导村民建房中保持原有的建筑风格，解决村民乱建房的问题；三是应把尼巴百年藏寨纳入甘南州甚至是甘肃省大旅游圈的旅游发展规划中来，最终做到在保护中开发，在开发中保护，使其成为甘肃名副其实的“凤凰古城”。这样不但为卓尼县的风景旅游注入文化的灵魂，也让其成为推动全省民族民俗文化旅游产业发展的推动器。

今天，尼巴百年藏寨作为民族风格的建筑，作为乡土建筑的精华，具有极高的文物价值。它不仅仅是一个古建筑群，更是民族深厚历史和传统的记忆和载体。它反映着不同经济社会发展阶段形成和演变的历史过程，鲜明地折射出悠久的历史和民族文化的传统，真实记录了传统建筑风貌和传统民俗民风，是了解民族历史、文化的一个重要窗口。

应该说，尼巴藏寨是卓尼宗教文化最深厚的地方之一。作为物质文化遗产和非物质文化遗产综合体的尼巴藏寨，一旦遭到建设性的破坏，则意味着千百年来经过世世代代传承的厚重历史的中断、文化积淀的消失。届时，给国家和社会带来的是巨大的损失。

（本文原载《甘肃经济日报·阅读周刊》2007 年 8 月 11 日 A16 版）

黄土地上崛起的『梯田王国』

庄浪县位于六盘山西麓，因公元 13 世纪初吐蕃庄浪族一支居住而得名。从历史记载来看，庄浪是十年九灾，“日如流火、百草俱枯”。全县 95.3% 的耕地分布在 402 个梁峁和 2553 条沟壑间，山高地陡，水土难留，每年都有 1000 万吨泥沙流失。为了摆脱贫困落后的面貌，从 1964 年开始到 1998 年，庄浪县 40 万人战天斗地，34 年的时间里，在九届班子的带领下，修山不停，造地不息，将全县 92% 的坡耕地改造成了 94.5 万亩优质梯田，把跑土、跑水、跑肥的“三跑田”变成了保土、保水、保肥的“三保田”，在黄土高原上建成中国第一个梯田化县，成就了一个“梯田王国”，创造出了世界奇迹。2007 年，庄浪县投资 250 万元建成了 523 平方米的具有现代风格的“中国梯田化模范县纪念馆”。同年，又被平凉市委命名为“平凉市爱国主义教育基地”。去年，享誉全国的庄浪梯田又被省文物局推荐申报第七批全国重点文物保护单位。近日，这一世界奇迹，被列入全国文物文化遗产保护范畴。

穷山沟里的求生之路

求生求变的欲望在黄土地上成就了一个梯田王国。

位于六盘山西麓的庄浪县，地处黄土高原丘陵沟壑区第三副区，是甘肃省有名的贫困县之一。明万历《庄浪县志》为后人留下了这样的记载：“全陕寒薄之处，平凉为最。而平凉县之属，庄浪尤甚。……田不川，山不林木，雨少则寒。一遇旱霜，秋禾尽萎，果菜桑麻，皆非所产。”

庄浪县境内由于群山起伏、沟壑纵横，自古以来，民生多艰，在清代甚至有知县在全县走了一圈后，弃官而去。解放后，庄浪人民在政治上翻了身，但严酷的生活环境让人民群众的生活依旧是“半年糠菜半年粮”，“吃着救济粮，穿着黄衣裳”，一遇到大旱群众就四处逃荒要饭。当时，这片养育庄浪人民的土地上，收获的只有饥饿和贫穷。

“自古饥肠出奇策”，为了改变艰苦的生存环境庄浪人围绕这片黄土地开始大做文章。

1964 年 8 月，庄浪县郑河乡上寨村在村支书周治貌的带领下，在石码川打响了向土石山沟要田的战斗。全村 260 多个劳力顶着星星、揣着洋芋上工，炸山掏石，筑埂造田，在村民的不懈努力下，终于在长达 2.5 公里的河道上修成 1300 亩水平梯田。第二年，小麦亩产达到 200 公斤，吃惯了豌豆、莜麦的上寨人终于吃上了白面。庄浪县委从中得到了启示：要解决温饱就要靠平整土地。至此，庄浪县开始大搞农田基本建设。

20 世纪 60 年代的庄浪人在生活极其艰辛的状况下，勒紧裤腰带上山修梯田，靠肩挑箩筐硬是修成了 2.7 万亩梯田。20 世纪 70 年代庄浪造田高潮时，10 万人马战梁峁。干部们在山上搭起了窝棚起灶，铁匠们在地头架起炉子摆开砧，羊倌们圈好羊又提马灯去夜战，学生娃放下书包扛起了铁锨。勤劳的庄浪人在修梯田上是大雪封门不停工，冰冻三尺不收工，十年间全凭人工开挖出了高标准梯田 33.31 万亩。20 世纪 80 年代，庄浪县被纳入国家“三西”建设范畴，又新造出梯田 35.2 万亩。90 年代，又新修梯田 23.487 万亩。庄浪 34 年艰苦卓绝的梯田建设，经历了“文革”、农业学大寨、包产到户几个时期，累计修成了 94.5 万亩优质梯田。于 1998 年建成了享誉全国的“中国梯田模范县”。

庄浪梯田的建设成就使苦甲天下、以吃救济粮为生的庄浪人实现了粮食自给有余，贫困面从 1982 年的 72% 下降至 1998 年的 14%，同期人均收入则由 144 元上升至 1013 元。经过治理，昔日的“烂塌山”和“滚牛洼”成为山青地平的良田了。

庄浪县的梯田建设从根本上解决了水土流失的问题，土壤肥力逐年提高，粮食产量逐年增加。全县水平梯田亩均增产粮食 55 公斤，每年可增产粮食 6 万吨，相当于 12 万人一年的口粮，在干旱年份增产效果尤为明显。1997 年，庄浪遭遇四十年不遇的大旱，全县粮食亩均产量平均仍达 128.9 公斤，总量仍突破 10 万吨。以前遇到大灾年就逃荒的情况没有出现。在庄浪人看来，这主要是修梯田的功劳。

如今的庄浪是山翠地平，梯田连天，一幅人工绘制而又巧夺天工的壮丽画卷展现在了世人的面前。

梯田中孕育的庄浪精神

庄浪梯田的成就深刻反映了我国劳动人民在党的领导下自力更生、艰苦创业、不怕牺牲的崭新精神风貌。

庄浪县赵墩乡大庄村的山头有一块刻着“庄浪县梯田化第一村”的石碑。这块石碑就是大庄人效法愚公，苦战不息兴修梯田的最好见证。从 1964 年开始修建梯田，到 1992 年在庄浪县率先实现梯田化，大庄人填沟壑 28 条，造新地 84 亩，修梯田 5610 亩。在修梯田的过程中，还发生了一个感人至深的故事，1972 年冬季，38 岁的阎凤英天天苦战在修梯田的工地上。由于天气寒冷，她的脚跟上冻裂了个大口子。一天半夜里疼得睡不好觉，让女儿用针线硬给她缝合住。第二天，她忍着疼痛上地修梯田，突然土崖倒塌了，她被深深地埋在土堆里……阎凤英成为庄浪县梯田化建设史上第一个献身者。由于家里穷，阎凤英连一张照片也没有留下来。

在庄浪大修梯田的 34 年间，先后有 31 人献出了生命，有 116 人受伤致残。其中，年龄最大的 67 岁，最小的只有 17 岁。先后涌现出了“背斗队长”“土火车”“造田能手”“拼命大王”“推土机”“飞毛腿”“铁尺子”“活地图”“梯田队长”“梯田书记”等一批战天斗地的普通英雄，他们在修梯田一线一修就是十几年、三十多年，有的人甚至是修了一辈子的梯田，修好梯田成为那个年代庄浪人民的最大追求。长期的大修梯田，在庄浪人中间也形成了一个传统，入伍青年参军前要喜修纪念田；女青年出嫁前要修嫁妆田；中小学生假期作业就是参加梯田建设。

在庄浪的大地上，每一层梯田都有一个奋斗的故事，每一寸黄土上都有创业的印记。可以说，庄浪梯田是我国社会主义初级阶段生产力还不够发达条件下劳动人民发扬自力更生、艰苦奋斗精神，用血汗在荒凉的黄土高原上书写的一行行英雄史诗。

庄浪30多年的梯田开发，在于“立足实际、从实际出发、注重科学，讲求实效”，还在于有一种崇尚科学、注重民生的精神。庄浪人正是用“人一之我十之，人十之我百之”的锲而不舍的精神给农耕文明史书写了光辉的一页。正因如此，也铸就出了享誉陇原大地的“实事求是、崇尚科学、自强不息、艰苦创业”的庄浪精神。

不经意创造出的世界奇迹

实现梯田化县，一个举世震惊的奇迹就这样被40万庄浪人创造了出来。

庄浪人修筑梯田，共用了5670万个工日，仅土方就移动了2.76亿立方米，若堆成1米见方的长堤，足够绕地球6圈。而这些梯田，大部分都是用铁锨挖、人肩背、木车推，一点一点干出来的。若算梯田的总造价，94.5万亩梯田相当于4.54亿元，而同期国家的总投资仅为1400万元，其余的4.4亿元则是庄浪人的劳动量。

按照国际惯例，在干旱半干旱地区，一平方公里只能养活8到20人，而庄浪县一平方公里的土地养活了268人。日本、以色列专家看了后惊叹道：“人工能造出这样的梯田，真是人间奇迹！”

国内农学专家对庄浪梯田化县项目鉴定评语：“庄浪县梯田化建设工程是一项居国际领先的水土保持生态工程。”为黄土高原地区保持综合治理探索出了一条成功路子。日本和以色列的农业专家看了庄浪梯田后惊叹不已，由衷地赞美道：“这是黄土高原的一条彩带，一幅迷人的风景画。”

贫苦之地庄浪的梯田建设不仅着眼于丰衣足食的功利目的，还注意改善生态环境，美化自然景观。庄浪梯田已成为全流域、跨地区环境保护和可持续发展的重要手段，其价值和意义远远大于农业本身。庄浪梯田共拦截泥沙 433 万吨，拦蓄径流量 4185 万立方米，使全县 96% 的水土流失面积得到了治理，森林覆盖率不断上升。生态环境的改善，也有力地促进了经济基础的发展。庄浪的梯田建设，让滑坡走山十分频繁、人民群众生产生活严重受到威胁的状况发生了根本性的改变，自 1990 年以来庄浪刘庙梁山、大庄王山等多处有明显滑坡迹象的地段，再也没有发生过滑坡，梯田成了保障当地人民生存环境的安居工程。

实现梯田化，也就实现了庄浪贫困干旱面貌历史性的巨变。庄浪梯田为发展旱作农业探索出了一条成功的路子，对于解放生产力，实现从传统农业向现代农业的转变也有着积极的意义。随着种植结构和产业结构的调整，庄浪正在走“梯田＋产业基地＋龙头企业＋农户”的产业发展新路子，已成为庄浪人民实现小康建设新农村的有力保障。

从价值开发来看，现代梯田开发已完成了由单一农业经济价值开发到生态环保，审美旅游和文化教育等综合价值立体开发的飞跃。庄浪人在完成梯田建设的任务后，又开始着手深挖梯田的内涵，在梯田的综合开发、综合利用上大做文章了。梯田建设，赋予了庄浪一个崭新的天地。

纵观古今的梯田文化

从历史的长河来看，梯田经历了人类生产实践自觉、长期的选择过程，并日趋发展成熟。其重要价值之一就是有效协调人与自然的矛盾，实现了二者的共同发展。

梯田在我国有着悠久历史。早在先秦时代，文献里便有了山坡筑造田和水平田的记载。这可以说是我国最早的梯田，或者说是梯田的雏形。汉代我国的梯田修筑已经有一定的水平了。隋唐是我国梯田的发展时期。宋代是我国梯田发展史上的黄金时期，这一时段，江南梯田得到了大规模的开发。元明清是我国古代梯田的成熟时期，其主要标志之一是出现较系统的梯田理论论述：“梯田，谓梯山为田也。夫山多地少之处，除垒石峭壁例同不毛，其余所在土山，下至横麓，上至危巅，一体之间，裁作重蹬，即可种艺。如土石相半。则必叠石相次，包土成田。又有山势峻极，不可展足，播殖之际，人则偻蚁沿而上，耨土而种，蹑坎而耘。此山田不等，自下登涉，俱若梯磴，故总曰‘梯田’。”千百年的历史也证明，战乱和土地兼并是梯田开发的一个重要原因。

在长期的发展过程中，梯田逐渐成为一种纵贯古今，涉及历史、农业、生态、艺术、旅游、政治、哲学等在内的具有丰富内涵的社会文化现象，这种文化也包含了丰富而深刻的民族精神。梯田还具有保土、保水、保肥之利，持久经营、综合利用和长期发展的好处，于是为人类普遍接受并迅速得到了推广。

（本文原载《甘肃经济日报·文化月刊》2009 年 4 月 28 日 A4 版）

熊熊炉火演绎六百年
王氏铸造传奇

从矗立在兰州中山桥南岸的将军柱到遍布国内外的古典法器，永靖县刘家峡黄河北岸太极川里的王氏家族依靠自身的技艺，在熊熊炉火中铸造出了陇原铸造业的一个传奇，也代表了西北传统铸造工艺的最高水平。六百年来，王氏家族代代相承，矢志不渝地延续着这一家族式的传统工艺，2007 年这一铸造工艺被列入省级非物质文化遗产目录。

铸造将军柱的王氏家族

黄河东流岁月如歌，铁柱矗立中山桥头。

在素有天下黄河第一桥之称的兰州中山桥南岸矗立着一根锈迹斑驳的铁柱，这根高 5.8 米、直径 0.61 米的铁柱，既见证了黄河兰州段 600 余年来渡河的发展变迁，也让今天来来往往的游客凭吊感怀那一段具有传奇色彩的历史，经历了风雨沧桑的铁柱也在向世人展示和诉说其铸造者王氏兄弟家族的铸造工艺。

矗立在兰州中山桥南岸的铁柱铸造于六个世纪以前的明朝洪武年间。明洪武五年（1372 年），征西将军冯胜为追击盘踞在兰州黄河北岸白塔山附近的元将扩廓铁木尔（王保保），第一次在兰州城西七里河河面上修造浮桥，名镇远桥，号称“天下第一桥”。据明人徐兰著《浮桥记》描述，镇远浮桥是用各长 227 丈的两根铁缆将 24 只木船串联成桥基，南北两岸各竖铁柱两根，作为缆桩，人称将军柱，柱上铸有年号和铸造人姓名，明朝黄河泛滥时，一根铁柱还沉到了水底。

直到清光绪三十四年，兰州黄河铁桥建成，镇远浮桥才退出了历史舞台，它的缆桩将军柱也被深埋地下。1953 年，在扩建黄河北岸道路中，挖出了久埋于地下的两个铁柱，1958 年，又在河滩积沙里挖出了明朝沉入水底的那根铁柱，柱上铸文仍清晰可辨，与史书记载相吻合。正因有着这样源远流长的历史，这根矗立在中山桥南岸的铁柱同中山桥一样受到重点保护。

据永靖县古城王氏家谱记载，王宣、王训二兄弟，由山西平阳府白土坡以征调行艺铸冶来到兰州，负责将军柱的铸造。于洪武四年铸将军柱两支，又于洪武五年铸造一支，再于洪武九年铸造一支。这四根铁柱子作为在黄河上架设浮桥的缆桩。在王氏后裔中至今还流传着他们祖先当年铸造黄河浮桥的故事：铸造将军柱时，场地设在兰州黄河北，那里架设了 48 座铁炉，用来熔化生铁，第一次浇铸过程中发生事故，死了好几个人，铸造工程被迫停工，后来王氏祖先们经过分析总结之后，进行了测算，又开始铸造，最终成功完成将军柱的铸造。

在将军柱铸造完工后，经十余年短暂居留，王氏兄弟双双迁居皋兰县西，即今永靖县太极镇古城村定居下来，以农为主，兼做铸冶，子孙繁衍，手艺发达。六百年来，古城王氏家族传统铸造经历了鼎盛期、沉寂期、复兴期。随着家族的不断发展壮大，至晚明时，王氏铸造已有几家。清至民国时期，王氏家族到处开炉院，其足迹遍及青海、宁夏、河西、兰州、临洮、会宁、陇西、临夏等地。其中陇西、临洮、兰州等地的农机厂，均是以王氏铸冶为基础开办的。至今临夏犹存一条以“炉院”命名的街道。此为王氏铸冶的鼎盛期。中华人民共和国成立后，各地炉院基本停业，王氏铸冶进入沉寂期。改革开放后，王氏子孙重操祖业，又纷纷开起炉院，有规模的已有 7 家，王氏铸业进入复兴期。这几年，曾经流散到外地的王氏家族人员又纷纷认祖归宗，迁回古城定居，从事铸造业。近 20 年，王氏家族的铸造业发展较快，产品覆盖全国，并远销到美国、新加坡等地。至 20 世纪末，古城王氏人丁已达 1500 余人。

从那时起直到现在，在永靖县开始流传着一句俗谚：“半个川的模子，山城的炉子。”意思就是半个川和山城的炉院家善于塑造模型，冶炼铸造。

一枝独秀的王氏铸造

永靖王氏家族的铸造产品，品类繁多，做工精良。

在这六百年中，其铸造的有些产品还流传着故事。王氏铸造的第一类产品是炊具与生活用具。王宣十三代孙王建耀，曾为甘肃拉卜楞寺铸造大铜锅一口，能同时招待上千僧众饮茶，舀水的人必须缘梯而上才能够到这偌大的锅沿，大锅铸成时，活佛特准王建耀与其共坐，信徒们供养的银圆装满了半锅。又传说王氏传人中就有一人因过多分享了藏族佛教信徒的叩拜而“折寿”早逝。

王氏铸造的第二类产品是农具：包括犁、铧，以及水车、水磨、大车的滚轴等，一些王氏子孙就是依靠打造这些农具，走出太极川在甘肃各地居住，在谋生的同时也在传播着王氏铸造的精湛手艺；第三类是法器，包括钟、磬、铁狮、铁牛、香炉、千佛塔、铙钹、宝鼎等。王氏十二代孙王化祥在清朝咸丰年间为永靖县罗家洞铸造铁牛一只，王化谦为兰州辕门铸铁狮子一对。现存的有十四代孙王万祥为陇西祖师庙铸的挂钟，榆中兴隆山山顶道观、兰州五泉山源寺、白塔山塔院的挂钟。在临夏县五山庙铸过高约两丈的狮子旗杆，上有方斗，杆上缠龙，至今石础犹存，并有狮子显圣的传说留存；第四类是人物造像，包括释道两教的玉皇大帝、关圣帝君、观世音菩萨等，无不宝相庄严，栩栩如生。王氏家族几百年来所铸铜钟、宝鼎，遍布整个西北，现在所存都成为珍贵文物。

王氏家族铸造的法器，设计巧妙，古朴庄严而又不失灵动之美。王氏法器的设计者，对于造型美的追求，可以说几近痴迷。作为王氏铸造传承人之一的永靖县太极镇下古城村古典法器铸造厂厂长王正杰告诉记者，传说王氏老一辈的技师为了描画佛像，总要在祖师爷火神太上老君像前焚香静坐，直至佛像已由心生，宛在目前，才敢落笔起稿。在开炉前还要给佛烧香。为了画出牛的力量之美，王氏铸造的传承者就牵来耕牛，使它几天几夜不得食水，然后端来水盆放在离饥渴的耕牛近在咫尺的地方，观看耕牛为吃不到水而发怒挣扎的样子，把它描绘下来。

对此，有人评价这种来自民间的方式，是源于对生活的仔细观察，讲究造型的朴拙与夸张变形，然而又绝没有经院美术的呆板气息。

王氏铸造的工艺

王氏法器的铸造，完全采用传统翻砂工艺流程，除了最后一、二道工序，绝不使用现代的仪器和工具。这样一来，工效低工艺复杂，一般做成一件铸造品需要15天到20天。

在选料阶段，做模的砂料，挑选硬度、纯净度合适，透气性好，颗粒均匀的砂料，一切凭手感判断合适与否。内模多挑选得天独厚的当地黄河砂，外模则选用砂井驿的粗砂，经筛、选、和、晾、晒等多道工序备好。王正杰说，冶炼铁水的材料，也经过仔细挑选，收来的废旧铁料敲出断口，就可以凭经验判断料铁的成分，大致以灰口、白口区分，正式熔化浇铸时，根据不同法器的铸造要求，添加辅料，按秘方有铜、金、银、铅、锡、铝等不同比例的添加。为保证熔液的足够温度，他们选用产自内蒙古的焦炭，选用三节炉和经过特殊耐火材料处理的盛液锅。铁水熔好后，铸造者凭眼功判断铁水的温度，选择合适的浇铸时机。大致上熔液温度控制在1000℃~1300℃以内，铁液颜色大致呈现白黄、黄、红、深红几个层次阶段。

王氏法器铸造采用一模一铸，每件法器具有独一无二性。在此情形下，模具质量的好坏，直接决定了成品的优劣。王氏铸造者在堆芯阶段采用横五竖八打线的方法，方便了外模分块堆砌。在衬砂层外面上起稿，稿样的底图，写在宣纸上，用专用工具反刻在衬砂层上，没有熟练美术功底是不行的。起稿后，他们还要在稿样上刷水铅粉5~6次，在上面上一次干磷铅粉，再在内模面上先刷上一次豌豆面水，再刷二三次水铅粉，上一次干磷片。这样做避免了砂粒粘连，保证了铸件表面的光滑与花纹的清晰。

在铸造大件上，王氏工匠还采用了分段铸造，焊接总成的方法，一些小的挂件如铃铛则采用湿模铸造，成型后佩挂。对钟的钮部，采用另模铸好后在钟身内模顶部中心位置安放的方法。再如在钟耳的下边和音孔位置安放加强筋，也是一个巧妙安排，既可使铸件牢固，又起到了调音的作用，可谓一举两得。王正杰还说，现今王氏铸造的大钟，每个钟耳敲击时发出的音质音高不同，外地人是做不出来的。新近铸就的一口八音钟，悬挂于永靖县黄河三峡风景区内的黄河楼上。

就这样，一件铸品经备料、做模、浇铸后再加打磨、抛光、上漆、彩画、挂件之后就完成了。

在传承中发扬光大

600 多年的发展，王氏铸造传承了经验，积聚了技术力量，有过兴衰，也有过变革。

20 世纪 80 年代，中国农村经济恢复，宗教政策宽松，王氏家族第十六代孙王正杰、第十七代孙王业信走出作坊，率先办起了铸造工厂，他们先从铸造农具、生活用品开始积累生产资本，熟练技术力量，完善工艺流程，然后转向以古典法器铸造为主的经营方向。一时间，古城村铸造企业规模达 7 家，从业技术人员近百人。

王正杰说，与以前相比，现在可以让妇女也参与了，妇女是铸造业的主力军了，这在 30 多年前是不可能的，以前主要做农具和生活用品，现在主要做法器。自己企业的年收入也在 80 多万元。村上最好的企业年收入有 100 多万元。

在王正杰看来，现在是王氏铸造发展的高峰期。但同时也存在着纯传统工艺生存和传承正在受到越来越严重的挑战，外地工厂的精密铸造新工艺和机械的使用，因法器的耐用性而带来的市场日趋饱和，缺少投资和利润的微薄，都在造成和加剧永靖古城王氏铸造业的窘境。

近年来，永靖县委、县政府通过进行普查，开展理论研究、成立协会、铸造技艺推广等措施来保护王氏铸造的工艺。王正杰他们也期待有更多层面的关注、扶持与保护，使得这一古老艺术永远流传。

（本文原载《甘肃经济日报》）

深山古寨绽放异彩

——甘肃少数民族特色村寨保护调查(上)

大山深处的村寨面貌焕然一新，村民的生产生活条件改善了，民族文化特色更加鲜明了。借助国家民委少数民族特色村寨保护与发展项目的实施和华夏文明传承创新区的建设，甘肃省作为全国少数民族最多的省份之一，在少数民族特色村寨保护建设上进行了积极探索。

2014 年，甘肃省酒泉市肃北蒙古族自治县党城湾镇马场村、陇南市文县铁楼藏族乡麦贡山村、临夏回族自治州临夏市枹罕镇拜家村、临夏回族自治州东乡族自治县坪庄乡韩则岭村以及甘南藏族自治州迭部县旺藏乡茨日那村被国家民委批准为首批“中国少数民族特色村寨”。

大山深处的保护实践

2015 年 3 月 5 日，首届中国白马人民俗文化旅游节在陇南文县隆重举办，众多游客蜂拥而至，在大山深处亲身体验白马人独特的民俗文化。

生活在陇南文县白马河畔的白马人，是古代氐人的后裔，又称“白马藏”，当地依然保留着古朴原始的民俗文化和独具特色的奇风异俗，具有原始风貌的群体祭祀舞蹈“池哥昼”已被列入国家级非物质文化遗产名录。“现在白马人居住的村寨保护建设得不错，特色很鲜明，值得一去。”前去参加首届中国白马人民俗文化旅游节的旅游专家郑本法说。

近年来，文县以原生态的理念大力改善白马人聚居区的道路、交通、住房等基础设施条件，培育致富产业，大力挖掘传承白马民俗文化，改造和新建的民居外观、小景点、小花园、古磨坊、民俗文化主题公园都彰显了白马特色。去年9月，文县铁楼藏族乡麦贡山村被国家民委批准成为首批340个“中国少数民族特色村寨”之一。

山路弯弯，春意盎然。走进积石山县大河家镇大墩村，呈现在记者面前的是一条条通到每家每户整洁干净的水泥硬化路，大街小巷周边是一幢幢有着浓郁民族特色的砖瓦房，新建的保安族文化广场上孩子们在尽情地戏耍。

大墩村是我省特有的少数民族保安族的主要聚居地，保安族人口占全村的83%。大墩村文书马文龙告诉记者，近年来，政府先后投入资金730.3万元，从道路建设、畜牧发展、村文化培训设施建设等11个方面对大墩村进行项目扶持。通过这些措施，大墩村实现了户户通自来水、通电、通广播电视，全面消除了土坯房和危房，核桃育苗、畜牧养殖等富民产业也培育了起来，群众生活面貌有了极大改善。

为做好少数民族特色村寨保护建设，临夏州以项目为依托，积极整合特色村寨、整村推进、危房改造、新农村建设资金，实行“管理主体不变、使用性质不变、拨付渠道不变”的资金整合原则，全面改善了特色村寨基础设施。

自2009年以来，甘肃充分利用人文资源和生态自然风光等优势，对分布于8个市州19个县市的24个少数民族特色村寨进行了持续保护。

刻不容缓的保护行动

少数民族特色村寨是传承民族优秀传统文化的有效载体，也是少数民族和民族地区发展特色经济的重要平台。甘肃是一个多民族聚居的地方，现有55个少数民族，少数民族人口241.05万人，占全省总人口的9.43%。民族地区总人口333万，占全省总人口的12.9%。甘肃有2个民族自治州、5个民族自治县，这些地区保留着大量的少数民族特色村寨。

在甘肃，这些民族特色鲜明的村寨多位于陇南、甘南、临夏等边远落后地区，贫困问题突出。受自身自然条件限制，这些地区经济转型困难、发展缺乏后劲。加之年轻人多数外出务工，一些村寨只有妇老弱小，使得民族文化传承遭受巨大压力，许多传统民居正被造价低廉的简易建筑所取代，村寨的民族特色和乡村特色正在急速消失。

基于此，推进和实施少数民族特色村寨保护工程已成为延续少数民族特色村寨原有民族地域文化特色和宗教历史价值的关键所在。

从2009年起，国家民委与财政部开始实施少数民族特色村寨保护与发展项目;2012年国家民委又出台实施了《少数民族特色村寨保护与发展规划纲要（2011—2015年）》；此后，甘肃华夏文明传承创新区建设也正式启动，在这一背景下，甘肃少数民族特色村寨的保护工作得以大力推进。

记者了解到，甘肃在积极争取国家扶持政策的同时，紧抓新农村建设、美丽乡村建设、民族团结示范创建活动、“1236”扶贫攻坚行动、两个共同示范建设和“1414”对口支援等政策机遇，用少数民族特色村寨保护与发展的有限资金大打民族牌，争取各方面对民族地区的支持。数据显示，截至2013年，甘肃用于特色村寨保护与发展的整合资金已达3.43亿元。

“保护这些特色村寨，不仅能有效改善村内基础设施条件和群众生活条件，还将使村寨原有的民族地域文化特色和宗教历史价值得以传承和延续。”甘肃省社科院副研究员谢羽说。

突出特色精心打造

甘肃自实施特色村寨保护发展项目以来，选择在民族物质文化和非物质文化特色较浓厚，可持续发展条件较好，人口相对集中、靠近公路、靠近城镇的地方进行选点建设，实施扶贫连片开发、民房改造、道路硬化、水利设施建设等项目，合力助推，进行集中开发建设，有效改善了项目实施地区的人居环境。

临夏市通过捆绑扶贫搬迁、新农村建设、危房改造等项目资金1.6亿多元，突出拜家村回族民居风格，建成民俗特色铺面2768间；建设以卷棚为显著特点，装饰有统一样式的砖雕、水泥雕的特色民宅202户；建成了具有民族建筑特色的文化广场；建成的民俗幼儿园与拜家村民族特色民宅连成一体，成为枹罕镇民族文化特色村寨保护项目建设中的一个亮点。村委会原址修建三层拜家村民族文化展示楼，用于回族服饰、装饰、生活用品、生产用具的收集保护。同时，还建成集雕刻、绘画、书法等多种艺术为一体的民族村牌坊门一座，在枹罕山庄整体搬迁四户八坊回族民居四合院。

东乡县坪庄乡韩则岭东乡族村，突出东乡族独特建筑风格，对韩则岭拱北周边的三个社 85 户居民，每户规划整体修建特色民居房屋各 5 间、砖雕特色大门一座，对村社主巷道围墙进行统一的穆斯林风格的装饰。同时，投资 1900 多万元，在韩则岭拱北西侧，修建了一座具有东乡族风格的《古兰经》珍藏馆。

夏河县拉卜楞镇塘乃合村的传统民族演唱、民族用品加工及各种风俗遗存是安多藏区各村落中保留最为完整的。塘乃合村自实施少数民族特色村寨建设项目以来，共整合资金 1032 万元，实施了 150 户群众房屋主体改造、村道硬化、民族特色风貌改造等项目。

卓尼县尼巴乡尼巴村是藏族聚居村，距离县城 70 多公里，村寨坐北朝南、依山而建，每座房屋“外不见木，内不见土”，建筑格式独具匠心，是安多藏区历史最为久远、保留最为完整、规模最为宏大的民宅建筑，被称为藏族民宅建筑的“活化石”。尼巴村自实施民族特色村寨保护项目工程以来，共整合资金 2070 万元，先后进行了村道巷道硬化、文化设施、堤防工程、人畜饮水改扩建、藏式榻板房改造等建设项目，实现了村寨发展与保护的共促共赢。

甘肃少数民族特色村寨保护项目的实施，既保护了优秀传统文化，又使村寨具备了在多方面发展的基础，使一些面临失传的传统手工艺制作技艺、服饰文化等得到保护和发展。甘肃省社科院研究员、西北民族与宗教研究中心主任马东平认为，少数民族特色村寨保护，对推动少数民族文化传承，促进地方经济社会发展，增强民族团结和推进华夏文明传承创新区建设都有巨大的推动作用。

（本文原载《甘肃经济日报》2015 年 3 月 30 日 1 版）

特色村寨保护既要『面子』也要『里子』

——甘肃少数民族特色村寨保护调查(下)

建筑是文化的结晶。少数民族特色村寨保护建设就是要通过保护和利用少数民族特色村寨及其文化，寻求和培植少数民族村寨的特色产业，进一步推进民族地区新农村建设。在甘肃，少数民族特色村寨建设是一项长期的工作，其核心是加强民族文化的保护与发展。保护少数民族特色村寨，实际上就是保护建筑文化的多样性。

保护建设既要面子又要里子

在国家政策的大力扶持下，甘肃少数民族特色村寨保护建设取得了令人瞩目的成绩，但存在的问题也不容忽视。

甘肃省社科院副研究员谢羽指出，甘肃省少数民族特色村寨保护工作已全面展开，在文化遗产的传承、村落人居环境等方面已取得了成效，但仍面临着诸多问题，如果不能实现特色村寨保护与经济发展、生态保护协调并进，很难实现其惠及少数民族群众的初衷。

从目前的建设来看，存在着少数民族特色村寨保护与发展项目规划前瞻性不足的问题。少数民族特色村寨地处民族地区，本身就特殊，如果在保护与发展方面不进行科学规划，破坏后再来建设就来不及了。一些地方对村寨保护和发展规划，民居维修和改造方案重视不够，没有听取专家学者的意见，建设保护中是重建设轻保护，一些规划和方案存在一定问题。

著名旅游专家郑本法指出，一些地方的特色村寨保护缺少整体规划，对生态环境重视不够，影响整体建设效果。文县铁楼乡白马河的水电站和河道里的粗大铁管严重影响了白马河风情线建设。

谢羽认为，一些村寨在建设中，还存在着村寨特色保护与发展项目呈现同质化，缺乏全局性、长远性、原创性不足等问题。甘肃少数民族村寨保护仅停留在对历史文物、建筑的保护，简单复制村寨传统文化，无法展现其文化精髓，一些民族风情园综合开发项目为了迎合游客的趣味，不重视民族文化载体。

需要指出的是，目前，在少数民族特色村寨的建设中，更多的是政府、专家学者的声音，而作为保护、建设主体的村民主体作用没有凸显。在项目建设中，大部分村民对于项目具体情况不了解，专家学者也很少与当地村民面对面交流，村民的意见很难被决策者所采纳。除此之外，少数民族特色村寨普遍存在着公共服务管理不完善的问题。

同时，由于青壮年劳动力外出打工，人气的不足也严重影响着一些特色村寨的建设。

产业支撑让特色更加鲜明

“2013 年甘肃民族地区生产总值仅占全省的 6.99%，地方财政收入仅是全省的 5.44%。民族地区社会经济发展仍然是全省社会经济发展中的‘短板’。”甘肃省社科院研究员、西北民族与宗教研究中心主任马东平说，必须注重少数民族特色村寨的特色产业发展，要以特色产业发展带动村寨的保护建设。

马东平建议，甘肃各地要根据自身的优势发展富民产业，要针对各特色村寨的不同条件和资源，扶持特色产业，实现经济转型，促进畜产品业、民族特色用品加工、旅游产业的发展，通过增加群众收入，为特色村寨保护和发展建设奠定经济基础。

卓尼县着眼于尼巴村现有的产业和文化基础，因势利导，注重培育和发展现代畜牧业和第三产业，促进以牦牛、藏羊和牛羊肉、酥油、牛奶、酪素及皮革等为主的畜产品加工业发展。东乡县坪庄乡韩则岭村通过产业结构调整，重点发展畜牧养殖、洋芋种植和劳务输出，修建大型养殖场两座，羊存栏30只以上的养殖户95户。种植旱作地膜玉米450亩，马铃薯1200亩，玉米亩产量从900多斤增长到1200斤，马铃薯从每亩1200斤增长到1700多斤。劳务输转180多人，年收入达到190万元。

临夏市拜家村建成一批带有回族风情的农家乐，引导有条件的农户开展以“吃农家饭、住农家屋、赏回族房、看田园景、品民族情”为特色的“农家乐”生态休闲游。迭部县着眼于茨日那村独特的地理环境和宗教文化，积极抢救、修复并建设一批民族标志性建筑，形成了一批独具民族特色的民族群落，使茨日那村古朴纯真的民族风貌更具文化内涵。

目前，我省各地推进特色村寨建设中，对培育地方特色产业正在积极地进行着探索。

传承升华民族文化的大平台

少数民族特色村寨保护建设不是为了保护而保护，而是通过保护资源，充分利用资源优势，促进当地经济和社会协调发展，提高人民生活水平。这意味着少数民族特色村寨保护建设要坚持保护、开发和利用并重，挖掘、传承和创新并举的原则，制定特色村寨建设规划，既保护了优秀传统文化，又增强了村寨发展后劲。

肃北县党城湾镇马场村实施的村寨保护与发展项目，总投资500万元，位于肃敦公路15公里处，依托周边已建成的赛马场、梦柯巴音敖包、党河峡谷景观台等景观，发展文化旅游。

阿克塞哈萨克族自治县建设的红柳湾镇民族新村，积极培育以红柳湾为重点的饲草料基地、蔬菜蛋奶基地、特色果林基地，大力发展现代农牧业；以金山湖、植物园、生态园和农家院为重点的特色餐饮基地、奶制品生产基地、风干羊肉加工基地，大力发展哈萨克族风味餐饮业；以民族新村民居、民族风情园、赛马场为重点的民俗文化体验基地，大力发展民族旅游业。

谢羽表示，特色村寨是传承民族文化，特别是传承民族建筑文化的有效载体，做好特色村寨保护工作有利于不断传承、丰富和拓展特色村寨的特有内涵，有利于有效促进旅游业发展和推动新农村建设。

她建议，少数民族特色村寨建设是一项长期的工作，推动其可持续发展，甘肃要整合资源、因地制宜，分类指导和扶持。要强调村民的主体参与，让村民由被动变主动，增强推进特色村寨建设的原动力，要让村民受益得实惠。要全面提升特色村寨的建设质量，实现经济发展与民族文化传承双赢的局面。要充分发挥专家学者的指导作用，进一步完善村寨公共事务的管理。

现在，随着甘肃省华夏文明传承创新区建设和丝绸之路经济带建设的大力推进，甘肃民族地区经济社会发展将迎来前所未有的机遇，少数民族特色村寨的建设也将稳步推进。

（本文原载《甘肃经济日报》2015 年 3 月 31 日 2 版）

生态陇原

敦煌会不会成为第二个楼兰？

当民勤因饱受沙漠化危害而引起社会各界的关注时，素有“沙漠绿洲”之称的敦煌市也不断遭受着沙漠的侵蚀和危害。有业内人士指出，今天的民勤，也许就是明天敦煌的写照。更有专家断言，敦煌若不加强对生态环境的治理，五十年后，敦煌将成为第二个楼兰。

现状：森林覆盖率为 3.8%

沿柳园至敦煌，一路除了茫茫的戈壁荒滩、胡杨、红柳、湖泊、农田、村庄之外，还不时有随风卷扬起来的飞沙，以及绵延成片的小沙堆。风吹沙动，坐在颠簸的汽车上，能见度不足十米。

“每年的三到五月份，是沙尘飞扬最多的时候，由于前几天下了一场雪，今年还没有形成沙尘暴。”常年开车往来于安西至敦煌的张师傅，对此已经习以为常了。

敦煌市位于河西走廊最西端，地处库姆塔格大沙漠东部边缘，四周被沙漠戈壁包围，全市 3.12 万平方公里的土地，绿洲面积只有 0.14 万平方公里，占全市总面积的 4.48 %，年降水量 39.9 毫米，蒸发量为 2486 毫米，是降水量的 62.3 倍。“这种气候使得敦煌沙漠戈壁广袤，森林资源相对缺乏。”敦煌市林业局党委书记王金说。

有关资料显示:20 世纪 50 年代，敦煌市天然林区林草植被面积 46 万公顷，其中以胡杨、红柳为主的天然乔灌木林 23.6 万公顷，天然草地 22.4 万公顷，这些天然植被在东起芦草沟、西到艾山井子长 200 多公里的疏勒河古道沿岸地区最为集中，构成了敦煌的绿色生态屏障。20 世纪六七十年代，由于人为破坏，到 1979 年天然林减少为 1.47 万公顷，而覆盖度在 40％以上的成林面积只有 0.6 万公顷，成林面积 12.03 万公顷，森林覆盖率仅为 3.8％。

与其他地方广袤的农田不一样的是，敦煌农田的田埂周围种植着高高的杨树。这些杨树有防风固沙的作用，当地人称其为农田的防护林。记者在田间地头看到，目前一些杨树被砍得只剩下树桩了，更有一些杨树的上半部分树身已经枯死了。王金告诉记者，杨树对农民在田里种的棉花会产生影响，一些农民为了自身的经济利益，把农田周围的杨树砍伐了。现在砍了，恐怕就很难再植起来了。

除此之外，更令王金担心的是，敦煌绿洲林区的防护林都是二十多年前种植的，受水位下降、树种退化的影响，树木出现干枯和枯死现象。目前，敦煌市因缺水而干枯的树木已达 17.8 万株，这一现象还在不断加剧。随之而来的是敦煌绿洲农区边缘已形成了 12 处大型风沙口，有 0.65 万公顷耕地每年不同程度受风沙危害。

探因：天灾人祸加剧荒漠化

俗语说，一方水土养一方人。在敦煌，荒漠化的加剧却使这一说法受到了严峻的考验和挑战。

敦煌荒漠化的加速有自然的原因，但更多的则是人为因素。

年降水量不足 40 毫米，使敦煌成为一个严重干旱缺水的地区。受全球气候变暖影响，敦煌市气候有转暖趋势，大风和沙尘暴天气明显增多，年均降水量已由 40 毫米左右减少到 35 毫米以下，地表主要水源来源于党河，年均径流量仅为 1.68 亿立方米左右；敦煌市沙漠和戈壁面积占国土总面积的 90％以上，库姆塔格沙漠每年向前推移 3~5 米，原有的戈壁滩很多被新的流沙替代，土地沙漠化严重。“在阳关林场，每刮一次风，道路就会被流沙掩埋，就得用推土机推开被流沙掩埋的道路。”王金说，由于破坏严重，植被越来越稀少，且大部分低矮、稀疏，使得敦煌天然屏障抗风固沙能力明显减弱。

有关方面统计显示，近十年来，自然因素加上人为过分开采，敦煌市地下水位下降了 4.43 米，平均每年下降 0.3~0.4 米，速度惊人。举世闻名的月牙泉，距今已有 1.2 万年的历史，但近十年来水位累计下降了 9~11 米，水面面积由原来的 1.45 万平方米萎缩到现在的 5260 平方米，水深现在只有 1.7 米了。为了抢救月牙泉，敦煌市政府对月牙泉采取注水工程，禁止周边村民打井，并在月牙泉山边修建渗水工程区，减缓月牙泉水位下降低的速度。“但水位下降仍是一个总的趋势。”王金说。

此外，敦煌市耕地面积解放初为 0.89 万公顷，现在则是 2.33 万公顷，河灌轮次减少 2~3 次，轮期延长十天左右，灌溉用水奇缺，不足部分和城市生产生活用水只能靠打建机井及汲取地下水维持。而敦煌市现有 1200 多眼机井，年开采量 4500 万立方米左右，地下水锐减，水位下降，造成大面积植被生长矮弱、干枯，覆盖度不断下降，草场退化，湿地面积大量萎缩，大约有 8 万公顷的盐沼、半活水沼泽、湖泊相继消失。杨家桥乡一位姓王的老人回忆说，以前农区内到处是沼泽和湖泊，可如今如孟家湖、吉家湖、新店湖、火烧湖等 20 多处农区沼泽现在大多变成了盐碱荒滩和沙荒滩，还有一些已成为季节性湖泊。

据历史记载，敦煌市在唐朝最为繁荣昌盛的时候，人口为 6 万人。现在敦煌的人口已由解放初期的 3.6 万余人增加到 18.8 万人，增加 5.2 倍，加之每年来敦煌旅游的流动人口超过 60 万人次，加大了生产、生活用水的消耗。与此同时，生产和生活范围随着交通改善、人的生存需求不断扩大，对环境也造成了一定的影响。

严重干旱缺水，已成为导致敦煌生态环境不断恶化的关键所在。有关水利专家在敦煌考察后明确指出，若不再进行治理，敦煌将会成为第二个楼兰。

反思：科学规划和谐发展

如何摆脱荒漠化的困扰，达到人与自然的和谐共处，是敦煌 18 万人都在思考的问题。

事实上，为了解决这一问题，敦煌市已经做了大量的工作。如大力推广高新节水技术，从新疆天业集团引进棉花膜下滴灌节水技术，在敦煌市良种场和吕家堡乡雷墩村建立了棉花膜下滴灌节水技术示范500亩；为了降低用水量，敦煌市已种植优质葡萄、李广杏、李广桃近五万余亩，种植优质畜草1.5万亩，亩均用水量比过去下降30方；为发展高效节水农业，敦煌市先后争取国家投资4000多万元，对全市水利工程进行大规模改造，水的利用率由56％提高到58％；808眼农用机井配套了管道输水，控制面积达12.96万亩，减少了对地下水的提取；79个行政村由原来的分散打井吃水，实行集中供水。

在推广节约用水的同时，敦煌市还加大了对水资源的管理力度，对近3万余亩新垦荒地安排退耕还林还草，对新垦荒地一律不准灌水，促使其自我修复，恢复植被。敦煌市政府还颁发了《禁止开荒、禁止移民、禁止打井的通告》，并在此基础上将城市居民供水价格由原来的0.70元/方提高到1.6元/方，工业及建筑业用水由原来的1.6元/方提高到2.5元/方，旅游服务用水由原来的2.1元/方提高到3.00元/方，农业灌溉用水由原来0.0354元/方提高到0.06元/方。

另外，还加大了植树造林的力度，加大了天然植被区的保护和管理力度等。

但即使是这样，由于干旱缺水，生态环境面临的问题还是越来越多，天然植被退化严重，造林困难、林木长势差，林带树木干枯明显增加，农田林网功能退化，病虫危害严重，防风固沙效益下降，而生态环境建设资金和投入不足，又影响了其建设进度和效果。敦煌市全境仍处在更为严重的荒漠化困扰之中。

因此，为了缓解水资源紧缺的矛盾，敦煌人民设想再引进一条“党河”水。2003年敦煌市政府邀请中国工程院院士刘昌民、水利部高级工程师何久垣、清华大学水利学教授王忠敬等专家对“引哈（哈尔滕河）济党（党河）”工程项目进行了论证。目前，已通过了国家环保总局的环评审定。“这一工程是敦煌几代人的梦想。工程的实行，将对永久性地保护莫高窟、月牙泉和敦煌绿洲的存在产生深远而重大的意义。”敦煌市政府有关人士说。而积极争取疏勒河上游向下游分水，党河利用汛期和冬季向下游放水则是敦煌人的又一个想法。

有关人士认为，由于干旱，敦煌市要量水发展，因地制宜，做到重点治理与限制开发相结合。要缓解水资源紧缺，关键在于合理分配现有的水资源，有计划地开采地下水。制定科学合理的农业灌溉和生产用水计划，确保地下水位的相对稳定，以满足天然植被的正常生长需要，推广设施栽培和节水灌溉技术，大力发展节水农业和生态林业，缓解农林争水的矛盾。防止开荒和复种荒地，加大“禁止开荒、禁止打井、禁止移民”的三禁措施实施力度。逐步压缩现有灌溉规模，在充分利用沙区光热资源充足的优势，加快农业结构调整，大力发展高效节水型经济作物、温室大棚蔬菜、舍饲养殖产业，提高沙区农业的效益上大做文章，做到治用结合，生态效益和经济效益兼顾。

加大自然保护区的建设力度，合理保护和利用沙区的野生动植物资源，扩大保护范围，实行全面封育管护、退耕还林还草，确保资源的永续利用和良好发展，严厉打击乱砍滥伐、破坏植被的非法行为，是敦煌市亟须解决的又一难题。

有观点认为，敦煌绿洲林区的防护林建设应以经济生态复合型林网替代原来的纯杨树林网，以绿色通道为纽带，加快防护林网的更新改造，构造第二代农田防护林网，做到经济效益、生态效益相结合。在绿洲沙漠边缘，引种极抗旱的固沙树种，营造以胡杨、红柳为主的乔灌木混交林，建立新型防护林体系，努力维护生态平衡。

“敦煌要做到生态环境的彻底好转，关键在于政府的决心和政策落实的力度以及社会各界的关注和广大人民群众的拥护支持。”一位政府人士坦言道。

（本文原载《甘肃经济日报》2005年03月31日1版）

10 年蚕食湿地 1300 公顷

——甘肃河西地区湿地保护现状调查(上)

黑河是甘肃河西走廊风沙带上唯一一条南北走向的内陆河，黑河流域是甘肃省河西走廊地区和内蒙古额济纳绿洲工农业生产、城乡人民生活和国防科研基地赖以生存的命脉。

黑河流域上游产水量不断减少，中游地区人口集中，工农业生产迅猛发展，用水矛盾日益尖锐，下游河道断流加剧，居延海湿地逐渐消失，天然林面积大幅减少，草地严重退化，沙漠化面积不断增加，沙尘暴等自然灾害频繁发生，严重威胁着流域内人民群众的生存和发展，已对我国北方地区的生态安全构成了威胁。

今年全国两会上，由我省代表提交的《关于将甘肃黑河流域湿地列入国家重要湿地加以保护与恢复的建议》引起了与会者的关注。随后，国家林业局建议确定的 105 个湿地保护工程中，甘肃张掖黑河流域湿地保护建设工程被列入其中。这意味着张掖黑河流域湿地保护建设步入了一个新的发展轨道。

湿地：生态安全的保障线

出兰州，过乌鞘岭，穿武威和永昌，就进入了黑河流域绿洲——“金张掖”。这里，沙漠、戈壁、湿地、绿洲、雪山、草原、水库、繁茂的植被、长城遗迹，以及农田里忙碌的农民和川流不息的过往车辆，共同构成了特有的自然地理人文景观，黑河中游水面浩渺，波光粼粼，伫立在黑河河岸遥望大漠戈壁，雪山绿洲，景色格外壮美。对此，有诗人赞叹道，“不望祁连山顶雪，错把张掖当江南。”

这得益于河西走廊风沙带上唯一一条南北走向的内陆河——黑河。不仅是张掖，整个河西的1000多万亩耕地，400多万人民，几百个大中型工矿企业，1000多万头牲畜，酒泉卫星发射中心，内蒙古额济纳绿洲，都依赖于黑河流域的绿色屏障。

但黑河流域属于温带气候区和暖温带偏干旱荒漠气候交会地带，年降水量和可利用水量严重偏少。据额济纳旗气象站1957—1995年资料统计，黑河下游末端年平均降水量仅为42毫米，年平均蒸发量3755毫米，相对湿度32%~35%，年平均风速4.2米/秒，最大风速15.0米/秒，8级以上大风日数平均54天，沙暴日数平均为29天。受气候和人类活动的影响，黑河流域生态系统不断恶化，下游河道断流加剧，居延海湿地逐渐消失，天然林面积大幅减少，草地严重退化，土地沙漠化和沙尘暴危害加剧。黑河流域下游已成为我国重要的沙源之一。据卫星遥感探测，产自该地区的沙尘暴影响范围涉及我国西北、华北、东北，甚至华东地区，所影响的总面积约200万平方公里。

多重因素导致湿地退化

湿地集生物资源、土地资源、水资源和旅游资源于一体，是人们对湿地开发利用强度大的根本因素。

“近年来，随着经济的发展，湿地开发利用有加剧的趋势，如果以目前的速度进行开发，张掖市现存的为数不多的沼泽湿地，过不了多久将不复存在。”张掖市政府的有关领导表示，张掖市有效耕地面积并不丰富，土地压力很大。

自20世纪90年代开始，张掖市甘州区因大面积的农业开发，对地下水过度开采，造成地下水位不断下降。据不完全统计，近十年来，黑河流域湿地有1300多公顷的湿地被蚕食。张掖市园林局局长伏世祖说，张掖芦苇湿地面积由20世纪90年代末的597.8公顷下降到了目前的522公顷，芦苇高度由4米下降到了目前的 3 米，苇径也缩小 4%，群落密度下降了 20%。

同时，由于人们对湿地认识不清，特别是对黑河流域湿地中灌丛过度的砍伐利用，严重破坏了湿地生物群落结构，影响了流域生态平衡，使河流中的泥沙含量增大，从而造成黑河流域局部河库淤积，湿地面积减少，功能衰退。黑河多年输沙量为 220 万吨，平均含沙 1.42 千克 / 立方米，这些泥沙多数淤积在流域下游的河流和水库中。湿地生物资源被过度开采利用，也导致了沼泽化湿地的草原化，毒草剧增，大面积的沼泽化草甸已演替成了草原，有部分地域已成了荒漠。以沼泽草甸为主的肃南明海湿地区，超载放牧已造成了沼泽草甸—草原—荒漠化的演替结果。

自然环境的变化和人类经济活动的影响，使黑河流域近二十年来水量逐减，下游河流已逐渐枯干，处于该区范围内的原有的湖泊、沼泽和芦苇湿地严重退化，面积锐减，严重威胁着张掖市湿地资源的可持续利用。湿地面临的各种威胁已经成为河西生态建设中最严重的问题之一。“大力提高湿地保护与恢复和管理能力，已成为湿地保护工作的当务之急。”甘肃省自然保护野生动物管理局的有关人士告诫道。

黑河湿地保护刻不容缓

湿地是维系绿洲存在的决定性因素，是生物多样性保持的基本条件，是防止沙漠化进程的主要屏障。

随着人口的增长和城市化建设速度的加快，张掖湿地资源保护与开发利用的矛盾将进一步加剧，面临的态势不容乐观。

张掖市湿地资源调查统计结果表明，张掖湿地有 2 个大类 4 个类型，总面积 210420.42 公顷，占全市总面积的 5.02%。天然湿地面积为 199709.97 公顷，占全市湿地面积的 94.9%。张掖湿地内，现有国家重点保护植物裸果木、星叶草、红花绿绒蒿等 10 种，国家一级保护动物黑鹳等 12 种，二级保护动物大天鹅、小天鹅、猎隼等 38 种。伏世祖说，湿地是许多动植物资源生长繁育的场所，是有价值的遗传基因库，对维持野生物种种群的存续有重要意义，潜在价值难以估量。

记者了解到，黑河湿地保护已被纳入张掖市“十一五”林业中长期发展规划。去年12月份，张掖市政府通过了《张掖市黑河流域湿地管理办法》，并于今年1月1日正式实行。此次上报给国家林业局的湿地保护建设立项资金为2930.4万元，《张掖市黑河流域湿地保护规划》已经市政府通过。

张掖制定的湿地保护规划拟扩建湿地自然保护区10处，总面积达189360hm^2，近期保护面积达到湿地总面积的50%，远期规划拟建湿地公园2处，90%以上的重要天然湿地得到全面保护。建立湿地保护区10处，有效恢复面积10.5万hm^2，实施生态移民7060人。形成较为完整的湿地区保护、管理、建设体系，使湿地污染、过度放牧、围垦造田、乱垦乱牧、围湖建设等得到极大的治理。“我们要争取将湿地保护行动计划内容列入国家国民经济发展计划和全国生态环境建设规划，为湿地保护与合理利用筹集资金。”伏世祖说。

针对湿地水污染的防治，有关人士指出，张掖市环保部门应冲破各县区地方保护主义的限制，对环境污染和三废的排放工作实行垂直管理，依据《环境保护法》和《水污染防治法》等有关法律，加大水污染的防治和执法力度。坚决实行水污染物排放登记和排污许可证制度，对排污种类、时间、范围、总量进行限定，限定后仍无法达标的企业，实行关、停、并、转，建立水质水文监测网和湿地生态影响评价和天然湿地的保障机制。

“黑河是甘肃河西走廊风沙带上唯一一条南北走向的内陆河，黑河流域湿地保护建设，不仅关系整个河西走廊生态系统和内蒙古额济纳绿洲的保护，而且直接影响到西北、华北地区生态环境的保护与改善，也关系到经济发展、社会安定、民族团结和国防巩固。”伏世祖强调说。

（本文原载《甘肃经济日报》2006年5月10日2版）

保护绿洲生命线刻不容缓

——甘肃河西地区湿地保护现状调查（下）

敦煌、楼兰是丝绸之路重要交通枢纽，生态的恶化让楼兰古国从绿洲变成了荒漠，成为永远的历史。敦煌境内的湿地生态系统却使敦煌幸免遭受楼兰古城的厄运，成为“丝绸之路”上驰名中外的旅游胜地和瓜果之乡。20 世纪六七十年代，疏勒河、党河上游建坝截流，地处下游的敦煌境内河水断流，因失去滋养水源，湿地萎缩，天然植被大面积衰退。随着罗布泊的干涸，塔克拉玛干、库姆塔格两大沙漠即将合拢，敦煌湿地的保护已引起国内外的广泛关注。同其他地方相比，生态安全对敦煌具有更为深远的意义。

50 年湿地退化 28%

自 2005 年下半年上任敦煌市林业局局长以来，高华就一直为《敦煌市湿地保护建设项目》的立项忙碌奔波着。在高华看来，我国西部干旱地区湿地明显偏少，且多为咸水湖和盐湖。敦煌境内湿地是我国西部极干旱荒漠区重要湿地之一，是内陆干旱地区的典型湿地类型，十分珍贵。因此，保护这一湿地资源非常有必要，而且与敦煌 18 万人的生存息息相关。

20 世纪六七十年代，疏勒河、党河上游建坝截流，地处下游的敦煌境内河水断流，因失去滋养水源，湿地萎缩，天然植被大面积衰退，许多沼泽草甸湿地表现出盐碱化和荒漠化景象，过去的许多湿地现在正被一片片黄沙分割开来，其中，东湖保护区四面环沙，已危及湿地存亡。

由于全球气候变暖，整个祁连山地的现有雪线逐年升高，冰川大幅度退缩，有些地区退缩速度达每年 16 米以上。发源于祁连山地的各内陆河流出山径流量逐年减少，已由 20 世纪 50 年代前后的 78.55 亿立方米，下降到 20 世纪末的 56 亿立方米左右，减少了 17% 以上。受此影响，从 20 世纪 80 年代以来，敦煌绿洲哈拉湖湖盆区地下水溢出量逐年减少，地下水位持续下降，湿地面积萎缩，部分湖泽消失，土壤含水量锐减，植被退化。“湿地生态环境系统的退化，改变了鼠、兔的天敌环境，造成了病虫害和鼠、兔严重泛滥，许多草地鼠洞遍布，部分已逐渐演化为沙区。”高华说。

2006 年 3 月 23 日，记者在甘肃敦煌西湖国家级自然保护区管理局副局长吴三雄的办公室里见到了敦煌市 160 多名人大代表、政协委员联合签名给省上主要领导写的《关于救救敦煌绿洲的一封信》。信中指出，20 世纪 80 年代以后，敦煌的生态环境持续恶化。敦煌现有湿地 270 万亩，较中华人民共和国成立前减少 28%。敦煌可利用草场 135 万亩，较中华人民共和国成立初减少了 77%。敦煌原有的 18 种大型哺乳野生动物已有 8 种绝迹。敦煌西部的绿色屏障如无地表径流补充地下水，50 年后那里将是一片干滩，敦煌绿洲的沙漠化、荒漠化将不能扭转。目前，月牙泉水位的变化被认为是敦煌生态恶化的缩影。

湿地 敦煌最后的“守护神”

水资源的缺少，一直困扰着敦煌的发展。

敦煌绿洲由党河洪积平原、冲湖积平原和冲积平原组成，由于敦煌中部呈盆地状，地势低洼，所以在海拔 820 米—1100 米之间地下水埋藏较浅，许多地方有泉水露头，在低洼处形成片片面积大小不等的沼泽和湿地。

独特的湿地资源使敦煌湿地成为一个物种和遗传多样性较高的地区，根据所采植物标本及有关资料初步统计，敦煌湿地内有种子植物 133 种，属国家二级保护植物 1 种，三级保护植物 4 种；有野生动物 146 种，其中鸟类 91 种，哺乳类 38 种，鱼类 4 种，两栖类 2 种，爬行类 11 种，属国家重点保护野生动物 37

种，其中属国家级一级保护的野生动物有5种，二级保护的野生动物有32种，且许多是珍稀特有物种。敦煌湿地是我国西部荒漠区重要的候鸟栖息地之一，是西部候鸟迁徙的重要驿站。“敦煌湿地良好的荒漠植被、湿地中充足的水源和饲料为黑鹳和鹅喉羚等珍稀濒危哺乳类动物的生存和繁衍提供了保障。湿地的逐渐缩小、干涸，直接威胁着动植物的生存与繁衍。保护和建设湿地，对于研究我国极干旱荒漠区生态系统的变迁和演替，保存野生动植物种质的遗传多样性和栖息地，保护和拯救濒危物种，开展生态学研究具有独特的价值。”甘肃省自然保护野生动物管理局的一位负责人说。

敦煌湿地该如何保护?

敦煌绿洲湿地是我国极干旱荒漠区的重要水源涵养区和“蓄水库”，敦煌湿地的生态环境已引起社会各界的高度重视，已被列为“十一五”期间我国湿地保护工程规划建设的重点之一。

“为了加强敦煌湿地保护，2005年8月份成立了敦煌西湖国家级自然保护区管护局，敦煌西湖国家级自然保护区是我国西北极端干旱区面积最大的湿地之一。”吴三雄说，在敦煌实施湿地保护建设项目，积极探索极干旱区荒漠湿地的治理、水环境改善、资源和生物多样性保护，实现湿地生态环境的重建，对甘肃河西走廊乃至我国西部的生态安全和甘、青、新三省区交界处生物多样性保护有着重大的意义。

根据国际上对湿地价值的评估结果，湿地价值是所有生态系统中价值最高的，每公顷湿地的价值为2万美元。“粗略估计，敦煌湿地在涵养水源、调节空气、减少风沙危害、遏制土地沙化这几项年效益可超亿元。植被覆盖率的增加，野生动植物种类对整个环境的影响，都有着潜在的经济效益。”高华乐观地估计，敦煌市湿地保护所产生的价值达21.6亿美元。

事实上，湿地退化是一个总的趋势，保护只能起到缓解退化的作用，要改变这一趋势，还是要做节水的文章。为了缓解和改变敦煌水源短缺生态环境恶化的状况，把青海省大哈尔腾河的水引入党河成为敦煌人的一个梦想，“引哈济党”

调水工程在敦煌的呼声是越来越高。目前，“引哈济党”工程已完成环评大纲评审，若工程实施后，每年可从哈尔腾河向党河引水 1.2 亿立方米，可以保持敦煌周边地区生态平衡。“这对维系敦煌湿地将有着深远的意义，但对这一工程，敦煌是心有余而力不足，工程的上马建设还要依靠国家的投资扶持。”敦煌市领导和群众一致认为。

“敦煌湿地保护建设是一项以恢复湿地生态功能完整性为目的，进而通过项目建设改善敦煌区域环境条件，维护我国西部生态安全，保护人类世界文化遗产——莫高窟。”吴三雄说，敦煌人一直为自身的生态安全努力着。西北地区的雪山在不断消融，我们不能控制，最有可能的措施是保护天然湿地。从生存战略来看，天然湿地比水库重要得多，天然湿地是分布于一个地区最低处、蓄积各地地下浅水层的来水，又有大量的腐殖化的植物残体覆盖层，能很好地保水，减缓自由水面蒸发，是最好的“贮水器”。保护好天然湿地就保护了我们最后的一线生存之地。

（本文原载《甘肃经济日报》2006 年 5 月 11 日 2 版）

后　记

陇山苍苍，渭水泱泱。中华儿女，共祭羲皇。6月21日，2024（甲辰）年公祭中华人文始祖伏羲大典在天水市伏羲庙广场隆重举行。经过半年多的整理，这一天《寻迹探陇》也终于完成了，对我来说是人生中的一件大事喜事。

整理完书稿，漫步在黄河岸边，登上望河亭，吹着河风，望着奔流不息的黄河水，听着远处传来的锣鼓声和自乐班的曲调唱腔，我感慨颇多。文化的传承就在耳濡目染之间，始于兴趣爱好，融入骨子里，就像这奔涌的黄河水一样，前赴后继未曾停歇，只有这样传承才得以延续，古老的历史文化才焕发出新的生机。

文化是灵魂，是桥梁、纽带。甲辰龙年，甘肃历史文化掀起了一波又一波的热潮，从甘肃简牍博物馆里的人潮涌动到全球华人瞩目的公祭中华人文始祖伏羲大典的举办，正是有了文化的认同、交流、共鸣，我们才会祭祖寻根、访古论今，我们才能凝聚奋进的力量，走上新的征程。

文以化人，文以载道；文明立世，文化兴邦。对一个人，一个国家来说，都是一样的。能够为文化的挖掘传播做一些事情，我倍感荣幸，也是非常乐于尝试的。二十年来，我在这方面的采访写作是非常认真负责的，对每一个选题都是花费时间和气力去挖掘走访思考的，尽可能地掌握第一手资料，引用资料都是再三斟酌，按照自己喜欢的样子去写作，就这样积累下来也就多了。书中收集的作品是我从已刊发的文化类作品中筛选出来的，作品内容繁杂，涉及历史、人物、地理、曲艺、生态等多个方面。虽然我很尽心、很努力，但由于写作水平有限，作品中难免有一些不足和遗憾，不妥之处，请广大读者批评指正。

文脉绵延，熠熠重光；承古拓今，生生不息。整理完这本书后，我依然会一如既往地关注甘肃历史文化，为甘肃历史文化传承发扬贡献自己的绵薄之力。

二〇二四年六月二十一日晚于兰州